• **Lernbereich**

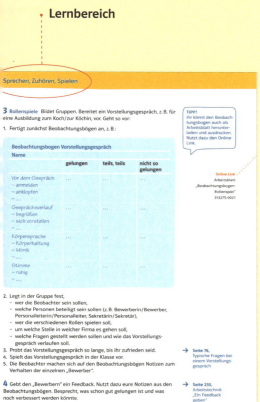

Auf einigen Seiten im Buch findest du **Online-Links**. Damit gelangst du zu Informationen im Internet, zu weiterführenden Seiten und zu Arbeitsblättern. Gehe einfach auf **www.klett.de/online** und gib in das Suchfeld den entsprechenden Link ein.

Online-Link
313275-0010

Online-Links zum Hörverstehen
Über diese Links gelangst du zu Hörbeispielen und zu Seiten mit Aufgaben zum Hörverstehen.

Online-Link
Hörverstehen
313275-0011

Tipps und Verweispfeile
In den Tipps am Rand findest du Hinweise zu Texten und Aufgaben. Pfeile verweisen auf andere Seiten im Buch, die für dich interessant sein könnten.

Extra-Aufgaben
Auf vielen Seiten findest du Extra-Aufgaben. Wenn du schon etwas schneller und selbstständiger arbeitest, probiere aus, ob du auch diese Aufgaben lösen kannst.

In diesen Kästen findest du **Arbeitstechniken** und **Merkwissen**.

Für Lehrer:

Über diesen Link gelangen Sie zu unserem **kostenlosen** Online-Service **Testen und Fördern** mit individuellen Diagnose- und Fördermaterialien.

Online-Link
313275-0000

deutsch.kombi plus 5

Sprach- und Lesebuch für die 9. Klasse

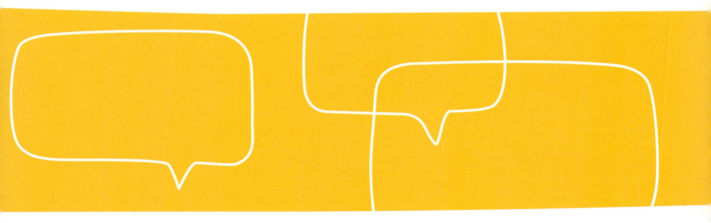

Herausgegeben von:
Sabine Utheß

Erarbeitet von:
Hans-Werner Huneke, Manfred Litz,
Petra Middelmann, Gerd Schemel,
Horst Schierhorn, Christa Schürmann,
Susanne van Treeck, Sabine Utheß,
Burkhard Vollmers

Ernst Klett Verlag
Stuttgart · Leipzig

Unter Verwendung von Materialien von Herta Wölfl

1. Auflage   1 5 4 3 2 1 | 17 16 15 14 13

Alle Drucke dieser Auflage sind unverändert und können im Unterricht nebeneinander verwendet werden. Die letzte Zahl bezeichnet das Jahr des Druckes.

Das Werk und seine Teile sind urheberrechtlich geschützt. Jede Nutzung in anderen als den gesetzlich zugelassenen Fällen bedarf der vorherigen schriftlichen Einwilligung des Verlages. Hinweis § 52 a UrhG: Weder das Werk noch seine Teile dürfen ohne eine solche Einwilligung eingescannt und in ein Netzwerk eingestellt werden. Dies gilt auch für Intranets von Schulen und sonstigen Bildungseinrichtungen. Fotomechanische oder andere Wiedergabeverfahren nur mit Genehmigung des Verlages.

Auf verschiedenen Seiten dieses Buches befinden sich Verweise (Links) auf Internet-Adressen. Haftungshinweis: Trotz sorgfältiger inhaltlicher Kontrolle wird die Haftung für die Inhalte der externen Seiten ausgeschlossen. Für den Inhalt dieser externen Seiten sind ausschließlich die Betreiber verantwortlich. Sollten Sie daher auf kostenpflichtige, illegale oder anstößige Inhalte treffen, so bedauern wir dies ausdrücklich und bitten Sie, uns umgehend per E-Mail davon in Kenntnis zu setzen, damit beim Nachdruck der Verweis gelöscht wird.

© Ernst Klett Verlag GmbH, Stuttgart 2013. Alle Rechte vorbehalten. www.klett.de

Herausgeberin: Sabine Utheß
Autorinnen und Autoren: Hans-Werner Huneke, Manfred Litz, Petra Middelmann, Gerd Schemel, Horst Schierhorn, Christa Schürmann, Susanne van Treeck, Sabine Utheß, Burkhard Vollmers

Redaktion: Karin Pohle, Leipzig
Herstellung: Dea Hädicke

Gestaltung: normal design, Schwäbisch Gmünd
Umschlaggestaltung: normal design, Schwäbisch Gmünd
Illustrationen: Inge Voets, Berlin; Katja Wehner, Leipzig
Satz: SOFAROBOTNIK, Augsburg & München
Aufnahmen der Hörtexte: BUCHFUNK Verlag GbR, Leipzig
Reproduktion: Meyle+Müller GmbH+Co. KG, Pforzheim
Druck: Offizin Andersen Nexö, Leipzig

Printed in Germany
ISBN 978-3-12-313275-9

Inhalt

	Basis		Plus	
1 Höflichkeit macht Schule 👄				
Höflich miteinander umgehen; partnerbezogenes Sprechen		6	EXTRA	10
Starke Seiten: Höflichen Umgang üben; Rollenspiele		8		
Modalverben; Indikativ und Konjunktiv	R, G, S	12	TRAINING	14
2 … um Sie persönlich kennen zu lernen 👄				
Berufsorientierung: Vorstellungsgespräch; Eignungstests		16	EXTRA	24
Starke Seiten: Sich selbst einschätzen lernen		22		
Wörter klassifizieren	R, G, S	26	TRAINING	30
3 Ein oscarreifes Referat 👄				
Ein Referat vorbereiten und halten; Präsentationsfolien gestalten		32	EXTRA	38
Zeitformen und Zeitstufen	R, G, S	40	TRAINING	42
4 Zusammenleben ✏️				
Literarische Texte erschließen; eine Inhaltsangabe schreiben		44	EXTRA	54
Konjunktiv; indirekte Rede	R, G, S	58	TRAINING	60
5 Starke Gefühle ✏️				
Kreatives Schreiben		62	EXTRA	66
Texte auf Rechtschreibung prüfen	R, G, S	68	TRAINING	70
6 Was ist ein Portfolio? ✏️				
Arbeitsergebnisse sammeln, auswählen und ordnen		72	EXTRA	78
Rechtschreibstrategien anwenden	R, G, S	80	TRAINING	84
7 Bewerben mit Köpfchen ✏️				
Berufsorientierung: Bewerbungsschreiben; Lebenslauf		86	EXTRA	94
Starke Seiten: Merkmale der Ausbildungsreife untersuchen		88		
Wörter mit Rechtschreibbesonderheiten	R, G, S	96	TRAINING	98
8 Rein in die Praxis! ✏️				
Berufsorientierung: Arbeitsvorgänge beschreiben; Praktikumsberichte verfassen		100	EXTRA	106
Haupt- und Nebensätze; Zeichensetzung	R, G, S	108	TRAINING	114

Inhaltsverzeichnis

	Basis	Plus

9 Eine haarige Angelegenheit – die Erörterung
Schriftlich argumentieren; eine Erörterung schreiben — 116 | EXTRA 126
Fremdwörter richtig verwenden — R, G, S 128 | TRAINING 130

10 Das bin ich, so sind andere
Sachorientiertes Darstellen:
Personen beschreiben und charakterisieren — 132 | EXTRA 136
Attribute — R, G, S 138 | TRAINING 140

11 Wie wird so einer ein Mörder?
Jugendbücher erschließen; produktive Textarbeit — 142 | EXTRA 146
Getrennt- und Zusammenschreibung von Verben — R, G, S 150 | TRAINING 152

12 Sehnsucht – Liebe – Abschied
Gedichte untersuchen und beschreiben — 154 | EXTRA 160
Satzglieder — R, G, S 162 | TRAINING 164

13 Das hat mir gerade noch gefehlt!
Ironie erkennen und anwenden lernen — 166 | EXTRA 170
Großschreibung — R, G, S 172 | TRAINING 174

14 Geistesgegenwärtig handeln
Sachtexte erschließen und zusammenfassen — 176 | EXTRA 182
Aktiv und Passiv — R, G, S 184 | TRAINING 186

15 Vorsicht, Freiheit!
Dramatische Texte erschließen — 188 | EXTRA 196
Sprachformen / Sprachvarianten — R, G, S 198

16 Mensch unter Menschen
Projektarbeit: Informationen sammeln, auswerten
und weitergeben — 200

Teste dich!
Über Berufswünsche und -pläne sprechen — 208
Gefühle beschreiben und Meinungen darstellen — 210
Einen literarischen Text erschließen — 212
Sprachliches Wissen anwenden — R, G, S 214

Schlaue Seiten

Grammatik, Rechtschreibung und Sprachbetrachtung	216
Rechtschreibstrategien und Rechtschreibregeln (Methodencurriculum)	227
Unregelmäßige Verben (Übersicht)	230
Verben mit festen Präpositionen (Übersicht)	232
Arbeitstechniken (Methodencurriculum)	234
– Lernbereich: Sprechen, Zuhören, Spielen	234
– Lernbereich: Schreiben	236
– Lernbereich: Lesen und Literatur – Umgang mit Texten und Medien	239
Autorenverzeichnis	242
Textarten	245
Kleines Computerlexikon	251
Register	253
Text- und Bildquellenverzeichnis	256
Grammatische Grundbegriffe (Übersicht)	260

Sprechen, Zuhören, Spielen 👄 ; Schreiben ✏ ;
Lesen und Literatur – Umgang mit Texten und Medien 👁
R, G, S Rechtschreibung, Grammatik, Sprachbetrachtung

 zum Weiterarbeiten und Ausbauen
zum Wiederholen und Festigen

1 Höflichkeit macht Schule

1 Diskutiert, wie das Verhalten der Personen auf den Fotos einzuschätzen ist.

→ Seite 88,
Aussagen zur
Ausbildungsreife

2 Gute Umgangsformen und Höflichkeit werden als wichtige Merkmale der Ausbildungsreife angesehen. Tauscht euch darüber aus, wie das zu erklären ist.

3 Notiert in Stichworten Beispiele für gutes Benehmen, z. B.:
grüßen – „Sie" sagen – sich entschuldigen – vor dem Betreten eines Raumes anklopfen – um etwas bitten – Fair Play – Anstand …

Sprechen, Zuhören, Spielen

Entschuldigen Sie bitte, ...

1 Untersucht euer Verhalten und eure Sprache im Umgang mit Erwachsenen. Stellt euch vor, ihr wollt unbedingt eure Schulleiterin oder euren Schulleiter sprechen. Ihr geht ins Sekretariat. Welche der folgenden Äußerungen passen, welche sind unpassend? Begründet.

→ **Seite 222**, Modalverben

→ **Seite 221 f.**, Konjunktiv

- Ich will Frau Ewen sprechen! Sofort!
- Lassen Sie mich sofort zu Frau Ewen!
- Könnte ich Frau Ewen sprechen?
- Hätten Sie die Güte und würden Frau Ewen fragen, ob Sie vielleicht Zeit für mich hätte?
- Hat Frau Ewen jetzt Zeit für mich?
- Hätte Frau Ewen jetzt Zeit für mich?
- Ich bitte untertänigst, zu Frau Ewen vorgelassen zu werden.
- Sagen Sie Frau Ewen, dass ich sie sprechen will!
- Ich will zu Frau Ewen ...
- Ich muss dringend Frau Ewen sprechen. Sagen Sie ihr, dass ich hier bin.
- Bitte, könnte ich Frau Ewen sprechen?
- Würden Sie mich bitte bei Frau Ewen melden?
- Ist es gestattet, bei Frau Ewen vorzusprechen?
- Ist Frau Ewen da? Ich muss zu ihr!
- Ich möchte zu Frau Ewen. Würden Sie mich bitte anmelden?
- Hallo, mal 'ne Frage: Ist Frau Ewen da?
- Dürfte ich vielleicht mal Frau Ewen sprechen?
- Ich habe einen Termin bei Frau Ewen. Könnten Sie sie bitte fragen, ob es ihr jetzt passt?

2 Wie würdet ihr euer Anliegen zum Ausdruck bringen? Tragt eure Formulierungen zusammen und diskutiert, ob sie passend wären.

3 Oft beginnt man eine Bitte oder eine Aufforderung mit „Entschuldigen Sie bitte, ...". Zu welchen Sätzen aus Aufgabe 1 passt diese höfliche Einleitung nicht, zu welchen passt sie gut?

4 Vermutet, welche Erfahrungen die Person gemacht haben könnte, die folgende Aussage trifft:
Ich habe keine Lust, immerzu „Entschuldigung" zu sagen und so vornehm daherzuquatschen!

Höflich miteinander umgehen; partnerbezogenes Sprechen

1 Höflichkeit macht Schule

Was ist höflich, was ist unhöflich?

1 Sprecht über die folgenden Situationen. Welche der vorgeschlagenen Äußerungen passt jeweils am besten?

1. Du bist jemandem beim Gedränge im Zug auf den Fuß getreten. Was sagst du zu ihm?
   a) Haben Sie sich doch nicht so, ich kann doch auch nichts dafür!
   b) Entschuldigen Sie!
   c) Entschuldigung, das habe ich nicht gewollt.

2. Du bist bei den Eltern deiner Freundin oder deines Freundes zum Essen eingeladen. Eigentlich schmeckt es dir nicht besonders. Was antwortest du der sehr netten Mutter, wenn sie dich fragt, wie es dir schmeckt?
   a) Na ja, ich habe schon Besseres gegessen. Aber es geht schon.
   b) Danke, sehr gut.
   c) So etwas esse ich sonst nie.

3. An der Kasse im Supermarkt ist jemand dabei, sich vorzudrängeln. Was sagst du zu ihm?
   a) Hallo, Sie haben's wohl besonders eilig?
   b) He, Alter, ich glaub's nicht! Schnell ab nach hinten, sonst …!
   c) Entschuldigung, das Ende der Schlange ist hier.

4. Auf der Straße geht ein Mann mit seiner Dogge. Der Hund hat gerade sein großes Geschäft gemacht. Der Hundebesitzer denkt aber nicht daran, den Haufen zu beseitigen. Was sagst du zu ihm?
   a) Überall die Haufen! Beseitigen müsste man die Köter!
   b) Entschuldigen Sie bitte, würde es Ihnen gefallen, da reinzutreten?
   c) Hallo, wissen Sie nicht, dass Sie zur Beseitigung dieser Tretmine verpflichtet sind?

5. Du triffst einen Mitschüler. Der erzählt dir mit Tränen in den Augen, dass seine Katze heute gestorben ist. Was sagst du zu ihm?
   a) Na, war ja schon ein uraltes Vieh.
   b) Das tut mir sehr leid! Aber so ist das nun mal. Am besten, du schaffst dir gleich eine neue kleine Katze an.
   c) Heulst du etwa deswegen?

2 Vielleicht würdest du es ganz anders sagen. Schreibe zu den Situationen aus Aufgabe 1 jeweils die Äußerung auf, die du verwenden würdest. Sprecht in der Gruppe über eure Lösungsvorschläge.

Sprechen, Zuhören, Spielen

STARKE SEITEN

3 Schreibe auf, welche Vorteile sich für deine Mitmenschen ergeben, wenn du höflich bist.
Schreibe nun auf, welche Vorteile du hast, wenn du selber höflich bist.

4 Denkt euch verschiedene Alltagssituationen aus, in denen Höflichkeit hilfreich ist. Spielt einzelne Szenen mit einem Partner/einer Partnerin vor der Klasse. Besprecht anschließend eure Darstellungen.
1. Ein Schüler grüßt einen Lehrer auf dem Schulhof.
2. Zwei Freundinnen in eurem Alter begrüßen sich.
3. Eine Jungenclique steht herum, einer kommt dazu.

→ Seite 234, Arbeitstechnik „Konflikte im Gespräch lösen"

5 EXTRA Ist es *immer* gut, höflich zu sein? Beschreibe Situationen, in denen du es angemessen findest, unfreundlich zu sein.

TIPP!
Jede Kultur hat ihre eigene Vorstellung von Höflichkeit: Was in dem einen Land als höflich gilt, kann in einem anderen als unhöflich gelten. Was hier ganz wichtig ist, ist andernorts bedeutungslos.

Was dich stark macht

Höflichkeit ist das rücksichtsvolle Verhalten, mit dem du deinem Gegenüber deinen Respekt erweist. Das Gegenteil von Höflichkeit ist Unfreundlichkeit oder Grobheit. Höflichkeitsstufen sind:

Freundlichkeit
Du bemühst dich aktiv darum, dass sich dein Gegenüber wohlfühlt:
Du bist nett und zuvorkommend, du sprichst weder zu laut, noch zu leise.
Du suchst gemeinsame Themen (eine „gemeinsame Sprache") und schaffst dadurch Nähe und Vertrauen.
Du machst ehrliche Komplimente und anerkennende Bemerkungen.

Höflichkeit
Grundlegend lässt sich sagen, dass Höflichkeit vor allem darin besteht, etwas *nicht* zu tun. Du vermeidest also bestimmte Verhaltensweisen/bestimmte Ausdrücke:
Du bittest, anstatt zu befehlen, z. B. *Könnten Sie mir bitte helfen?*
Du hältst dich an die allgemeinen Umgangsformen, sagst also *Bitte, könnte ich … Danke, dass … Entschuldigung, aber …*
Du trittst dem Anderen nicht zu nahe oder stellst ihn vor anderen bloß.

Unfreundlichkeit/Unhöflichkeit/Grobheit
Hier verhältst du dich so, dass sich dein Gesprächspartner/deine Gesprächspartnerin unwohl oder angegriffen fühlt:
Du bist aufdringlich, deine Körpersprache ist geringschätzig.
Du stellst mit deinen Bemerkungen dein Gegenüber bloß, z. B. *Na, da hast du's gestern ja richtig krachen lassen. Wisst ihr, mir war immer klar, dass der/die …*
Du fragst nicht höflich nach, sondern gibst Befehle und plumpe Aufforderungen, wie *Hey, du da, mach mal Platz für Papi.*

Höflichen Umgang üben; Rollenspiele

1 Höflichkeit macht Schule

> **TIPP!**
> Freiherr Adolph von Knigge (1752–1796) verfasste das Buch „Vom Umgang mit Menschen", das als Werk der *Aufklärung* gilt. Darin schreibt er über Höflichkeit und Verhaltensregeln. Seine Ausführungen gingen aber weit über das hinaus, was wir heute allgemein unter „Benimmregeln" verstehen.

[1] Malteser, die: eine katholische Hilfsorganisation

Höflichkeit kommt an

„Höflichkeit ist ein Kapital, das den reicher macht, der es ausgibt."

1 Welche Weisheit steckt in dem oben abgedruckten persischen Sprichwort? Beschreibe eine Situation, für die diese Weisheit zutrifft.

2 Lies den Zeitungsartikel.

Essener Schüler trainieren gutes Benehmen
Malteser finanzieren „Knigge"-Kurse

Der erste Benimm-Kurs der Essener Malteser[1] war ein voller Erfolg. Schülern der Bischöflichen Schule *Am Stoppenberg* wurden die wichtigsten Regeln im alltäglichen Umgang beigebracht. Die Initiative für das Projekt ging von den Maltesern aus: „Es ist Teil unserer
5 Kampagne, … weil Nähe zählt", erklärt Norbert Keltermann, Stadtbeauftragter des Malteser Hilfsdienstes für Essen. „Solche Kurse sind heute überall notwendig", erzählt Knigge-Trainerin Sabine Napieralla aus Bochum, die den Benimmkurs leitet. Wichtig sei vor allem, dass die Jugendlichen freiwillig an dem Seminar teilnehmen. So haben sich
10 36 der insgesamt 69 Neuntklässler freiwillig für das Seminar angemeldet. In drei Gruppen zu je zwölf Personen sollen ihnen unter anderem allgemeine Umgangsformen, Tischkultur und das richtige Verhalten beim Bewerbungsgespräch nähergebracht werden.
Das Konzept Napierallas sieht vor, die Themen anhand von Beispielen
15 aus dem Alltag der Jugendlichen zu behandeln. „Es geht darum, sie zu sensibilisieren – ihnen Höflichkeit, Freundlichkeit und Anstand beizubringen." Dabei sei von großer Bedeutung, den Jugendlichen klarzumachen, wie wichtig der erste Eindruck – besonders im Vorstellungsgespräch – ist. Dazu gehörten auch das äußere Erscheinungsbild
20 und eine sichere Wortwahl. „Wenn die Jugendlichen das verinnerlichen, meistern sie jedes Bewerbungsgespräch. Dann nehmen sie dauerhaft etwas mit", weiß Napieralla durch das Feedback früherer Kursteilnehmer. Abschluss und „Highlight" des Projektes, das in Zukunft noch deutlich ausgeweitet werden soll, bildet ein Abendessen der Gruppe im Essener
25 „Sheraton Hotel". Dort können die Jugendlichen das Gelernte vor Ort anwenden.

3 Schreibe auf, was Teilnehmer während des Benimm-Kurses lernen sollen. Notiere, was du selbst bei einem solchen Kurs gerne lernen würdest.

Sprechen, Zuhören, Spielen — EXTRA

4 Begründe: Was hältst du von einem Benimm-Kurs an deiner Schule?

Cool, Salat!

Tom geht nach der Schule mit zu seinem Freund Pawel nach Hause. Pawels Mutter muss an diesem Tag nicht arbeiten, es riecht schon im Flur nach einem leckeren Mittagessen: Spaghetti mit Tomatensoße und Salat.

5 **Mutter** „Hallo ihr zwei! Setzt euch, das Essen ist schon fertig."
Tom „Super, ich habe echt Hunger! Hoffentlich mag ich das auch."
Pawel „Hallo Mama! Danke, dass Tom bei uns essen darf."
Tom „Cool, Salat! *(Tom schaufelt sich eine große Portion Salat auf den Teller, er fängt an zu essen und nuschelt dabei.)* Mmh, gar
10 nicht übel."
Mutter „Na dann: Guten Appetit."
Pawel „Möchte jemand Nudeln?"
Tom „Na ich! Schieb' mal rüber! *(Tom nimmt sich reichlich und isst genüsslich.)* Gibt es auch was zu trinken?"
15 **Pawel** „Klar, ich hol uns etwas. Kannst du die Gläser aus dem Schrank holen?" *(Tom legt sein benutztes Besteck auf dem Tisch ab, holt zwei Gläser und stellt sie auf den Tisch. Pawel holt ein drittes Glas und verteilt die Limo.)*
Tom „So, jetzt bin ich satt. Los, wir gehen in dein Zimmer." *(Tom*
20 *steht auf und zieht Pawel vom Tisch weg.)*

---

5 Schreibe auf, was deiner Meinung nach an Toms Verhalten unhöflich ist. Notiere dann, was Tom besser machen könnte.

6 Pawel hat an einem Benimm-Kurs teilgenommen. Er will Tom erklären, dass er sich über dessen Verhalten am Mittagstisch sehr geärgert hat. Schreibe einen Dialog, in dem Pawel und Tom besprechen, was beim Mittagessen falsch gelaufen ist und wie Tom sich in Zukunft verhalten sollte.

→ Seite 234, Arbeitstechnik „Konflikte im Gespräch lösen"

7 Verfasse einen kleinen Ratgeber, wie man sich verhalten soll, wenn man zum Essen eingeladen ist. Gestalte den Ratgeber als kleine faltbare Karte, die man ins Portmonee stecken kann.

8 Respekt sollte man auch in schwierigen Lebenslagen zeigen, z. B. am Ende einer Freundschaft oder einer Liebesbeziehung. Äußert euch zu folgendem Zitat: **Nur R2D2[1] darf eine Beziehung digital beenden.**

[1] R2D2: kleiner tonnenförmiger Roboter aus der Science-Fiction-Filmreihe „Star Wars"

1 Höflichkeit macht Schule

Dürfte ich bitte ...?

Benimm ist in

Ivo kann seine Aufregung kaum verbergen. Zum ersten Mal möchte er sich den Eltern seiner Freundin Sarah vorstellen. Vorab warnt sie ihn: „Du musst unbedingt höflich sein.
5 Meine Mutter mag gute Manieren." Natürlich will sich Ivo von seiner besten Seite zeigen. Aber wie? Wie er Sarahs Eltern, die eine Menge Wert auf Stil und Etikette[1] legen, wirklich begegnen soll, weiß er nicht.
10 „Mir ist klar, gutes Benehmen muss heutzutage sein", sagt Ivo. „Woher soll ich aber die klassischen Benimm-Regeln kennen? So etwas müsste man in der Schule beigebracht kriegen!", grübelt er. Sein Freund Tilo hat einen so genannten Benimm-Kurs mitgemacht und kann ihm helfen.
Tilo erklärt: „Erste Grundregel für deinen Besuch bei Sarahs Eltern sollte
15 die Pünktlichkeit sein. Unpünktlich darf man gerade bei Einladungen auf keinen Fall sein. Das ist ein Fettnäpfchen, in das du nicht treten darfst. Aber auch bei der Begrüßung solltest du einige Dinge beachten", fährt Tilo fort. „Privat begrüßt selbstverständlich der Gastgeber den Gast zuerst. Der Gast, also du, muss dann lediglich freundlich zurück grüßen. Du darfst
20 aber nicht vergessen, dabei den Eltern die Hand zur Begrüßung zu reichen." Für den Anfang eine leichte Übung. Danach bringt Tilo ihm bei, wie er sich bei Tisch verhalten sollte, denn auch dabei könnte Ivo eine Menge Fehler machen.

[1] Etikette, die: Verhaltensregeln

1 Habt ihr auch schon Situationen erlebt, in denen Benimm-Regeln gefragt waren? Tauscht euch darüber aus.

2 Besprecht, wie ihr euch an Ivos Stelle verhalten würdet.

→ Seite 221, Indikativ und Konjunktiv

3 Übernimm die folgende Tabelle in dein Heft. Trage alle Modalverben (18) aus dem Text in die richtige Spalte ein. Schreibe auch die jeweilige Textzeile dazu, z. B.:

Modalverb im Indikativ	Modalverb im Konjunktiv
kann (Zeile 1)	möchte (Zeile 2)
...	...

Wiederholung und Vertiefung: Modalverben; Indikativ und Konjunktiv

Rechtschreibung, Grammatik, Sprachbetrachtung

4 Beantworte die folgenden Fragen zum Text auf Seite 12, z. B.:
1. Warum ist Ivo so aufgeregt? → Er *möchte* sich den Eltern seiner Freundin vorstellen.

1. Warum ist Ivo so aufgeregt?
2. Was rät Sarah ihrem Freund?
3. Worüber grübelt Ivo nach?
4. Was denkt Ivo über die Schule?
5. Welche Rolle spielt sein Freund Tilo?
6. Welche Grundregel vermittelt Tilo seinem Freund als erste?
7. Was sollte Ivo bei der Begrüßung beachten?

5 Vervollständige die folgenden Sätze, z. B.:
1. Ich *möchte* mich zuerst für Ihre nette Einladung bedanken.

1. Ich möchte mich zuerst …
2. Könnten Sie mir bitte …?
3. Entschuldigung, du solltest …
4. Dürfte ich …?
5. Ich möchte dich bitten, …
6. Könntest du mir vielleicht …?

6 EXTRA In den folgenden Sätzen sind die unterstrichenen Modalverben nicht richtig gewählt. Ersetze sie durch passendere Modalverben. Formuliere höflich, z. B.: 1. Ich *möchte* gerne noch eine Tasse Tee haben.

→ **Seite 222,** Modalverben

→ **Seite 221,** Indikativ und Konjunktiv

1. Ich <u>will</u> gerne noch eine Tasse Tee haben.
2. Was meinst du, Nina, <u>muss</u> ich das grüne oder das rote Top zur Party anziehen?
3. <u>Möchten</u> Sie mir bitte das Salz reichen?
4. <u>Muss</u> ich Ihnen zuerst meine Freunde vorstellen?
5. Es ist schon spät, wir <u>sollen</u> jetzt leider gehen.
6. Eben hat Ihr Mann angerufen, Sie <u>wollen</u> ihn unbedingt zurückrufen.

> **Merke**
>
> **Modalverben** zeigen an, ob etwas als Möglichkeit *(können)*, als Bestreben *(wollen)*, als Forderung *(sollen)*, als Erlaubnis/Verbot *(dürfen/nicht dürfen)*, Bedürfnis *(mögen)* oder Verpflichtung *(müssen)* verstanden werden soll.
> In höflichen Aufforderungen und Empfehlungen werden die Modalverben häufig im **Konjunktiv** verwendet *(könnten Sie …, dürfte ich …, du solltest …, man müsste …).*

Wiederholung und Vertiefung: Modalverben; Indikativ und Konjunktiv

1 Höflichkeit macht Schule

Wie sagt man es am besten?

1 Du möchtest, dass dein Mitschüler oder deine Mitschülerin

1. dir den Rotstift borgt.
2. das Fenster öffnet.
3. dir die Aufgabe zeigt.
4. dich am Abend anruft.
5. dir die Internetadresse gibt.
6. nach dem Termin fragt.
7. die Tür aufhält.
8. dir eine Cola mitbringt.
9. dir einen Platz freihält.
10. nicht so laut spricht.

Formuliere die Aufforderungen höflich, z. B.:
1. Borg mir doch bitte mal den Rotstift.

2 Welche der vorgeschlagenen Äußerungen passt jeweils am besten?
Schreibe sie auf, z. B.:
1. Ein Mitschüler hat aus Versehen die Tür offen gelassen.
   Was sagst du zu ihm? ➔ c) Würdest du bitte die Tür schließen?

---

1. **Ein Mitschüler hat aus Versehen die Tür offen gelassen. Was sagst du zu ihm?**
   a) Schon mal gemerkt, dass es hier zieht?
   b) Ob du vielleicht die Güte hättest und die Tür schließen würdest?
   c) Würdest du bitte die Tür schließen?

2. **Dein Mathelehrer hat dir deiner Meinung nach in der Arbeit zu wenig Punkte angerechnet. Was sagst du zu ihm?**
   a) Ich verstehe nicht, warum ich bei dieser Aufgabe nur zwei Punkte bekommen habe.
   b) Das ist typisch. Den anderen wurden dafür Punkte gegeben!
   c) Schweinerei, hier fehlen Punkte!

3. **Du möchtest dich bei einer Mitschülerin entschuldigen. Du hattest sie gestern beleidigt. Was sagst du zu ihr?**
   a) Bist du etwa eingeschnappt wegen unseres Streits gestern? Mensch, bist du empfindlich!
   b) Entschuldige, das ist mir gestern so rausgerutscht. Ich wollte dich nicht beleidigen.
   c) Entschuldige! Aber du hast mich ja auch schon oft beleidigt.

4. **Du hältst ein Kurzreferat. Ein Mitschüler will dich durch Zwischenfragen aus dem Konzept bringen. Was sagst du zu ihm?**
   a) Ich weiß schon, warum du solche blöden Fragen stellst.
   b) Mann, kannst du nicht warten, bis ich fertig bin?
   c) Bitte lass mich das Referat erst mal zu Ende bringen. Ich erkläre dir danach, was du noch nicht verstanden hast.

3 Aufforderungen können manchmal unhöflich wirken. Forme die folgenden Aufforderungen in höfliche Fragen mit Konjunktiv um. Du kannst dazu den Konjunktiv von „können" verwenden oder mit „würde" umschreiben, z. B.:

→ Seite 12 f., 59 ff., 221 f., Konjunktiv

1. *Könntest du mir bitte diese Aufgabe erklären? / Würdest du mir bitte diese Aufgabe erklären?*

1. Erklär mir diese Aufgabe!
2. Geh aus dem Weg!
3. Gib mir das Heft!
4. Rück ein Stück!
5. Räum deine Sachen weg!
6. Wiederholen Sie den Satz noch mal!
7. Erklären Sie die Arbeitstechnik!
8. Geben Sie ein Beispiel!
9. Unterschreiben Sie den Brief!
10. Lassen Sie mich durch!

4 Schreibe auf, was du in den folgenden Situationen sagen würdest, z. B.:

→ Seite 12 f., 222, Modalverben

1. *Guten Tag! Mein Name ist … Ich habe morgen um 15.00 Uhr einen Termin … Diesen Termin muss ich leider absagen … Könnten Sie mir bitte einen neuen Termin am … geben?*

1. Du rufst bei deinem Zahnarzt an, um den nächsten Behandlungstermin zu verschieben.

2. Du erhältst einen Anruf oder musst dringend bei jemandem anrufen. Du willst dich von der Gruppe entfernen, damit die anderen nicht gestört werden. Wie entschuldigst du dich?

3. Du sitzt im Ruhebereich eines Zuges. Ein Jugendlicher telefoniert sehr lange und sehr laut. Es geht um berufliche Dinge. Du willst lesen und fühlst dich gestört. Was sagst du zu dem „Dauertelefonierer"?

4. Du sitzt im Flugzeug. Dein Nachbar fängt plötzlich an zu telefonieren. Wie sagst du ihm, dass Telefonieren im Flugzeug verboten ist?

5. Du sollst nach einem Referat einer Mitschülerin ein Feedback geben. Ihr Referat hatte sie lange und fleißig vorbereitet. Das Thema war interessant. Du hast aber nicht alles verstanden, weil sie vor Aufregung sehr schnell, manchmal undeutlich gesprochen und zu viel abgelesen hat. Du möchtest sie aber nicht kränken. Wie formulierst du dein Feedback?

→ Seite 235, Arbeitstechnik „Ein Feedback geben"

6. Du triffst einen Mitschüler, der sehr niedergeschlagen ist, weil er gerade in einem wichtigen Wettkampf unglücklich verloren hat. Dein Klassenkamerad ist Leistungssportler und sehr ehrgeizig. Du willst ihn trösten. Was sagst du zu ihm?

2 ... um Sie persönlich kennen zu lernen

Die Suche nach einem Praktikums- oder Ausbildungsplatz, Bewerbungen, Vorstellungsgespräche und Eignungstests spielen in diesem Schuljahr für alle Schülerinnen und Schüler eine wichtige Rolle.

1 Welche Erfahrungen habt ihr im Bezug auf Bewerbungs- und Vorstellungsgespräche bereits gemacht?
- Welche Gemeinsamkeiten/welche Unterschiede könnt ihr feststellen?
- Hat bereits jemand an einem Eignungstest teilgenommen?

Tauscht euch in der Klasse darüber aus.

2 Lies den folgenden Brief. Untersuche, welche Informationen er enthält und was von dem Bewerber Lukas Stöckle erwartet wird.

Bauunternehmung Bossemeyer
Steingraben 37–41
44628 Herne
Telefon: (02323) 4456-0

Herrn
Lukas Stöckle
Hinrichsenstraße 44a
45663 Recklinghausen

Sehr geehrter Herr Stöckle,   Herne, 11.10.2012

vielen Dank für Ihre Bewerbung.
In unserem Unternehmen sind zahlreiche Bewerbungen für einen Ausbildungsplatz zum Stuckateur eingegangen. Um einen genaueren Überblick über die Fähigkeiten und Fertigkeiten der Bewerberinnen und Bewerber zu erhalten, laden wir Sie zu einem Eignungstest ein.

Termin: Montag, 24.10.2012 um 15.00 Uhr
Bitte melden Sie sich zum o. g. Zeitpunkt bei unserer Mitarbeiterin, Frau Voigt, im Eingangsbereich des Bürogebäudes. Bringen Sie bitte Ihren Personalausweis und dieses Schreiben mit.
Der Eignungstest wird etwa zwei Stunden dauern und setzt sich aus einem schriftlichen Teil und einem Gespräch mit unserem Personalleiter, Herrn Gerdes, zusammen.

Bitte teilen Sie uns telefonisch mit, wenn Sie den Termin nicht wahrnehmen können.

Mit freundlichen Grüßen
...

Sprechen, Zuhören, Spielen

Keine Angst vor dem Test

Es gibt unterschiedliche Personalauswahlverfahren. Meist werden Bewerberinnen und Bewerber zu einem Vorstellungsgespräch eingeladen. Manche Firmen führen in diesem Zusammenhang Eignungstests durch.

Online-Link
zu Eignungstests
313275-0017

1 Probiere aus, ob du die folgenden Aufgaben lösen kannst. Schreibe deine Lösung auf.

→ **Seite 25, 30 f.,** weitere Tests

1. Welche Schreibweise ist richtig?

a) infolge dessen
b) in Folge dessen
c) in Folgedessen
d) infolgedessen

a) Toristikunternehmen
b) Touristikunternemen
c) Toristikunternemen
d) Touristikunternehmen

2. Suche für jede Wortreihe den passenden Oberbegriff.
1. Beton – Dachziegel – Hohlblockstein – Kies
2. Zeppelin – Freiballon – Düsenklipper – Hubschrauber – Segelflugzeug
3. Papierkorb – Keksdose – Silo – Aktentasche – Abfalleimer
4. Staubsauger – Waschmaschine – Fleischwolf – Toaster
5. Habicht – Bussard – Eule – Sperber – Steinadler
6. Stadtpark – Freibad – Eisplatz – Jugendzentrum

3. Bei dieser Aufgabe geht es nicht um richtig oder falsch.
Stell dir die folgende Situation vor:
Es ist drei Uhr morgens. Das Telefon klingelt. Der Anrufer hat einen wildfremden Menschen aus dem Bett geklingelt und stellt fest: „Entschuldigen Sie bitte, die Auskunft hat mir die falsche Telefonnummer gegeben."

Welche der folgenden Antwortmöglichkeiten hältst du für angemessen?
1. Das ist eine Unverschämtheit, mich um diese Zeit zu wecken!
2. Ist nicht so schlimm, ich habe noch nicht so fest geschlafen.
3. Das ist wirklich Pech, aber so was kann schon mal passieren.

2 Was will man mithilfe solcher Tests über die Bewerberinnen und Bewerber herausfinden? Notiere deine Überlegungen. Tausche dich mit einem Partner/einer Partnerin dazu aus.

TIPP!
Ihr könnt eure Ideen in einem Cluster sammeln.

3 Häufig ist die vorgegebene Zeit für den Gesamttest sehr kurz, sodass viele Bewerber unter Zeitdruck geraten. Besprecht, was die Tester damit herausfinden wollen.

4 Menschen reagieren in Testsituationen sehr unterschiedlich. Überlegt gemeinsam, wie ihr euch auf solche Testsituationen gut vorbereiten könnt. Sammelt eure Ideen an der Tafel.

Berufsorientierung: Vorstellungsgespräch; Eignungstests

2 ... um Sie persönlich kennen zu lernen

Der erste Eindruck ist oft entscheidend

1 Von der Bundesagentur für Arbeit wird Folgendes empfohlen:

> „Sie sollten sich auch Gedanken darüber machen, was Sie zu einem Vorstellungsgespräch anziehen. Wichtig ist gepflegte, gebügelte Kleidung, in der Sie sich auch wohlfühlen."

Besprecht, warum es wichtig ist, bei einem Vorstellungsgespräch in angemessener Kleidung zu erscheinen.

2 Diskutiert darüber, was mit der Aussage „Der erste Eindruck ist oft entscheidend" gemeint ist.

Online-Link
zu Empfehlungen für angemessene Kleidung
313275-0018

3 John ist 15 Jahre alt und hat sich für einen Ausbildungsplatz als Stuckateur beworben. Pia ist 16 Jahre alt und bewirbt sich um eine Ausbildungsstelle als Zahnarzthelferin.
Diskutiert darüber, welche Kleidung angemessen sein könnte.

4 Dass man zu einem Vorstellungsgespräch pünktlich erscheinen muss, das ist sicher allen klar. Diskutiert darüber, was man tun kann, damit man sich auf keinen Fall verspätet, z. B.:
– vorher erkunden, welches Verkehrsmittel man nutzen kann,
– vorher herausfinden, welcher Weg am günstigsten ist,
– rechtzeitig aufstehen, ...
Sammelt eure Vorschläge an der Tafel.

Sprechen, Zuhören, Spielen

Neue Situationen meistern

John hat eine Einladung zu einem Vorstellungsgespräch erhalten. Wie sollte er sich in den folgenden Situationen verhalten und wie könnte er die Fragen des Personalleiters am besten beantworten?

1 Beurteile die folgenden Vorschläge.

Nach dem Anklopfen und der Aufforderung einzutreten, betritt er das Zimmer. Sollte er
1. warten, bis der Personalleiter, Herr Gerdes, auf ihn zukommt?
2. Herrn Gerdes entgegengehen und ihn direkt anschauen?
3. auf den Boden schauen und warten?

Herr Gerdes: Guten Morgen, Sie sind sicherlich John Becker. Nehmen Sie bitte Platz.
1. Hallo.
2. Guten Morgen, der bin ich, und wer sind Sie?
3. Guten Morgen, das ist richtig, und Sie sind sicherlich Herr Gerdes.

Herr Gerdes: Schildern Sie mir doch kurz, was Sie bisher gemacht haben.
1. Okay, obwohl das doch alles im Lebenslauf steht.
2. Im Moment besuche ich noch die 9. Klasse. In den letzten Ferien habe ich ein Praktikum in einem Stuckateurbetrieb gemacht.
3. Tja, ich gehe noch zur Schule, deshalb kann ich eigentlich nicht viel erzählen.

Herr Gerdes: Weshalb haben Sie sich ausgerechnet für den Stuckateurberuf entschieden?
1. Ich möchte Stuckateur werden, weil ich Interesse an künstlerischer Arbeit habe.
2. Ein Freund unserer Familie ist Stuckateur, der hat mir viel über den Beruf erzählt, außerdem habe ich mich beim Arbeitsamt erkundigt.
3. Diesen Beruf fand ich schon immer super, deswegen werde ich mich sicher auch darin wohlfühlen.

2 Tauscht euch darüber aus, welches Verhalten und welche Antworten ihr für angemessen haltet.

→ *Online-Link* zu Empfehlungen für Vorstellungsgespräche 313275-0019

→ *Online-Link* Arbeitsblatt Checkliste: „Vorbereitung auf das Vorstellungsgespräch" 313275-0019

→ Seite 76, Typische Fragen bei einem Vorstellungsgespräch

→ *Online-Link* Arbeitsblatt „Fragen und Antworten" 313275-0019

→ Seite 9, Höflichkeit

Berufsorientierung: Vorstellungsgespräch; Eignungstests

2 ... um Sie persönlich kennen zu lernen

Fragen, mit denen man rechnen sollte

Um Bewerber genauer kennen lernen zu können, werden ihnen in Vorstellungsgesprächen viele Fragen gestellt. Wenn man solche Fragen kennt, kann man sich schon vorher passende Antworten überlegen.

1 Lies die folgenden Fragen durch und überlege, was man über den Bewerber herausfinden will. Ordne zu, z. B.: 1. f.

→ **Seite 76,** Typische Fragen bei einem Vorstellungsgespräch

Online-Link
Arbeitsblatt
„Fragen und Antworten"
313275-0019

Oft gestellte Fragen
1. Welchen anderen Beruf hatten Sie noch im Blick?
2. Warum bewerben Sie sich gerade bei uns?
3. Welche Vorteile hat der Beruf in Ihren Augen? Was ist eher ein Nachteil?
4. Welche Schulfächer bereiten Ihnen Probleme? Warum?
5. Was haben Sie nach Ihrer Ausbildung beruflich vor?
6. Was machen Sie in Ihrer Freizeit am liebsten? Sind Sie in einem Verein oder in einer Gruppe?
7. Welche Fragen haben Sie an uns?

Was der Betrieb herausfinden will
a) ob man seine Stärken und Schwächen einschätzen kann
b) ob man sich für etwas engagiert und wofür man sich interessiert
c) ob man sich Gedanken über seine berufliche Zukunft macht
d) ob man sich auf das Gespräch vorbereitet hat
e) ob man sich über die Anforderungen in seinem Wunschberuf informiert hat
f) ob man sich Gedanken gemacht hat, welche Berufe zu einem passen und warum
g) ob man sich über den Betrieb informiert hat

Online-Link
zum Thema
„Körpersprache"
313275-0020

2 Körperhaltung, Mimik und Gestik sagen ebenfalls viel über einen Menschen aus. Diskutiert darüber, welche „Körpersignale" die abgebildeten Personen aussenden und wie diese wirken.

Berufsorientierung: Vorstellungsgespräch; Eignungstests

Sprechen, Zuhören, Spielen

3 Rollenspiele Bildet Gruppen. Bereitet ein Vorstellungsgespräch, z. B. für eine Ausbildung zum Koch/zur Köchin, vor. Geht so vor:

1. Fertigt zunächst Beobachtungsbögen an, z. B.:

Beobachtungsbogen Vorstellungsgespräch Name			
	gelungen	teils, teils	nicht so gelungen
Vor dem Gespräch – anmelden – anklopfen – …	…	…	…
Gesprächsverlauf – begrüßen – sich vorstellen – …	…	…	…
Körpersprache – Körperhaltung – Mimik – …	…	…	…
Stimme – ruhig – …	…	…	…

TIPP!
Ihr könnt den Beobachtungsbogen auch als Arbeitsblatt herunterladen und ausdrucken. Nutzt dazu den Online-Link.

Online-Link
Arbeitsblatt „Beobachtungsbogen: Rollenspiel"
313275-0021

2. Legt in der Gruppe fest,
   - wer die Beobachter sein sollen,
   - welche Personen beteiligt sein sollen (z. B. Bewerberin/Bewerber, Personalleiterin/Personalleiter, Sekretärin/Sekretär),
   - wer die verschiedenen Rollen spielen soll,
   - um welche Stelle in welcher Firma es gehen soll,
   - welche Fragen gestellt werden sollen und wie das Vorstellungsgespräch verlaufen soll.
3. Probt das Vorstellungsgespräch so lange, bis ihr zufrieden seid.
4. Spielt das Vorstellungsgespräch in der Klasse vor.
5. Die Beobachter machen sich auf den Beobachtungsbögen Notizen zum Verhalten der einzelnen „Bewerber".

→ **Seite 76,** Typische Fragen bei einem Vorstellungsgespräch

4 Gebt den „Bewerbern" ein Feedback. Nutzt dazu eure Notizen aus den Beobachtungsbögen. Besprecht, was schon gut gelungen ist und was noch verbessert werden könnte.

→ **Seite 235,** Arbeitstechnik „Ein Feedback geben"

Berufsorientierung: Vorstellungsgespräch; Eignungstests

2 ... um Sie persönlich kennen zu lernen

Das interessiert mich! Das kann ich gut!

In Vorstellungsgesprächen wird oft danach gefragt, was man in seiner Freizeit gern tut und wofür man sich besonders interessiert.

Ich löse gern Rätsel und knifflige Aufgaben. Stundenlang kann ich am PC sitzen und neue Spiele ausprobieren. Mir macht es Spaß, im Internet zu surfen. Ich habe es am liebsten etwas ruhiger um mich herum. Trubel und Lärm kann ich nicht ausstehen. Ich lese auch gern, am liebsten fantastische Literatur.

Mir macht eigentlich vieles Spaß. Ich gehe gern mit Freunden schwimmen und spiele Fußball. Ach ja, mit dem Skateboard bin ich auch gern unterwegs. Zu Hause koche ich oft, am liebsten Spaghetti mit Tomatensoße. Ich habe aber auch schon die verrücktesten Gerichte ausprobiert und unseren Gästen serviert. Außerdem tolle ich auch gern mit unserem Hund draußen herum.

▶ Online-Link
zu Ausbildungsberufen
313275-0022

1 Stellt fest, was Eros und Martha über ihre Interessen und Fähigkeiten gesagt haben. Diskutiert darüber, welche Berufe zu ihnen passen könnten.

2 Bildet Gruppen. Stellt euch selbst vor, ähnlich wie Eros und Martha es getan haben. Zählt dabei vor allem die Interessen und Fähigkeiten auf, die euch für die Berufswahl wichtig erscheinen, z. B.:

kochen – backen und servieren – beim Hausbau mitarbeiten – mit kleinen Kindern umgehen – zeichnen – im Geschäft der Eltern helfen – reiten und Pferde pflegen – sich mit älteren Menschen unterhalten – an kniffligen Aufgaben tüfteln – im Internet surfen – fotografieren – Sachbücher über Erste Hilfe lesen – Klima und Wetter beobachten – Geschichten schreiben – in Heimatmuseen gehen – im Garten arbeiten – sich über Mode austauschen – handwerkliche Arbeiten ausführen – Bücher über Tiere lesen – technische Geräte reparieren – am Fahrrad herumbasteln

Sprechen, Zuhören, Spielen

STARKE SEITEN

3 In einem Vorstellungsgespräch spielen bestimmte persönliche Eigenschaften eine Rolle.
Schreibe auf, welche der folgenden Eigenschaften in dem Beruf, den du erlernen möchtest, besonders wichtig sind. Begründe deine Meinung.

Zuverlässigkeit – Einsatzbereitschaft – Belastbarkeit – Gewissenhaftigkeit – Konzentrationsfähigkeit – Zielstrebigkeit – Fleiß – Fähigkeit zur Kritik/Selbstkritik – Höflichkeit/Freundlichkeit – Teamfähigkeit – Pünktlichkeit – Durchsetzungsfähigkeit – Einfühlsamkeit – Selbstdisziplin

4 Stelle fest, welche Eigenschaften du hast. Schätze dazu ein, inwieweit die folgenden Aussagen auf dich zutreffen. Verwende drei Abstufungen: *trifft zu – trifft teilweise zu – trifft nicht zu.*

1. Wenn ich ein Ziel habe, z. B. im Sport, kann ich mich dafür auch sehr anstrengen.
2. Ab und an verpasse ich auch mal etwas – z. B. eine Verabredung.
3. Ich brauche unbedingt meinen geregelten Tagesablauf, auch genügend Schlaf. Sonst gelingt nichts.
4. Bei mir herrscht das Chaos – Dinge zu planen, liegt mir überhaupt nicht.
5. Die Kritik anderer geht mir an die Nieren, oft leide ich noch tagelang.
6. Ich bin ein ruhiger Typ und gern für mich allein.
7. Es ist für mich kein Problem, Aufgaben gemeinsam mit anderen zu lösen.
8. Bei Leistungsdruck bleibe ich ganz cool, oft spornt er mich sogar an.
9. Ich kann gut zuhören und mich in andere hineinversetzen.
10. Streit gehe ich am liebsten aus dem Weg.
11. Wenn mich jemand um Hilfe bittet, kann ich nicht nein sagen, auch wenn ich dadurch selbst in Schwierigkeiten gerate.
12. Ich verschiebe unangenehme Aufgaben gern nach hinten, sodass ich mitunter gewaltige Zeitprobleme bekomme.

TIPP!
Du kannst dir den Text aus Aufgabe 4 als Arbeitsblatt herunterladen und ausdrucken. Nutze dazu den Online-Link.

Online-Link
Arbeitsblatt
„Checkliste: Meine Eigenschaften"
313275-0023

5 Überlege, welche Eigenschaften aus Aufgabe 3 auf dich zutreffen und welche zu deinem Berufswunsch passen. Notiere sie.

6 In einem Vorstellungsgespräch wirst du gefragt:

1. Was sind Ihre Stärken und Schwächen?
2. Warum meinen Sie, dass Sie für diesen Beruf geeignet sind?

Schreibe in Stichworten auf, was du darauf antworten willst.

TIPP!
Du kannst dich auch mit einem Partner beraten.

7 Übe nun mit einem Partner, auf die Fragen aus Aufgabe 6 zu antworten. Wechselt dabei die Rollen, einer fragt, der andere antwortet.

Sich selbst einschätzen lernen

2 ... um Sie persönlich kennen zu lernen

Einladung zum Assessment-Center

Manche Unternehmen laden ihre Bewerberinnen und Bewerber zu einem Assessment-Center (AC) ein. Das ist eine besonders anspruchsvolle Form des Personalauswahlverfahrens.

1 Lies den folgenden Informationstext. Notiere die wichtigsten Informationen in Stichworten.

Online-Link
„Ablauf eines Assessment-Center (AC)"
313275-0024

Online-Link
Hörverstehen
313275-0024

Das Assessment-Center (kurz: AC)

Zu einem Assessment-Center werden grundsätzlich mehrere Bewerberinnen und Bewerber gleichzeitig eingeladen. Sie müssen unter großem Zeitdruck verschiedene Aufgaben lösen – einzeln, aber auch gemeinsam. Dabei stehen alle unter der genauen Beobachtung und
5 Bewertung durch mehrere AC-Prüfer. Getestet werden sowohl die fachliche als auch die persönliche Eignung (Kommunikationsfähigkeit, sicheres Auftreten, Bereitschaft zur Konfliktlösung, allgemeines soziales Verhalten). Ein wichtiger Bestandteil sind kurze Präsentationen vor der Gruppe, wobei das Vorstellen der eigenen Person (Selbst-
10 präsentation) Standard ist. Üblich ist auch die Durchführung eines sogenannten Planspiels. Hierbei bekommt die gesamte AC-Gruppe eine Aufgabe – z. B. Organisation eines Betriebsausflugs – und muss gemeinsam an deren Lösung arbeiten (Ablauf organisieren, Unteraufgaben verteilen, Talente feststellen usw.).
15 Ein Tag im Assessment-Center für einen Ausbildungsplatz im kaufmännischen Bereich könnte beispielsweise so aussehen: Die zwölf Teilnehmer treffen sich um 9 Uhr. Ihnen wird der Tagesablauf grob vorgestellt und sie werden von den AC-Prüfern und Mitarbeitern des AC begrüßt. Ab 9.30 Uhr haben alle die Aufgabe, sich in einer drei-
20 minütigen Kurzpräsentation selbst vorzustellen; die wesentlichen Punkte (Interessen, Hobby, Elternhaus, Gründe für die Berufswahl) werden dabei vorgegeben. Zur Vorbereitung haben die AC-Teilnehmer zehn Minuten. Um 10.30 Uhr folgt ein 30-minütiger schriftlicher Test zur Allgemeinbildung. Im Anschluss werden die Teilnehmerin-
25 nen und Teilnehmer aufgefordert, in einer Gesprächsrunde zu einem aktuellen politischen oder kulturellen Thema zu diskutieren.
Beim Mittagessen erweitern die AC-Prüfer ihr Bild von den möglichen neuen Mitarbeitern: Auskunft geben deren Tischmanieren und deren Sitzhaltung sowie aufkommende „freie" Gespräche. Mit Rollenspielen
30 für Verkaufsgespräche geht es um 12.45 Uhr weiter. Es folgt eine Vorstellungsrunde: Jeder Teilnehmer/jede Teilnehmerin berichtet vor der Gruppe von seinen/ihren beruflichen Zielen und Vorstellungen.

Sprechen, Zuhören, Spielen

EXTRA

Abschließend geben alle Teilnehmer eine Einschätzung des Tages und der eigenen Leistungen ab. Die Bewerberinnen und Bewerber, die
35 nicht in Frage kommen, können gegen 16 Uhr nach Hause gehen. Mit den anderen führt die Leitung des AC Bewerbungsgespräche im klassischen Sinne – ein Bewerber trifft auf die Personalmitarbeiter des Unternehmens in einem Interview. Oft entscheidet sich noch am gleichen Abend, wer den Ausbildungsplatz bekommt.

2 Wie kannst du dich auf ein Assessment-Center vorbereiten? Stelle eine Liste für die Vorbereitung zusammen.

3 Bereite dich schriftlich auf eine dreiminütige Selbstpräsentation[1] vor. Berücksichtige deine Stärken und Schwächen. Halte den Vortrag vor der Klasse.

[1] Selbstpräsentation, die: Vorstellung der eigenen Person im Kurzvortrag

4 Im Assessment-Center werden oft auch Wissenstests durchgeführt. Neben Fragen zur Allgemeinbildung gibt es häufig Tests zu den Deutschkenntnissen der Bewerber. Prüfe, wie du mit solchen Tests zurechtkommst. Stoppe die Zeit, die du für die Tests brauchst. Vergleiche mit anderen.

→ Seite 17 und 30 f., weitere Tests

Test 1 Beantworte folgende Fragen. Schreibe die Antworten auf.
1. Wie viele Bundesländer hat die Bundesrepublik Deutschland?
2. In welchem Jahr begann der Zweite Weltkrieg?
3. Welcher spanische Maler wird als Maler des 20. Jahrhunderts bezeichnet?
4. Wie heißt die Hauptstadt von Portugal?

Test 2 Was bedeuten diese Fremdwörter? Schreibe jeweils die richtige Bedeutung auf.
1. Assistent: Gehilfe – Beamter – Stationsarzt – Berufsanfänger
2. Mobilität: Krankheit – Fischart – Beweglichkeit – Form von Mobbing
3. Agentur: Arbeitsmaßnahme – Werbung – Vermittlungsbüro – Verlag
4. Karriere: Laufbahn – Hindernis – Viereck – alter Wagen

Test 3 Welches Wort ist jeweils korrekt geschrieben? Schreibe es auf.
1. schlißlich – schlieslich – schliesslich – schließlich
2. nähmlich – nehmlich – nämlich – nähmlig
3. ungefehr – ungefähr – ungefär – ungefair
4. zimlich – zihmlich – ziemlich – ziehmlich

→ Seite 227 ff., Rechtschreibstrategien und Rechtschreibregeln

5 Vergleiche mithilfe einer Tabelle das Assessment-Center mit einem Vorstellungsgespräch.

→ Seite 18 ff., Vorstellungsgespräch

Sich selbst einschätzen lernen

2 ... um Sie persönlich kennen zu lernen

→ **Seite 217f., Übersicht über die Wortarten**

Wörter und Wortarten

1 Wortarten Tausche dich mit deinen Mitschülern darüber aus, wie der folgende Wortarten-Bestimmungsschlüssel funktioniert.

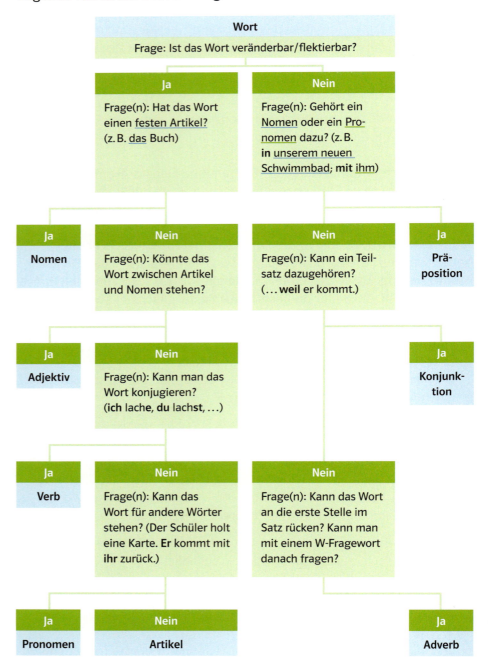

26   Wiederholung und Vertiefung: Wörter klassifizieren

Rechtschreibung, Grammatik, Sprachbetrachtung

2 Suche Wörter, bei denen du sicher bist, zu welcher Wortart sie gehören. Probiere den Bestimmungsschlüssel mit diesen Wörtern aus. So kannst du vorgehen:

Ausgewähltes Wort: Hand
Ist das Wort veränderbar? ➞ Hand – Hände ➞ Ja
Hat das Wort einen festen Artikel? ➞ die Hand ➞ Ja
➞ Ergebnis: Hand ist ein Nomen.

Zu bestimmendes Wort: auf
Ist das Wort veränderbar? ➞ Nein
Gehört ein Nomen oder ein Pronomen dazu? ➞
auf dem neuen Sportplatz ➞ Ja
➞ Ergebnis: auf ist eine Präposition.

3 Erprobe den Bestimmungsschlüssel auch mit diesen Wörtern: Stärke – weiß (wissen) – weiß (Farbe) – dort – schnell – heute – in – bewerben – nachdem – die – ich – und – werde – wegen – dass – gut

➞ Seite 217 f., Übersicht über die Wortarten

4 Wortbildung durch Zusammensetzung Finde fünf zusammengesetzte Nomen mit dem Grundwort *-beruf* und fünf Zusammensetzungen mit dem Bestimmungswort *Beruf-*. Schreibe sie auf, z. B.: Lehrerberuf, ..., Berufswahl, ...

TIPP!
Achte auf das Fugenelement, z. B. bei *Berufswahl*.

5 Wortbildung durch Ableitung Bilde mit dem Wortstamm *sprech* durch Hinzufügen von Vorbausteinen und/oder Endbausteinen ein Nomen, ein Verb und ein Adjektiv.

> **Merke**
>
> Die beiden wichtigsten Verfahren der **Wortbildung** heißen **Zusammensetzung** und **Ableitung**.
> Bei der Zusammensetzung werden mehrere Wörter zu einem Wort verbunden: *Körpersignal, kerngesund, hellgrün*. Das erste Wort heißt **Bestimmungswort**, denn es bestimmt das zweite Wort genauer. (*Was für ein Signal? Wie gesund? Wie grün?*).
> Das zweite Wort ist das **Grundwort**, das bei den Nomen auch den Artikel festlegt. Oft sind beide Wortteile durch ein **Fugenelement** verbunden: *das Bewerbung-s-gespräch*.
> Bei der Ableitung wird ein **Wortstamm** mit **Vorbausteinen** und/oder **Endbausteinen** zusammengefügt. Am letzten Baustein kann man oft die Wortart erkennen: *Bewerbung, gewerblich*.

➞ Seite 216, Wortbildung

Wiederholung und Vertiefung: Wörter klassifizieren

2 ... um Sie persönlich kennen zu lernen

Wortfamilien und Wortfelder

1 Wortfamilien Hier sind Wörter aus zwei Wortfamilien durcheinandergeraten.

stellungslos – Eindruck – zudrücken – Gestell – Umstellung – vorstellen – beeindrucken – erdrückend – darstellbar – zusammenstellen – abstellen – Unterdrückung – verstellen – herstellbar – Nachdruck – ausdrücken – Einstellung – ausdrücklich – Aussteller – Aufdruck – bedrückt – Druckerei – wegstellen – bedrucken – nachdrücklich – Aufstellung – ausdruckslos – unvorstellbar – beeindrucken

Arbeitet zu zweit. Ordnet die Wörter in Tabellen. Jeder bearbeitet eine Wortfamilie.

Verben	Nomen	Adjektive
vorstellen	Gestell	stellungslos
…	…	…

2 Wortfelder Stelle fest, welches Wort nicht in die Reihe passt. Schreibe es auf, z. B.: 1. feuern.

1. sagen – meinen – entgegnen – sprechen – feuern – erwidern – einwenden
2. klasse – super – riesig – stark – spitze – fantastisch – toll – träge – cool
3. anstrengend – beschwerlich – aufregend – ermüdend – mühevoll – unerträglich – belastend
4. abwägen – durchdenken – annehmen – überlegen – aufsuchen – meinen – vermuten
5. Knete – Zaster – Kohle – Mäuse – Geld – Lohn – Schotter – Kies – Penunze
6. zuverlässig – gewissenhaft – tüchtig – strebsam – fleißig – kritisch – eifrig

3 Bildet Gruppen. Tragt Wörter aus dem Wortfeld *arbeiten* zusammen, z. B.:
arbeiten ➡ schuften, …

> **TIPP!**
> Ihr könnt dazu ein Wörternetz/Cluster nutzen.

➡ Seite 216 f., Wortfamilien, Wortfelder

> **Merke**
>
> Zu einer **Wortfamilie** gehören alle Wörter mit dem gleichen Wortstamm. Sie entstehen durch Ableitung (hand ➡ be*hand*eln, *Hand*lung, *hand*lich, …) oder Zusammensetzung (*Hand*griff, Rück*hand*, …)
> Zu einem **Wortfeld** gehören Wörter, die die gleiche oder eine ähnliche Bedeutung haben (*gehen, laufen, rennen,* …).

Rechtschreibung, Grammatik, Sprachbetrachtung

Noch mehr Kategorien

1 Synonyme Nenne zu den folgenden Wörtern je ein Synonym und schreibe es auf, z. B.: *1. Gebiet – Bereich; 2. …*

1. ~~Gebiet~~ 2. Qualität 3. Heiterkeit 4. Verhalten 5. Beförderung

2 Antonyme Schreibe zu jedem Wort ein Antonym und bilde damit eine Wortgruppe, z. B.: *schnell → langsam; ein langsames Auto*

1. ~~schnell~~
2. gestresst
3. leise
4. eintönig
5. gesprächig
6. mühelos
7. klagen
8. nehmen
9. öffnen
10. verstehen
11. ausruhen
12. anfangen
13. Chaos
14. Höhe
15. Kraft
16. Enge
17. Werktag
18. Erfolg

3 Oberbegriffe Schreibe zu jedem Oberbegriff drei Unterbegriffe auf, z. B.: *Werkzeug → Hammer, Zange, Schraubenzieher*

1. ~~Werkzeug~~
2. Sportart
3. Verkehrsmittel
4. Baumart
5. Gebäude
6. Medien
7. Säugetier
8. Sinnesorgane
9. Gefühl
10. Währung
11. Körperteile
12. Berufe

4 Unterbegriffe Schreibe zu den drei Unterbegriffe den passenden Oberbegriff, z. B.: *Sonne, Mond, Sterne → Gestirne*

1. ~~Sonne, Mond, Sterne~~
2. London, Paris, Berlin
3. Tee, Sekt, Traubensaft
4. Messer, Gabel, Löffel
5. Lutscher, Kaugummi, Bonbon
6. Stuhl, Schrank, Tisch
7. Wasser, Benzin, Essig
8. Ziegel, Beton, Holz

> **Merke**
>
> **Synonyme** sind Wörter mit gleicher und ähnlicher Bedeutung (*Apfelsine – Orange; essen – speisen*).
> **Antonyme** sind Wörter mit entgegengesetzter Bedeutung (*Liebe – Hass; hoch – niedrig*).
> **Unterbegriffe** (*Hemd, Socken, Hose*) werden durch einen **Oberbegriff** (*Kleidung*) zusammengefasst.

2 ... um Sie persönlich kennen zu lernen

Teste dein Sprachwissen!

Hier findest du Tests, mit denen du deinen Wortschatz, dein Allgemeinwissen und dein Sprachwissen überprüfen und erweitern kannst.
Für jede richtige Antwort erhältst du einen Punkt. Hast du in einem Test alle sechs Antworten richtig gegeben, erhältst du einen Zusatzpunkt.
Insgesamt kannst du 63 Punkte erreichen.

Test 1 Notiere, welches Wort nicht in die Reihe passt.

1. Galle – Leber – Magen – Darm – Bauch – Niere – Milz
2. Apfel – Birne – Banane – Ananas – Kiwi – Obst
3. Kreis – Kugel – Rad – Quadrat – Würfel – Rechteck
4. Zeit – Minute – Woche – Sekunde – Stunde – Tag
5. Leopard – Löwe – Ameise – Panther – Bär – Wolf
6. Auto – Fußweg – Fahrrad – U-Bahn – Bus – Straßenbahn

Test 2 Ordne jedem Wort der linken Spalte ein Wort der rechten Spalte zu, sodass ein Gegensatzpaar entsteht. Notiere die Wortpaare, z. B.: 1, d.

1. real
2. theoretisch
3. nervös
4. großzügig
5. vorzeitig
6. riskant

a) verspätet
b) geizig
c) ungefährlich
d) unwirklich
e) praktisch
f) ruhig

→ **Seite 17 und 25,** weitere Tests

→ **Seite 26 f., 217 f.,** Übersicht über die Wortarten

Test 3 Welches Wort passt anstelle des Fragezeichens? Notiere, z. B.:
lang : kurz = dick : dünn.

1. lang : kurz = dick : ?
2. Wasser : Fisch = Luft : ?
3. Junge : Mädchen = Mann : ?
4. Auto : Flugzeug = fahren : ?
5. scharf : schneiden = spitz : ?
6. Wort : Satz = Buchstabe : ?

TIPP!
Denke jeweils an die Wortart, zu der die Wörter gehören.

Test 4 Notiere, welches Wort nicht in die Reihe passt.

1. klein – gut – neu – dein – fein – lieb – mild – wild
2. heute – dort – gestern – morgen – sorgen – unten
3. tadeln – loben – oben – schmeicheln – schimpfen
4. vor – hinter – unter – munter – zwischen – neben
5. und – weil – oder – dass – muss – obwohl – denn
6. wann – wenn – wo – wer – wie – was – warum

Wiederholung und Vertiefung: Wörter klassifizieren

Rechtschreibung, Grammatik, Sprachbetrachtung

TRAINING

Test 5 In welcher Reihenfolge stehen diese Wörter im Wörterbuch? Notiere.

| eure | Euphorie | Europa | Eurasien | Euphrat | Europol |

Test 6 Bilde die jeweiligen Wortformen und notiere sie, z. B.:
nehmen – ich nahm (1. Pers. Singular Präteritum).

→ Seite 219 f., Zeitformen des Verbs

1. **nehmen** – 1. Person Plural Präteritum: …
2. **lesen** – 2. Person Singular Präsens: …
3. **Nachbar** – Genitiv Singular: …
4. **Lexikon** – Nominativ Plural: …
5. **hoch** – Superlativ/zweite Vergleichsform (am …): …
6. **gern** – Superlativ/zweite Vergleichsform (am …): …

Test 7 Die Wörter enthalten Fehler. Schreibe sie richtig auf.

1. Wiederspieglung
2. Voratskammer
3. Orginalfassung
4. Außentemparatur
5. Grosstadtlärm
6. Carakterrolle

Test 8 Ordne jedem Fremdwort der linken Spalte die Bedeutung in der rechten Spalte zu. Schreibe jeweils die Ziffer mit dem passenden Buchstaben auf, z. B.: *1, c*.

1. defekt
2. effektiv
3. perfekt
4. aggressiv
5. depressiv
6. expressiv

a) vollendet, vollkommen
b) angriffslustig, streitsüchtig
c) fehlerhaft, schadhaft, kaputt
d) traurig, mutlos
e) wirkungsvoll, lohnend
f) ausdrucksstark, ausdrucksvoll

Test 9 Jeweils zwei Wörter sind in den Werbeanzeigen fehlerhaft. Schreibe die Texte richtig auf.

Abnehmen?
Auch sie schaffen es!
Ich brate Sie gern.

Rosa Rinderfahrrad,
16er, für 50 Euro ab zugeben

Expresso mit aufgeschämter Milch   3,00 €

Wiederholung und Vertiefung: Wörter klassifizieren

3 Ein oscarreifes Referat

Schauspielerinnen und Schauspieler kennen wir alle. Aber mal ehrlich: über Regisseure und ihre Arbeit wissen wir meistens nur wenig. Dabei sind sie dafür verantwortlich, wie ein Film entsteht und am Ende aussieht. Wie nehmen diese Künstler die Welt wahr und wie setzen sie das in Filmbilder um? Mit welchen Mitteln schaffen sie es, uns große Gefühle zu entlocken? Und wie viel von ihrer eigenen Geschichte bringen sie in einen Film ein?

Werner Herzog: *Cave of Forgotten Dreams* – „Jeder Film muss mich vor neue Herausforderungen stellen."

James Cameron: *Avatar* – „Und das war vollkommen klar: Das muss in 3D gemacht werden."

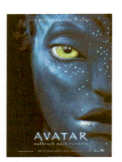

Roman Polanski: *Tanz der Vampire* – eine Horror-Komödie mit grandiosen Slapstick-Nummern.

Robert Redford: *Der Pferdeflüsterer* – Vom Straßenmaler in Europa zum Hollywoodstar und Regisseur.

Fatih Akin: *Soul Kitchen* – in seiner Freizeit ist er schon mal DJ Superdjango.

Steven Spielberg: *E.T. – Der Außerirdische* – „Ich interpretiere meine Träume und mache einen Film aus ihnen."

Caroline Link: *Jenseits der Stille* – Kinodebüt der inzwischen international anerkannten Regisseurin.

Mark Romanek: *Alles, was wir geben mussten* – eine dramatische Dreiecksgeschichte, frei von Kitsch.

Marc Forster: *Drachenläufer* – mit zwölf Jahren sieht er den Film *Apocalypse Now* und entwickelt daraufhin den Wunsch Regisseur zu werden. – Den Film *Drachenläufer* drehte er mit Laiendarstellern in Afghanistan.

Sofia Coppola: *The Virgin Suicides* – von der Hauptdarstellerin in der Trilogie *Der Pate* zur Regisseurin. Ihren ersten Filmauftritt hatte sie als zehn Wochen altes Baby.

Sprechen, Zuhören, Spielen

Wolfgang Becker: *Good Bye Lenin!* – „Wenn man eine gewisse Vertrautheit mit den Menschen einer Geschichte hat, kann man einfach besser von ihnen erzählen."

Clint Eastwood: *Invictus – Unbezwungen.* Er schrieb auch die Musik zu diesem Film über Nelson Mandela.

Kay Pollack: *Wie im Himmel* – Nach der Ermordung des schwedischen Ministerpräsidenten Olaf Palme gab er das Filmen auf, achtzehn Jahre lang – bis zu diesem Film.

Jodie Foster: *Das Wunderkind Tate* – „Im Filmgeschäft sind es einzig die Schauspieler, die verstehen, warum eine Szene funktioniert oder misslingt." Es war Fosters erste Regiearbeit.

Danny Boyle: *Slumdog Millionär* – Bei der Oscarverleihung 2009 wurde Boyle als bester Regisseur ausgezeichnet. Gedreht wurde in den Slums von Mumbai.

Michael „Bully" Herbig: *Wicky und die starken Männer* – eine Zeichentrickserie wurde gekonnt in einen Spielfilm umgesetzt, mit Herbig in einer Rolle.

Marco Kreuzpaintner: *Krabat* – „Denn schließlich will man genau aus diesem Grund Regisseur werden. Weil man sich aus dem Zauberkasten bedienen kann."

Peter Jackson: *Herr der Ringe* – mit siebzehn brach er die Schule ab. Die Verfilmung des Fantasie-Klassikers in seiner Heimat Neuseeland machte ihn zu einem der bedeutendsten Regisseure weltweit.

1 Tauscht euch über die Filme aus, die ihr in der letzten Zeit gesehen habt. Was hat euch jeweils am meisten fasziniert: die Story, die Effekte, die Musik, die Schauspieler, …?

2 Wählt für euer Referat einen der geschauten Filme (aus Aufgabe 1) und dessen Regisseur aus. Oder nehmt einen Film, der auf dieser Doppelseite vorgestellt wird.

Ein Referat vorbereiten und halten; Präsentationsfolien gestalten

3 Ein oscarreifes Referat

Ein Referat vorbereiten

In einem Referat sollt ihr einen Regisseur/eine Regisseurin eurer Wahl vorstellen.

1 Stimmt zunächst die Termine für eure Referate ab. Hängt dafür eine Liste aus. Gebt dort die Dauer der Referate, den Einsatz von Technik und Medien (Beamer, DVD-Player, …) an.

2 Erarbeite ein Referat über einen Regisseur/eine Regisseurin. Erstelle einen Arbeitsplan nach dem vorliegenden Muster. Halte dich an die Zeitvorgaben. Hake ab, was du erledigt hast.

> **TIPP!**
> Wenn ihr euch alle in die Liste eintragt, organisiert ihr damit den Unterricht selbst. Zudem lauft ihr nicht Gefahr, dass ein technisches Gerät fehlt oder doppelt belegt wird.

ARBEITSPLAN für mein Referat über…	erledigt

1. Meine Vorüberlegungen
  1. Referat bis zum ………… fertigstellen
  2. Zeitplan aufstellen
  3. ……………………………………………………	

2. Material beschaffen und auswerten
  1. Texte von und über… lesen
  2. Notizen dazu erstellen
  3. Notizen in eine Mind-Map übertragen
  4. Teilbereich auswählen und mein Thema formulieren
  5. Material aus anderen Quellen besorgen (z. B. Filmausschnitte, Lexikoneinträge, …)	

3. Den Vortrag vorbereiten/den Verlaufsplan anfertigen
  1. Karteikarten mit den ausgewählten Informationen beschreiben (nur Stichworte)
  2. „Roten Faden" in den Informationen finden
  3. Karteikarten sortieren und nummerieren
  4. Medien auswählen und auf der entsprechenden Karteikarte eintragen (z. B. Foto zeigen)	

4. Mein Vortrag
  1. Vortrag üben
  2. Präsentation mit den Materialien vorbereiten
  3. Vortrag halten
  4. Feedback erhalten	

3 Zur Vorbereitung Lies den Text über den Regisseur Charlie Chaplin auf Seite 35. Schreibe die wichtigen Informationen stichwortartig auf.

Sprechen, Zuhören, Spielen

Chaplin, Charles Spencer – genannt Charlie Chaplin – wurde am 16. April 1889 in London geboren. Seine Eltern waren Komödianten, sie tanzten und sangen in Music-Halls. Mit fünf Jahren stand er selbst zum ersten Mal auf der Bühne. Der Vater, ein Alkoholiker, verließ bald darauf die Familie und die Mutter konnte Charles und seinen Bruder Sidney nicht allein durchbringen. So mussten die beiden in einem Armenhaus aufwachsen. Im Jahr 1906 wurde Chaplin Schauspieler bei einem Tourneetheater. Mit dieser Theatertruppe, die auf beiden Seiten des Atlantiks spielte, kam er in die USA. Dort begann er kurze Stummfilme zu drehen. Er erfand die Figur des kleinen Tramps[1], die ihn schnell berühmt machte: eine Melone, ein angeklebtes Schnauzbärtchen, ein zu enges Jackett, eine zu weite Hose und zwei viel zu große Schuhe, deren Spitzen beim Gehen weit auseinander zeigen – so sieht das Kostüm der bekanntesten Figur aus, die Chaplin geschaffen hat. Ab 1915 spielte er in vielen Filmen immer wieder Charlie, den kleinen Tramp.
Im Jahr 1917 war Chaplin bereits der bestbezahlte Filmschauspieler der Welt. 1919 gründete er mit einigen Kollegen eine eigene Produktionsfirma, die United Artists. In Filmen wie *The Kid* (1921), *The Gold Rush* (1925), *The Circus* (1928), *City Lights* (1931) und *Modern Times* (1936) entwickelte er die Figur des Tramps weiter und ließ sie mit Tapferkeit, Humor und Menschlichkeit gegen eine oft rücksichtslose Gesellschaft ankämpfen. Diese Filme sind zunehmend sozialkritisch und oft ist es nur der pure Zufall, der für ein Happy End sorgen kann. Mit *The Great Dictator* (1940; eine Satire auf Hitler und den Nationalsozialismus in Deutschland) bezog er als erster großer amerikanischer Filmemacher konsequent Stellung gegen den Faschismus in Europa. 1975 wurde er von der britischen Königin, Queen Elizabeth, in den Adelsstand erhoben. In der Nacht zum 25. Dezember 1977 starb Chaplin in der Schweiz.

[1] Tramp, der: „to tramp" bedeutet im Englischen so viel wie „wandern". In Amerika wurden mit „Tramp" zunächst Wanderarbeiter oder Tagelöhner bezeichnet. Der Tramp suchte aber meist keine feste Anstellung, sondern nur Gelegenheitsjobs.

4 Arbeitet zu zweit. Haltet mithilfe eurer Stichwörter nacheinander einen kurzen Vortrag über Leben und Wirken von Charlie Chaplin. Gebt einander anschließend ein Feedback. Besprecht, was ihr an eurem Referat noch verbessern könnt.

TIPP!
Visualisieren kannst du z. B. an der Tafel, mit Folien und einem Overheadprojektor oder mithilfe eines Präsentationsprogramms.

3 Ein oscarreifes Referat

Präsentationsfolien unterstützen

Präsentationsfolien können deinen Vortrag als „Gerüst" unterstützen. Sie werden an interessanten und schwierigen Stellen eingesetzt.

TIPP! Formuliere das Thema so, dass es neugierig macht.

1 Entwirf die erste Folie für deinen Vortrag, indem du ein Blatt mit deinem Namen und dem Thema gestaltest.

2 Entwickle eine zweite Folie für den Einstieg, z. B. mit einem Bild oder einer besonderen Information.

TIPP! Deine Folien kannst du auch direkt am Computer entwerfen.

3 Entscheide, welche deiner Ausführungen du mithilfe von Beispielen verständlicher machen solltest, z. B. zeitliche Abfolge, Ortswechsel, wichtige Namen usw.

4 Entwickle nun alle weiteren Folien. Beachte, dass sie deine Ausführungen nur mit Stichwörtern unterstützen sollten.

5 Überprüfe, wenn du alle Folien entworfen hast, ob sie das gesamte Gerüst deines Vortrags enthalten.

6 Fasse auf einer letzten Folie alle wichtigen Fakten zusammen.

TIPP! Speichere deine Präsentation in jedem Fall doppelt ab.

7 Überlege, wie du deine Zuhörer beeindrucken und unterhalten kannst: Welche überraschenden Vergleiche, welche Reizwörter und unbekannten Fakten kannst du einsetzen? Überarbeite deine Folien entsprechend.

[1] Layout, das: das „Ausgelegte"; die Gestaltung der Seiten

Arbeitstechnik

Präsentationsfolien ansprechend und wirkungsvoll gestalten

1. Wähle für alle Folien ein einheitliches Layout[1] (Farben, Schriftgrößen und -typen, Anordnung von Textelementen).
2. Achte auf gute Lesbarkeit (möglichst große Schrift, mindestens 20 Punkt; sehr helle Schrift auf sehr dunklem Hintergrund oder sehr dunkle Schrift auf sehr hellem Hintergrund).
3. Verwende nicht mehr als zwei oder drei Schrifttypen.
4. Schreibe nicht mehr als sechs bis acht Informationen auf eine Folie.
5. Nimm passende Bilder, Schaubilder und Medienclips in deine Präsentation auf, um sie anschaulicher zu gestalten.
6. Gestalte den Wechsel von einer Folie zur nächsten und das Erscheinen von einzelnen Elementen sparsam.

Sprechen, Zuhören, Spielen

Referate erfolgreich halten

1 Diskutiere die folgenden Tipps für das Halten eines Referats mit einem Partner/einer Partnerin:

- Bewege dich vor deinem Vortrag kurz, aber intensiv, um deine Unruhe abzubauen.
- Nimm Blickkontakt mit einer Person deines Vertrauens auf.
- Achte auf deine Atmung! Atme rechtzeitig ein.
- Wiederhole das zuvor Gesagte, wenn du den Faden verloren hast. Ein Blick auf die Karteikarten kann dir helfen. Eine kurze Pause fällt allerdings auch nicht auf.

2 Schreibe den Inhalt deines Vortrags in Kurzform mithilfe von Stichworten auf Karteikarten auf.

TIPP!
Deine Karteikarten kannst du genau wie die Folien oder etwas ausführlicher gestalten.

3 Arbeitet zu zweit. Übt Anfang und Schluss und die gedanklichen Übergänge eurer Referate.
- Einleitung und Thema verfassen: *Ich möchte euch mit ... bekanntmachen und seinen Film ... vorstellen.*
- Überblick geben: *Mein Referat ist in ... Abschnitte geteilt. Im ersten Abschnitt gehe ich auf ...*
- Logisch anknüpfen: *Ihr habt die wichtigsten Stationen seines Lebens kennen gelernt. Nun möchte ich euch den Film ... vorstellen, in dem er viele seiner persönlichen Erfahrungen verarbeitet hat ...*
- Beispiele geben: *Seine besondere Art der Regiearbeit kann man mithilfe folgender Beispiele verdeutlichen ...*
- Vergleiche anstellen: *Wenn man die Vorgehensweise von ... mit ... vergleicht ...*
- Schlussgedanken formulieren: *Bemerkenswert erscheint mir ...*

TIPP!
Zum Anfang und am Schluss kannst du die Sätze auf den Karteikarten ausformulieren.

Arbeitstechnik

Ein Referat halten

1. Sprich möglichst frei, klar und deutlich, nicht zu schnell.
2. Halte Blickkontakt zu deinen Zuhörern. Schau nicht auf die Projektionsfläche, während du sprichst.
3. Informiere zu Beginn darüber, ob die Zuhörer Zwischenfragen stellen dürfen oder ob sie ihre Fragen zum Schluss stellen sollen.
4. Informiere die Zuhörer zu Beginn über die Gliederung deines Referats.
5. Fasse am Schluss noch einmal deine Ergebnisse kurz zusammen.

TIPP!
Ein Feedback gehört zu einem Referat dazu. Lies dazu unter der Arbeitstechnik „Ein Feedback geben" auf Seite 235 nach.

3 Ein oscarreifes Referat

Der Film „Goldrausch"

1 Lies den Text und notiere die Informationen, die du in einem Referat verwenden würdest.

Online-Link
Hörverstehen
313275-0038

[1] der englischsprachige Titel lautet „The Gold Rush"

→ Seite 240, Arbeitstechnik „Einen Sachtext lesen und verstehen"

Tramp im Hungerdelirium

Charlie Chaplins „Goldrausch"[1] kam 1925 in New York zur Uraufführung.

NACH NICOLE MAISCH · *1925 hatte Charlie Chaplins Film „Goldrausch" in New York Premiere. Wie der kleine Tramp mit höchstem Genuss seinen Schuh verspeist, gehört wohl zu den berühmtesten Filmmomenten aller Zeiten. Bei der Berliner Premiere allerdings kam eine andere Szene*
5 *noch besser an: der Brötchentanz. Das Publikum war vor Begeisterung nicht mehr zu bremsen. Was den geistesgegenwärtigen Geschäftsführer des Kinos dazu brachte, in den Vorführraum zu eilen. Dort ließ er die Projektion unterbrechen und die Filmrolle zurückspulen. Das Orchester fand seinen Einsatz und die Szene wurde noch einmal gezeigt!*

10 „Goldrausch" ist ein Stummfilm – in Schwarzweiß gedreht und zum besseren Verständnis mit gedruckten Zwischentiteln versehen. Er passt in keiner Weise zu den bunten Welten der Fernsehsender und
15 modernen Computeranimationen. Aber Charlie Chaplins Klassiker gleicht einem alten Freund, den man inmitten dieser Bilderfluten längst nicht mehr vermutet hätte. Und wenn er dann auftaucht, der
20 alte Film, bringt er sein Publikum immer noch zum Lachen.

[2] stereoskopische Fotografie: Fotos, die räumlich (dreidimensional) erscheinen

Eine stereoskopische Fotografie[2] aus der Zeit des großen Goldrauschs lieferte dem Filmemacher Chaplin die Idee für diesen Film. Abgebildet war eine endlose Schlange von Goldgräbern, die sich mühevoll einen tief verschneiten Pass hinaufwindet. Die Eröffnungsszene, mit
25 600 Komparsen 1924 als Massenszene in der Gebirgsregion der Sierra Nevada gedreht, hatte der Regisseur dieser Fotografie exakt nachempfunden. Der Film aber, den Chaplin fast 20 Jahre nach der Uraufführung mit einem von ihm selbst gesprochenen Off-Text[3] versah, erzählt die Geschichte eines einzelnen unerschrockenen Goldgräbers.
30 **„Far into the icy north, deep into the silent nowhere came an undaunted lone prospector."**

[3] Off-Text, der: kommentierender Text, der beim Kino- oder Fernsehfilm von einem unsichtbar bleibenden Sprecher gesprochen wird („aus dem Off")

Ein Referat vorbereiten und halten; Präsentationsfolien gestalten

Sprechen, Zuhören, Spielen

EXTRA

Bevor der ‚little fellow', wie Chaplin den Tramp, den er selbst verkörperte, stets nannte, Gold und auch die Liebe findet, muss er einige Abenteuer bestehen. Not und Elend bestimmen die Verhältnisse, die
35 Darstellung ist aber von unnachahmlicher Komik.
Chaplin lässt den hungernden Tramp eine Schuhsohle formvollendet als Steak verspeisen, er lässt ihn einen Tanz mit zwei auf Gabeln gespießten Brötchen vorführen und seinem Partner Big Jim erscheint er in einer Hungervision als leckeres Hühnchen. Big Jim läuft schon
40 das Wasser im Munde zusammen …
„**What's the matter with you, said the little fellow. Come, my pretty bird, said Big Jim, don't be childish.**"
In einzigartiger Könnerschaft entwickelt Chaplin in diesen Szenen das Komische aus dem Geist der Tragödie: Lachen, um nicht verrückt zu
45 werden, nicht aus Einsamkeit und nicht aus Hunger. Hinter dem mit tänzerischer Leichtigkeit hervorgerufenen Lachen steht harte Arbeit. Die Dreharbeiten zu „Goldrausch" dauerten 15 Monate, doch wirklich gefilmt wurde höchstens in einem Drittel der Zeit. Die Szenen entstanden wie üblich ohne Drehbuch, allein durch Improvisation[4]
50 am Set[5]. Kam es zu keinem befriedigenden Ergebnis, machte das Team eine Zwangspause und Chaplin zog sich zurück, um allein eine Lösung zu erarbeiten – für jede Figur. Hauptdarstellerin Georgia Hale erinnert sich, wie er seinen Schauspielerkollegen die verschiedenen Rollen detailliert vorspielte und so das Beste aus ihnen herausholte:
55 „**He acted the scene out for you. And instilled it into you, so that you just had to give a terrific performance.**"
Nach einer Vorpremiere in Los Angeles trat „Goldrausch" am 16. August 1925 mit einer Mitternachtsaufführung in New York seinen weltweiten Siegeszug an.

[4] Improvisation, die: ohne Vorbereitung, aus dem Stegreif spielen

[5] Filmset, der: kurz Set genannt; vorbereiteter Szenenaufbau zum Filmen

2 Übersetze in dem Text oben die englischsprachigen Textstellen.

TIPP!
Du kannst dazu die angegebenen Vokabeln oder ein Wörterbuch nutzen.

act out: ausgestalten	**nowhere:** nirgendwo; nirgends
childish: kindisch	**pretty bird:** schöner Vogel
deep: tief	**prospector:** jmd., der nach Bodenschätzen sucht
far into the icy north: weit in den eisigen Norden	**scene:** Schauplatz; Szene
instill: beibringen	**silent:** ruhig; schweigsam; still
fellow: Kerl; Gefährte; Freund; Verehrer; Partner; Kollege	**terrific performance:** tolle Leistung/Vorführung/Vorstellung
little fellow: Bürschchen	**undaunted:** unerschrocken
lone: allein; einsam; unbesiedelt	

Ein Referat vorbereiten und halten; Präsentationsfolien gestalten

3 Ein oscarreifes Referat

Online-Link
zu Kurt Tucholsky
313275-0040

Online-Link
Hörverstehen
313275-0040

[1] Abenteurer, der: eine Person, die Abenteuer sucht (z. B. Reisen in ferne, unbekannte Länder macht)

[2] Philosoph, der: Denker; Mensch, der danach strebt, Antworten auf Fragen über die Welt und die menschliche Existenz zu finden

→ Seite 219, Zeitformen des Verbs

TIPP!
Im Text steht auch einmal eine Befehlsform (ein Imperativ). Findest du ihn?

Mit Hut, Stock und Watschelbeinen

1 Gib mit eigenen Worten wieder, worum es in dem folgenden Text geht.

Kurt Tucholsky, 1922
Der berühmteste Mann der Welt

Der berühmteste Mann der Welt, das ist, so meinte Tucholsky, kein Politiker, kein Erfinder und kein Abenteuer[1], sondern jemand ganz anderes:
Die Gegend betritt ein kleiner Mann mit einem kleinen schwarzen
5 Hütchen, einem Stöckchen, einem Schnurrbärtchen. Er geht, wie noch nie ein Mensch auf dieser Welt gegangen ist: er watschelt rasch und eilfertig auf zwei Füßen, deren Spitzen ganz nach auswärts gedreht sind. Er hat schwarze, fast traurige Augen, und er sieht bekümmert in die Welt, weil es nun doch gleich einen Kummer ge-
10 ben wird. Richtig, da ist er. Der Kummer ist ein dicker Mann, ein roher Bursche von ungeheurem Format, mit dem Herr Chaplin sofort aneinandergerät. [...]
Als er einmal von Europa zurück nach Los Angeles fuhr, begrüßten ihn auf einer kleinen amerikanischen Station zweihundert kleine
15 Jungen, alle als Mister Chaplin verkleidet: mit dem kleinen Hütchen, mit dem kleinen Bärtchen und mit dem kleinen Stöckchen. So watschelten sie auf ihn zu ... Und weil er sehr kinderlieb ist, hat er ihnen allen guten Tag gesagt. Er ist, wie alle großen Komiker, ein Philosoph[2]. Versäumen Sie nicht, ihn sich anzusehen. Sie lachen sich
20 kaputt und werden ihm für dieses Lachen dankbar sein, solange Sie leben.
Da geht er hin und ruckt nach all dem Kummer an einem kleinen Hut und watschelt ab und sagt mit den Beinen: „Auf Wiedersehn!"

2 Untersuche, welche Zeitformen des Verbs in dem Text gebraucht werden. Schreibe sie in eine Tabelle. Ergänze jeweils die fehlenden Formen, z. B.:

Infinitiv (Grundform)	Präsens	Perfekt	Präteritum	Futur
sein	ist	ist gewesen	war	wird sein
meinen	...		meinte	...

Rechtschreibung, Grammatik, Sprachbetrachtung

3 Schreibe diese Sätze über das Leben Charlie Chaplins um. Verwende das Präteritum zum Ausdruck des vergangenen Geschehens, z. B.:
1. *1889 wurde Charles Spencer Chaplin in London geboren.*
1. 1889 wird Charles Spencer Chaplin in London geboren.
2. Da sein Vater früh stirbt und seine Mutter häufig in psychiatrischen Kliniken ist, wächst er vor allem in Waisenhäusern auf.
3. 1899 beginnt der Junge eine Friseurlehre.
4. Schon als Kind tritt Chaplin in Varietés auf.
5. Chaplin unterhält das Publikum durch originelle Pantomime.
6. 1913 wird Chaplin von einer amerikanischen Filmproduktionsfirma engagiert.
7. 1914 laufen die ersten Filme mit Chaplin an; durch diese steigt er zu einem gefeierten Leinwandkomiker auf.

→ Seite 220, Zeitstufen des Verbs (Gegenwart, Vergangenheit, Zukunft)

4 Bilde Sätze im Perfekt, z. B.: 1. *1915 ist Chaplin nach Hollywood gezogen.*
1. 1915 zieht Chaplin nach Hollywood.
2. Von nun an schreibt er die Drehbücher für alle Filme, in denen er mitspielt.
3. Allein im Jahre 1915 entstehen zwölf Chaplin-Filme.
4. 1915 erscheint der berühmte Stummfilm-Klassiker „The Tramp".
5. Bereits 1916 gehört Chaplin zu den bekanntesten Schauspielern der Welt.

5 Forme jedes Satzpaar in ein Satzgefüge um, in dem sowohl das Präteritum als auch das Plusquamperfekt verwendet werden, z. B.:
1. *1917 begann in den USA eine politische Kampagne gegen Chaplin, weil er sich nicht freiwillig als Soldat gemeldet hatte.*
1. 1917 beginnt in den USA eine politische Kampagne gegen Chaplin. – (weil) Er meldet sich nicht freiwillig als Soldat.
2. (Nachdem) Chaplin arbeitet fast ein Jahr an seinem ersten Spielfilm „The Kid" – 1921 findet dessen Premiere statt.
3. (Obwohl) Chaplins erster Tonfilm „The Great Dictator" ist ein Anti-Hitler-Film. – Die amerikanische Zensurbehörde genehmigt ihn zuerst nicht.

→ Seite 225, Zusammengesetzte Sätze (Satzreihen und Satzgefüge)

→ Seite 219, Zeitformen des Verbs

Merke

Berichtet man über zwei in der **Vergangenheit** liegende Ereignisse, die in einem Zusammenhang stehen, verwendet man zwei verschiedene Zeitformen: Für das weiter zurückliegende Ereignis nimmt man das **Plusquamperfekt**; für das näherliegende das **Präteritum.** Dabei kann man zwei einzelne Sätze bilden: *Chaplin **hatte** lange an dem Film **gearbeitet**. Er **zog** viele Menschen in die Kinos.* Oder man verwendet ein Satzgefüge: *Der Film, an dem Chaplin lange **gearbeitet** **hatte**, **zog** viele Menschen in die Kinos.*

Wiederholung und Vertiefung: Zeitformen und Zeitstufen

3 Ein oscarreifes Referat

Jedes Jahr im Februar

→ Seite 219,
Zeitformen des Verbs

→ Seite 240,
Arbeitstechnik
„Einen Sachtext
lesen und verstehen"

1 Worum geht es in der Pressemitteilung? Untersuche in dem Text die Zeitformen. Einmal wird eine Perfektform und zweimal eine Plusquamperfektform verwendet. Finde diese Verbformen und schreibe sie auf.

Goldener Bär für „Bal"

Die Bären sind wieder einmal vergeben worden: 1.600 geladene Gäste im Berlinale Palast und Millionen vor den Fernsehbildschirmen waren dabei, als die Hauptpreise des Festivals überreicht wurden. Auch viele der
5 prominenten Gäste, die die Berlinale in den letzten zehn Tagen begleitet hatten, ließen es sich nicht nehmen, den feierlichen Abschluss persönlich mitzuerleben. Höhepunkt des Abends war die Verleihung des Goldenen Bären für den Gewinnerfilm „Bal" von Semih Kaplanoglu. Zuvor waren in einem spannenden Countdown
10 die Silbernen Bären und der Preis für den besten Erstlingsfilm vergeben worden. Als Abschlussfilm wurde anschließend „Otouto" von Yoji Yamada gezeigt.

Begründe, warum es richtig ist, dass in dem Text das Plusquamperfekt verwendet wurde.

2 Schreibe die folgenden Sätze auf. Achte auf die richtige Zeitform der Verben, z. B.: 1. *Die Berlinale ist ein großes internationales Filmfestival.*

1. Die Berlinale (sein) ein großes internationales Filmfestival.
2. Sie (stattfinden) jährlich in Berlin.
3. Jedes Jahr im Februar (sich treffen) die Filmwelt zur Berlinale.
4. Die erste Berlinale (finden) im Jahre 1951 statt.
5. Zunächst (stattfinden) sie immer im Sommer, seit 1978 (durchgeführt werden) sie im Februar.
6. Die Berlinale (sich entwickeln) in den letzten Jahren zu dem herausragendsten Kultur- und Medienereignis der Metropole.
7. Jedes Jahr (gezeigt werden) etwa 400 Filme in verschiedenen Sektionen.
8. Eine internationale Jury (auszeichnen) die erfolgreichsten Filme.
9. Als Preise (vergeben) die Jury Goldene und Silberne Bären.
10. An dem Festival (teilnehmen) rund 20.000 Fachbesucher aus 120 Ländern.
11. Mit mehr als 230.000 verkauften Eintrittskarten (darstellen) die Berlinale das größte Publikumsfestival der Welt.

3 Sage, was zuvor geschehen ist. Verwende anstelle der unterstrichenen Präteritumform das Plusquamperfekt, z. B.:

1. Elf Tage <u>hatte</u> die Berlinale ihren Besuchern filmische Entdeckungen <u>beschert</u>.

→ **Seite 219,** Zeitformen des Verbs

1. Mit der Preisverleihung feierte das diesjährige Jubiläumsfestival einen weiteren glanzvollen Höhepunkt.
   Elf Tage <u>bescherte</u> die Berlinale ihren Besuchern filmische Entdeckungen.
2. Zur internationalen Jury gehörten wieder einflussreiche Persönlichkeiten des Filmbetriebs.
   Die meisten von ihnen <u>erhielten</u> selbst zahlreiche Auszeichnungen großer Filmfestivals.
3. Die Jubiläumsberlinale endete mit einem Zuschauerrekord. Mehr als 300.000 Zuschauer <u>erschienen</u> in den Kinos.
4. Groß war die Freude bei Agostino Imondi und Dietmar Ratsch. Ihr Film „Neukölln Unlimited" <u>gewann</u> den Gläsernen Bären für den besten Film im Jugendprogramm.

4 Stelle Fragen, verwende dabei Perfektformen, z. B.:

1. Wann <u>bist</u> du im Kino <u>gewesen</u>?

1. Wann (sein) im Kino?
2. Welchen Film (sehen)?
3. Mit wem (gehen)?
4. Wo (sitzen)?
5. Warum diesen Film (aussuchen)?
6. Wie (gefallen) der Film?

5 Vollende die Sätze, z. B.:

1. Sie <u>wollten</u> sich den Film unbedingt <u>ansehen</u>; zuvor <u>hatten</u> sie viel darüber <u>gelesen</u>.

1. Sie wollten sich den Film unbedingt ansehen; zuvor …
2. Sie diskutierten sehr viel über die Filme; zuvor …
3. Sie trafen sich vor dem Kino; zuvor …
4. Sie kauften Kinokarten; zuvor …
5. Sie erzählten den Freunden von ihrem Plan; zuvor …
6. Sie luden die Freunde ins Kino ein; zuvor …
7. Sie gingen zu Fuß zum Kino; zuvor …
8. Sie schrieben einen Leserbrief; zuvor …

4 Zusammenleben

Online-Link
Hörverstehen
313275-0044

Online-Link
zu dem Song „Einfach nur zusammen leben"
313275-0044

→ **Seite 240,**
Arbeitstechnik „Einen literarischen Text genau lesen und verstehen"

[1] Kassette, die: hier: Tonbandkassette (Audiokassette)

1 Lies die Kurzgeschichte „Spaghetti für zwei" aus dem Jahr 1975 oder höre sie dir an.

Federica de Cesco
Spaghetti für zwei

Heinz war bald vierzehn und fühlte sich sehr cool. In der Klasse und auf dem Fußballfeld hatte er das Sagen. Aber richtig schön würde das Leben erst werden, wenn er im nächsten Jahr seinen Töff (schweizerischer Ausdruck für Moped) bekam und den Mädchen zeigen konnte, was für ein
5 Kerl er war. Er mochte Monika, die Blonde mit den langen Haaren aus der Parallelklasse, und ärgerte sich über seine entzündeten Pickel, die er mit schmutzigen Nägeln ausdrückte. Im Unterricht machte er gerne auf Verweigerung. Die Lehrer sollten bloß nicht auf den Gedanken kommen, dass er sich anstrengte.
10 Mittags konnte er nicht nach Hause, weil der eine Bus zu früh, der andere zu spät abfuhr. So aß er im Selbstbedienungsrestaurant, gleich gegenüber der Schule. Aber an manchen Tagen sparte er lieber das Geld und verschlang einen Hamburger an der Stehbar. Samstags leistete er sich dann eine neue Kassette[1], was die Mutter natürlich nicht wissen durfte. Doch
15 manchmal – so wie heute – hing ihm der Big Mac zum Hals heraus. Er

Literarische Texte erschließen; eine Inhaltsangabe schreiben

Schreiben

hatte Lust auf ein richtiges Essen. Einen Kaugummi im Mund, stapfte er mit seinen Cowboy-Stiefeln die Treppe zum Restaurant hinauf. Die Reißverschlüsse seiner Lederjacke klimperten bei jedem Schritt. Im Restaurant trafen sich Arbeiter aus der nahen Möbelfabrik, Schüler und
20 Hausfrauen mit Einkaufstaschen und kleinen Kindern, die Unmengen Cola tranken, Pommes frites verzehrten und fettige Fingerabdrücke auf den Tischen hinterließen. Viel Geld wollte Heinz nicht ausgeben; er sparte es lieber für die nächste Kassette. „Italienische Gemüsesuppe" stand im Menü. „Warum nicht?" Immer noch seinen Kaugummi mahlend, nahm
25 Heinz ein Tablett und stellte sich an. Ein schwitzendes Fräulein schöpfte die Suppe aus einem dampfenden Topf. Heinz nickte zufrieden. Der Teller war ganz ordentlich voll. Eine Schnitte Brot dazu, und er würde bestimmt satt.
Er setzte sich an einen freien Tisch, nahm den Kaugummi aus dem Mund
30 und klebte ihn unter den Stuhl. Da merkte er, dass er den Löffel vergessen hatte. Heinz stand auf und holte sich einen.
Als er zu seinem Tisch zurückstapfte, traute er seinen Augen nicht: Ein Schwarzer saß an seinem Platz und aß seelenruhig seine Gemüsesuppe! Heinz stand mit seinem Löffel fassungslos da, bis ihn die Wut packte.
35 „Zum Teufel mit diesen Asylbewerbern! Der kam irgendwo aus Uagadugu, wollte sich in der Schweiz breitmachen, und jetzt fiel ihm nichts Besseres ein, als ausgerechnet seine Gemüsesuppe zu verzehren! Schon möglich, dass so was den afrikanischen Sitten entsprach, aber hierzulande war das eine bodenlose Unverschämtheit!" Heinz öffnete den Mund, um dem
40 Menschen lautstark seine Meinung zu sagen, als ihm auffiel, dass die Leute ihn komisch ansahen. Heinz wurde rot. Er wollte nicht als Rassist gelten. Aber was nun? Plötzlich fasste er einen Entschluss. Er räusperte sich vernehmlich, zog einen Stuhl zurück und setzte sich dem Schwarzen gegenüber. Dieser hob den Kopf, blickte ihn kurz an und schlürfte unge-
45 stört die Suppe weiter. Heinz presste die Zähne zusammen, dass seine Kinnbacken schmerzten. Dann packte er energisch den Löffel, beugte sich über den Tisch und tauchte ihn in die Suppe. Der Schwarze hob abermals den Kopf. Sekundenlang starrten sie sich an. Heinz bemühte sich, die Augen nicht zu senken. Er führte mit leicht zitternder Hand den Löffel
50 zum Mund und tauchte ihn zum zweiten Mal in die Suppe. Seinen vollen Löffel in der Hand, fuhr der Schwarze fort, ihn stumm zu betrachten. Dann senkte er die Augen auf seinen Teller und aß weiter. Eine Weile verging. Beide teilten sich die Suppe, ohne dass ein Wort fiel. Heinz versuchte nachzudenken. „Vielleicht hat der Mensch kein Geld, muss schon
55 tagelang hungern. Dann sah er die Suppe da stehen und bediente sich einfach. Schon möglich, wer weiß? Vielleicht würde ich mit leerem Magen ähnlich reagieren? Und Deutsch kann er anscheinend auch nicht, sonst

Literarische Texte erschließen; eine Inhaltsangabe schreiben

4 Zusammenleben

würde er da nicht sitzen wie ein Klotz. Ist doch peinlich. Ich an seiner Stelle würde mich schämen. Ob Schwarze wohl rot werden können?"

60 Das leichte Klirren des Löffels, den der Afrikaner in den leeren Teller legte, ließ Heinz die Augen heben. Der Schwarze hatte sich zurückgelehnt und sah ihn an. Heinz konnte seinen Blick nicht deuten. In seiner Verwirrung lehnte er sich ebenfalls zurück. Schweißtropfen perlten auf seiner Oberlippe, sein Pulli juckte und die Lederjacke war verdammt heiß! Er ver-
65 suchte, den Schwarzen abzuschätzen. „Junger Kerl. Etwas älter als ich. Vielleicht sechzehn oder sogar schon achtzehn. Normal angezogen: Jeans, Pulli, Windjacke. Sieht eigentlich nicht wie ein Obdachloser aus. Immerhin, der hat meine halbe Suppe aufgegessen und sagt nicht einmal danke! Verdammt, ich habe noch Hunger!"

70 Der Schwarze stand auf. Heinz blieb der Mund offen. „Haut der tatsächlich ab? Jetzt ist aber das Maß voll! So eine Frechheit! Der soll mir wenigstens die halbe Gemüsesuppe bezahlen!" Er wollte aufspringen und Krach schlagen. Da sah er, wie sich der Schwarze mit einem Tablett in der Hand wieder anstellte. Heinz fiel unsanft auf seinen Stuhl zurück und saß da wie
75 ein Ölgötze. „Also doch: Der Mensch hat Geld! Aber bildet der sich vielleicht ein, dass ich ihm den zweiten Gang bezahle?"
Heinz griff hastig nach seiner Schulmappe. „Bloß weg von hier, bevor er mich zur Kasse bittet: Aber nein, sicherlich nicht. Oder doch?" Heinz ließ die Mappe los und kratzte nervös an einem Pickel. Irgendwie wollte er
80 wissen, wie es weiterging. Der Schwarze hatte einen Tagesteller bestellt. Jetzt stand er vor der Kasse und – wahrhaftig – er bezahlte! Heinz schniefte: „Verrückt!", dachte er. „Total gesponnen!" Da kam der Schwarze zurück. Er trug das Tablett, auf dem ein großer Teller Spaghetti stand, mit Tomatensauce, vier Fleischbällchen und zwei Gabeln. Immer noch stumm,
85 setzte er sich Heinz gegenüber, schob den Teller in die Mitte des Tisches, nahm eine Gabel und begann zu essen, wobei er Heinz ausdruckslos in die Augen schaute. Heinz' Wimpern flatterten. „Heiliger Strohsack!" Dieser Typ forderte ihn tatsächlich auf, die Spaghetti mit ihm zu teilen! Heinz brach der Schweiß aus. Was nun? Sollte er essen? Nicht essen? Seine
90 Gedanken überstürzten sich. Wenn der Mensch doch wenigstens reden würde! „Na gut. Er aß die Hälfte meiner Suppe, jetzt esse ich die Hälfte seiner Spaghetti, dann sind wir quitt!" Wütend und beschämt griff Heinz nach der Gabel, rollte die Spaghetti auf und steckte sie in den Mund. Schweigen. Beide verschlangen die Spaghetti. „Eigentlich nett von ihm,
95 dass er mir eine Gabel brachte", dachte Heinz. „Da komme ich noch zu einem guten Spaghettiessen, das ich mir heute nicht geleistet hätte. Aber was soll ich jetzt sagen? Danke? Saublöd! Einen Vorwurf machen kann ich ihm auch nicht mehr. Vielleicht hat er gar nicht gemerkt, dass er meine Suppe aß. Oder vielleicht ist es üblich in Afrika, sich das Essen zu teilen?

Schreiben

Schmecken gut, die Spaghetti. Das Fleisch auch. Wenn ich nur nicht so schwitzen würde!"
Die Portion war sehr reichlich. Bald hatte Heinz keinen Hunger mehr. Dem Schwarzen ging es ebenso. Er legte die Gabel aufs Tablett und putzte sich mit der Papierserviette den Mund ab. Heinz räusperte sich und scharrte mit den Füßen. Der Schwarze lehnte sich zurück, schob die Daumen in die Jeanstaschen und sah ihn an. Undurchdringlich. Heinz kratzte sich unter dem Rollkragen, bis ihm die Haut schmerzte. „Heiliger Bimbam! Wenn ich nur wüsste, was er denkt!" Verwirrt, schwitzend und erbost ließ er seine Blicke umherwandern. Plötzlich spürte er ein Kribbeln im Nacken. Ein Schauer jagte ihm über die Wirbelsäule von den Ohren bis ans Gesäß. Auf dem Nebentisch, an den sich bisher niemand gesetzt hatte, stand – einsam auf dem Tablett – ein Teller kalter Gemüsesuppe. Heinz erlebte den peinlichsten Augenblick seines Lebens. Am liebsten hätte er sich in ein Mauseloch verkrochen. Es vergingen zehn volle Sekunden, bis er es endlich wagte, dem Schwarzen ins Gesicht zu sehen. Der saß da, völlig entspannt und cooler, als Heinz es je sein würde, und wippte leicht mit dem Stuhl hin und her.
„Äh ...", stammelte Heinz, feuerrot im Gesicht. „Entschuldigen Sie bitte. Ich ..."
Er sah die Pupillen des Schwarzen aufblitzen, sah den Schalk in seinen Augen schimmern. Auf einmal warf er den Kopf zurück, brach in dröhnendes Gelächter aus. Zuerst brachte Heinz nur ein verschämtes Glucksen zustande, bis endlich der Bann gebrochen war und er aus vollem Hals in das Gelächter des Afrikaners einstimmte. Eine Weile saßen sie da, von Lachen geschüttelt. Dann stand der Schwarze auf, schlug Heinz auf die Schulter. „Ich heiße Marcel", sagte er in bestem Deutsch. „Ich esse jeden Tag hier. Sehe ich dich morgen wieder? Um die gleiche Zeit?" Heinz' Augen tränten, sein Zwerchfell glühte und er schnappte nach Luft.
„In Ordnung!", keuchte er. „Aber dann spendiere ich die Spaghetti!"

2 Worum geht es in dem Text? Sprecht darüber.

3 Lies den Text noch einmal. Wenn dir unbekannte Wörter begegnen, recherchiere deren Bedeutung.

4 Schreibe die Handlungsschritte der Geschichte auf. Finde zu jedem Handlungsschritt eine passende Überschrift.

5 Gib den Inhalt der Geschichte mit eigenen Worten wieder. Benutze dazu deine Notizen.

Literarische Texte erschließen; eine Inhaltsangabe schreiben

4 Zusammenleben

Ganz besondere Geschichten

Im Leben gibt es Alltägliches und Besonderes. Davon berichten die Kurzgeschichten in diesem Kapitel. Mit Geschichten wie diesen fällt es einem leichter, über unser Miteinander, unser Zusammenleben nachzudenken.

TIPP!
In Amerika gilt, dass eine „short story" (englisch für Kurzgeschichte) maximal 1000 Wörter haben sollte. So kann sie ohne Unterbrechung in der U-Bahn auf dem Weg zur Arbeit gelesen werden.

1 Lies noch einmal die Geschichte „Spaghetti für zwei". Notiere, was dir besonders aufgefallen ist. Achte auf die Wortwahl, die Darstellung der Figuren, den Aufbau der Handlung usw.

2 Weise mithilfe des Merke-Kastens nach, dass der Text von Federica de Cesco eine Kurzgeschichte ist. Belege deine Aussagen mithilfe passender Textstellen.

> **Merke**
>
> **Die Merkmale einer Kurzgeschichte:**
> 1. Die Geschichte beginnt unmittelbar, ohne eine Einleitung oder einen erläuternden Einstieg.
> 2. Es gibt nur wenige handelnde Personen, die nicht näher vorgestellt werden.
> 3. Die Handlung ist im Alltag angesiedelt.
> 4. Es gibt einen zentralen Konflikt.
> 5. Es wird nur von einem kurzen Zeitraum berichtet.
> 6. Die Sprache ist schlicht und einfach.
> 7. Das Ende ist offen oder unbestimmt.
> 8. Die Geschichte soll zum Nachdenken anregen.

3 EXTRA Überlege, wie es mit den beiden Hauptfiguren aus „Spaghetti für zwei" weitergehen könnte. Schreibe eine Fortsetzung der Kurzgeschichte.

Literarische Texte erschließen; eine Inhaltsangabe schreiben

Schreiben

Schritt für Schritt zur Inhaltsangabe

Es ist manchmal nicht so einfach, das Wesentliche vom Nebensächlichen zu trennen.

1 Werdet euch zunächst klar: Worin besteht der Unterschied zwischen einer Nacherzählung und einer Inhaltsangabe?

2 Fülle die Tabelle mit den W-Fragen für die Kurzgeschichte „Spaghetti für zwei" aus. Das hilft dir beim Erschließen des Inhalts.

> **TIPP!**
> Schwieriger zu beantworten sind die Fragen *Was?* und *Warum?*

Wer?	Wo?	Wann?	Was ereignet sich?	Warum ereignet es sich?
Heinz und ein Farbiger in seinem Alter	ein Selbstbedienungsrestaurant	mittags	Heinz isst Mittag.	Er kann nicht nach Hause, da die Busse ungünstig fahren.
...	...	...	Heinz kauft sich eine Suppe, setzt sich an einen freien Tisch, muss aber wieder aufstehen.	Er hat den Löffel vergessen.
...	...	...	Heinz kommt zum Tisch zurück und ist fassungslos	...

3 Vergleicht eure Tabellen. Es dürfen nur die wichtigsten Handlungsschritte aufgeführt werden. Fragt bei jedem Punkt: Ist das wichtig oder nebensächlich?

4 Eine Inhaltsangabe beginnt immer mit dem Einleitungssatz. Er informiert über Textart, Titel, Autor, Erscheinungsjahr und Inhalt. Formuliere einen passenden Einleitungssatz. Beginne z. B. so:
In der Kurzgeschichte „Spaghetti für zwei", geschrieben von ... im Jahr ..., geht es um ...

Literarische Texte erschließen; eine Inhaltsangabe schreiben

4 Zusammenleben

Eine Inhaltsangabe schreiben

1 Lies in der Kurzgeschichte „Spaghetti für zwei" die beiden Textstellen: Zeile 42–69 und Zeile 82–104. Entscheide dich mithilfe eines Partners/einer Partnerin für eine der Textstellen.

2 Spielt nun diese Textstelle szenisch nach. Die Gefühle der Hauptfiguren sollten gut zu erkennen sein.

3 Berichtet von euren Erfahrungen während des Spielens: Wie habt ihr euch in eurer Rolle gefühlt?

4 Was denkst du über die Geschichte? Formuliere kurz deine Meinung.

5 Verfasse nun eine vollständige Inhaltsangabe.

> **Arbeitstechnik**
>
> **Eine Inhaltsangabe schreiben**
> 1. Lies den Text mehrfach und aufmerksam. Kläre unbekannte Wörter.
> 2. Beantworte die W-Fragen in der Reihenfolge: *Wer? Wo? Wann? Was? Warum?*
> 3. Formuliere einen Einleitungssatz. Dieser informiert über die Textart, den Titel, den Autor, das Erscheinungsjahr und leitet die Inhaltsangabe mit der Kernaussage ein.
> 4. Schreibe im Hauptteil über das Wichtigste des Textes in leicht verständlichen Sätzen. Verbinde die Sätze mit Wörtern wie *zunächst, dann, anschließend, danach, zuerst, später, schließlich, zum Schluss*.
> 5. Schreibe im Präsens. Vermeide die direkte/wörtliche Rede.
> 6. Bringe am Schluss kurz deine eigene Meinung zum Text an.

6 Überprüfe mithilfe des Arbeitstechnik-Kastens, ob du in deiner Inhaltsangabe alle Punkte erfüllt hast.

7 EXTRA Schreibe deine überarbeitete Inhaltsangabe mithilfe eines Textverarbeitungsprogramms am PC. Führe anschließend eine automatische Rechtschreibkorrektur durch.

Unter jedem Dach ein Ach

1 Lies die folgende Kurzgeschichte aufmerksam. Verfasse anschließend eine vollständige Inhaltsangabe.

Max Bolliger
Sonntag

„Was möchtest du?", fragte der Vater.
Daniela studierte die Karte und entschied sich für Riz colonial. „Gern!", sagte der Kellner. Er behandelte Daniela wie eine Dame.
Das Restaurant war bis auf den letzten Platz besetzt. Am Nebentisch saß
5 ein Ehepaar mit zwei Kindern. Die beiden stritten sich wegen einer kleinen Puppe aus Plastik. Die Mutter versuchte, den Streit zu schlichten.
Daniela sah, wie der Junge seine Schwester unter dem Tisch dauernd mit den Füßen stieß. Das Dessert machte dem Gezänk ein Ende.
Daniela erinnerte sich, wie sehnlich sie sich einmal ein Schwesterchen
10 gewünscht hatte.
„Wie geht es in der Schule?", fragte der Vater.
„Wie immer", antwortete Daniela.
„Wird es fürs Gymnasium reichen?"
„Ja, ich hoffe es."
15 Daniela wusste genau, dass ihre Noten weder in Mathematik noch in Französisch genügten. Dann eben eine kaufmännische Lehre ... oder Arztgehilfin ... Sie wollte jetzt nicht daran denken.
„Für mich waren Prüfungen nie ein Problem", sagte der Vater.
Daniela war froh, als der Kellner das Essen brachte.
20 Der Reis mit Fleisch und Früchten schmeckte ihr.
„Deine Mutter konnte nie richtig kochen", sagte der Vater.
Daniela gab darauf keine Antwort.
„Ich brauche einen neuen Wintermantel", sagte sie.
„Schon wieder?"
25 „Ich bin seit dem letzten Jahr zehn Zentimeter gewachsen."
„Wofür bezahl' ich eigentlich Alimente?"
„Mutter sagt, das Geld reiche nur für das Nötigste."
„Gut! Aber ich will die Rechnung sehen."
„Wünschen die Herrschaften ein Dessert?" Der Kellner versuchte, mit
30 Daniela zu flirten.
„Nein, danke!", sagte sie, obwohl sie sich heute früh in der Kirche ausgedacht hatte, Vanilleeis mit heißer Schokoladensoße zu essen.
Nach dem Essen fuhren sie am See entlang. Der Vater hatte ein neues Auto. Er sprach über Autos wie die Jungen in der Schule.

4 Zusammenleben

35 Daniela verstand nicht, warum man sich über ein Auto freuen konnte, nur weil es einen starken Motor hatte. Aus dem Radio erklang Volksmusik. Sie fiel Daniela auf die Nerven. Aber sie stellte sie trotzdem lauter.

„Hast du viel Arbeit?", fragte sie.

„Wir bauen eine neue Fabrik."

40 Der Vater war Ingenieur. Daniela betrachtete ihn von der Seite, neugierig, wie einen Gegenstand. Sein Gesicht war braungebrannt, sportlich. Der Schnurrbart stand ihm gut. Hatte er ihre Gedanken erraten?

„In zwei Wochen werde ich vierzig! Aber alle schätzen mich jünger."

Daniela lachte. Ihr schien er älter.

45 „Wie alt bist du eigentlich?"

„Hundert!", sagte Daniela.

„Nein, ehrlich …!"

„Das solltest du doch wissen. Du fragst mich jedes Mal … Im Februar dreizehn."

50 „Dreizehn! Hast du einen Freund?"

„Nein!", sagte Daniela.

„Das wundert mich. Du siehst hübsch aus!"

„Findest du?"

„So … erwachsen!"

55 Auf einer Terrasse am See tranken sie Kaffee. Daniela beobachtete die Segelschiffe. Der schöne Herbstsonntag hatte unzählige Boote aufs Wasser hinausgelockt. Der Vater war verstummt und schaute alle fünf Minuten auf seine Uhr.

„Ich habe um vier Uhr eine Verabredung."

60 „Also, gehen wir doch", sagte

Daniela und erhob sich.

Der Vater schien erleichtert.

„Ich bringe dich nach Hause", sagte er.

„Ach, du bist schon wieder da?", sagte die Mutter.

65 Sie war noch immer im Morgenrock. Während der Woche arbeitete sie halbtags in einer Modeboutique.

„Sonntags lasse ich mich gehen", sagte sie zu ihren Freunden, „sonntags bin ich nicht zu sprechen."

„Er hatte eine Verabredung", erzählte Daniela.

70 Die Mutter lachte.

„Ich möchte wissen, warum er eigentlich darauf besteht, dich zu sehen. Im Grunde liegt ihm doch nichts daran. Nur weil es das Gericht so entschieden hat und um mich zu ärgern."

Daniela wurde wütend.

75 „Es geht ihm ausgezeichnet", sagte sie. „Er hat sich ein neues Auto gekauft und sieht prima aus."

Die Mutter zuckte bei ihren Worten zusammen.
„Und den Wintermantel?", fragte sie.
80 „Bewilligt!"
Die Mutter griff sich mit der Hand an die Stirne.
„Diese Kopfschmerzen!", stöhnte sie.
„Hol mir eine Tablette aus dem Badezimmer!"
85 Daniela gehorchte.
„Ich gehe jetzt", sagte sie nachher.
„Hast du keine Aufgaben?"
„Nein!"
90 „Aber komm nicht zu spät zurück!"
„Ich esse bei Brigitte."
„Gut, bis neun Uhr. Ich lege mich wieder hin."

Als Daniela die Tür des Lokals öffnete,
95 schlug ihr eine Welle von Rauch- und Kaffeegeruch entgegen. An den niederen Tischen saßen junge Leute, die meisten in Gespräche vertieft. Die Wände waren mit Postern tapeziert. Danielas Augen gewöhnten sich allmählich an das Halbdunkel. Suchend
100 schaute sie sich um. Der Diskjockey nickte Daniela zu.
„Well, I left my happy home to see what I could find out", sang Cat Stevens.
Ja, er hatte Recht. Um herauszufinden, wie die Welt wirklich war, musste man sein Zuhause verlassen.

105 Heinz hatte Daniela den Text übersetzt. Heinz war schon sechzehn Jahre alt. Sie war stolz darauf. Er saß in einer Ecke und winkte.
Aufatmend setzte sich Daniela neben ihn. Er legte einen Arm um ihre Schultern.
„Hast du den Sonntag überstanden?", fragte er.
110 „Ja, Gott sei Dank!"
„War es schlimm?"
„Es geht ... wie immer."
„Mach dir nichts draus."
Daniela kuschelte sich an ihn.
115 „Was meinst du, werden wir es besser machen?", fragte sie. „Wenn wir einmal erwachsen sind?"
In ihrer Stimme klangen Zweifel.
„Natürlich", sagte Heinz, „natürlich werden wir es besser machen."

Literarische Texte erschließen; eine Inhaltsangabe schreiben

4 Zusammenleben

Eltern ... !

1 Familienleben kann manchmal ganz schön verzwickt sein. Lies die folgende Kurzgeschichte aufmerksam. Verfasse eine vollständige Inhaltsangabe.

→ Seite 240, Arbeitstechnik „Einen literarischen Text genau lesen und verstehen"

Online-Link
Hörverstehen
313275-0054

Ugur Eroglu
Abendessen bei meinen Eltern

Ich war jetzt schon anderthalb Jahre mit Melanie zusammen. Meine jüngere Schwester und mein kleiner Bruder kannten sie. Meine ältere Schwester und mein älterer Bruder kannten sie. Meine Cousins und Cousinen kannten sie mittlerweile auch. Meine Neffen und Nichten
5 kannten sie und konnten sie ganz gut leiden. Meine Mutter wusste von ihr, tat aber so, als wenn sie es nicht wüsste. Nur mein Vater, der wusste von nichts.

Eines Abends beschlossen Melanie und ich, dass sie endlich meine Eltern kennen lernen sollte. Mir war zwar etwas mulmig bei dem Gedanken, aber
10 ich wusste, dass sich meine Eltern in Gegenwart eines Gastes (Melanie) zusammenreißen würden.

Ich sprach am nächsten Morgen mit meiner Mutter, um ihr mitzuteilen, dass ich Melanie zum Abendessen mitbringen würde.

Ich: „Mama, ich bringe Melanie heute zum Abendessen mit."
15 Sie: „... aber mein „Löwen"-Sohn, in Gottes Namen, dein Vater wird uns umbringen."
Ich: „Mama, nein, mein Vater wird uns nicht umbringen, er kann ja nicht mal beim Opferfest das Schlachten der Schafe beobachten."
Sie: „... aber mein „Pascha"-Sohn, was willst du denn von diesem
20 Mädchen? Ich wollte doch, dass du die Tochter von Tante Ayse heiratest."
Ich: „Mama, ich werde Melanie ja nicht heiraten, sie kommt nur zum Essen. Außerdem finde ich Tante Ayses Tochter potthässlich."

Sie: „... aber mein „Sultan"-Sohn, sie ist ja
25 erst 16. Sie wird bestimmt noch schöner. Deine Tante Ayse ist eine sehr gute Hausfrau und Mutter. Ihre Tochter ist auch
30 schon eine gute Hausfrau und wird dir bestimmt viele Kinder schenken."

Schreiben

EXTRA

… eine Minute später.

Ich: „Mama, was kochst du heute Abend?"
Sie: „Mein „ziegensturer"-Sohn. Was soll ich dir noch sagen … Dein Vater will heute Abend Lahmacun essen. Ich mache Lahmacun."
Ich: „Mama, du musst gleich Papa sagen, dass Melanie heute Abend kommt."
Sie: „Mein „Dummkopf"-Sohn. Ich kann es ihm nicht sagen. Er wird mich umbringen."
Ich: „Mama, er bringt niemanden um. Wenn du es ihm nicht sagst, werde ich nie wieder nach Hause kommen."
Sie: „O. k., mein „schöner"-Sohn. Ich werde es ihm sagen."

… abends am Esstisch. Es ist schon alles vorbereitet. Wir warten alle auf meinen Vater, der immer um 19 Uhr von der Arbeit nach Hause kommt. Die Tür klingelt, meine kleine Schwester macht die Tür auf. Er tritt ein, schaut kurz zum Esstisch und auf Melanie, sagt „Herslich Wilkom" und geht direkt ins Badezimmer, um sich die Hände zu waschen. Alle am Tisch sind still. Sogar mein kleiner Bruder, der mir davor ständig gegen das Schienbein getreten hat, hält still. Melanie legt vor Aufregung ihre Hand auf meinen Oberschenkel. Mein Vater kommt nun an den Esstisch, setzt sich hin und meine Mutter kommt mit dem Topf Suppe herein. Mein Vater schaut zu Melanie.

Mein Vater: „Wie geht's Eltern?"
Melanie: „Danke, gut."
Er: „Gut, gut, wie geht's dir?"
Sie: „Danke, auch gut, wie war die Arbeit?"

… alle halten den Atem an. Keiner hatte erwartet, dass Melanie das Gespräch mit meinem Vater suchen würde. Mein Vater guckt Melanie an, lächelt und antwortet.

Er: „Scheise, Zug heute gekommt 15 Minuten zu spät. Manni krank, Norbert krank, ich alleine habe fertig gemacht ganze Scheise."
Sie: „Wo arbeiten Sie denn?"
Er: „Hafen, bei Containerfirma."
Sie: „Schön, was genau machen Sie da?"
Er: „Ich mache Rangierer, Staplerfahrer, Kranfahrer alles."
Sie: „Ihre Arbeit ist bestimmt sehr anstrengend?"
Er: „Ja, manchmal, aber ich arbeite jetzt 20 Jahre bei Containerfirma, habe mich angewöhnt."

… fünf Minuten später.

Er: „Was arbeitet deine Vater?"
Sie: „Er ist Grafiker bei einem Fernsehsender."

Literarische Texte erschließen; eine Inhaltsangabe schreiben

Er: „Was ist Grafiker?"
Sie: „Er malt Bilder am Computer für Fernsehprogramme, z. B. hat er das Logo für Arabellos Sendung gestaltet."
Er: „Ach so, gute Job, kann Ugur auch machen nach Abi."
Sie: „Ja, warum nicht!"

… zwei Minuten später.

Meine Mutter: „Melanie essen zu wenig, nehmen noch zwei Lahmacun."
Melanie: „Nein danke, ich mache gerade eine Diät."
Mutter: „Diät, was ist Diät?"

… meine Schwester erklärt es ihr.

Mutter: „Warum machst du Diät, du bist dünn wie Stock."
Melanie verlegen: „Ähm, ich habe über Weihnachten vier Kilo zugenommen, und die muss ich wieder abnehmen, mein Sport fängt bald wieder an."
Mutter: „Sport? Spielst du auch Fußball wie Ugur?"
Melanie: „Nein, ich spiele Handball."
Mutter: „Handball, was ist Handball?"
Melanie: „Handball ist wie Fußball, man spielt es aber mit den Händen."

Mein Vater steht auf, geht ins Badezimmer, wäscht sich die Hände, kommt heraus und fordert Melanie auf, ins Wohnzimmer herüberzugehen. Melanie geht ins Badezimmer, wäscht sich die Hände und geht ins Wohnzimmer. Wir alle folgen ihr. Mein Vater fordert sie auf, neben ihm Platz zu nehmen. Ich setzte mich auf einen Sessel auf der anderen Seite des Tisches. Mein Vater nimmt seine Zigarettenschachtel und bietet Melanie eine Zigarette an.

Melanie: „Nein danke, ich rauche nicht."
Mein Vater: „Gutes Mädchen, meine „Blödkopf"-Sohn rauchen, er nicht zugeben, aber ich wissen."
Melanie schweigt dazu. Meine Mutter serviert noch Obst, danach Tee und Knabberzeug. Mein Vater plaudert genüsslich mit Melanie und ich beobachte das Ganze nur. Um Punkt 22 Uhr steht mein Vater auf und sagt:

Er: „Es ist spät, deine Eltern machen bestimmt Sorgen. Ugur fahren dich nach Hause."
Sie: „Ja, o. k."
Er: „Ugur stehen auf und fahren Melanie nach Hause."

Ich: „… häää?"

Er: „Ugur mein „Esel"-Sohn, aufstehen und Melanie nach Hause fahren."

Er küsst sie noch links und rechts auf die Wange und geht ins Badezimmer, bevor er im Schlafzimmer verschwindet.

2 Beim Abendessen erklärt die Schwester der Mutter, was eine Diät ist. Die Mutter hatte offenbar noch nie davon gehört. Schreibe auf, was das Mädchen seiner Mutter gesagt haben könnte.

3 Sicher hast du an einigen Stellen beim Lesen schmunzeln müssen. Untersuche, welche sprachlichen Mittel Ugur Eroglu verwendet hat, um seine Geschichte amüsant und lebendig zu gestalten. Gib die Textstelle an, beschreibe die sprachlichen Mittel und deren Wirkung, z. B.

Zeile	Sprachliche Mittel	Wirkung
1–7	Aufzählung: „Meine jüngere Schwester … mein kleiner Bruder … mein älterer Bruder … usw. Wiederholung: „… kannten sie"	Man bekommt das Gefühl, dass die ganze Familie Melanie kennt.
…	…	…

4 Entscheidet euch für **A** oder **B**:

Variante A
Schreibt die Geschichte in ein kleines Theaterstück um. Stellt einen Szenenplan (Szene – beteiligte Personen – Dialog) auf, in dem ihr Abfolge und Gestaltung der einzelnen Szenen beschreibt. Spielt nun die Geschichte als Rollenspiel.

Variante B
Wählt aus dem Text vier ausdrucksstarke Szenen aus. Gestaltet diese als Standbilder.

5 Am nächsten Morgen sitzt die Familie gemeinsam beim Frühstück. Schreibe einen Dialog zwischen den Familienmitgliedern, in dem Melanies Besuch ausgewertet wird. Beachte, dass die Figuren sich ähnlich verhalten sollten, wie in der Kurzgeschichte.

6 Melanie mailt ihrer besten Freundin Janne, wie der Besuch bei der Familie ihres Freundes verlaufen ist und welchen Eindruck sie vor allem von seinem Vater gewonnen hat. Verfasse Melanies E-Mail am PC.

TIPP!
Wenn du kreativ zu einem Text schreibst, dann halte dich ans Original: Wenn eine Figur in der Geschichte zurückhaltend war, dann sollte sie auch in deinem Text eher zurückhaltend sein; war sie selbstbewusst, dann kann sie auch in deinem neuen Text selbstbewusst handeln.

4 Zusammenleben

Er habe viel erlebt

Nach Wladimir Kaminer
Die Kirche

Im Sommer letzten Jahres lernten wir Sergej kennen. Sergej war ein Computerspezialist aus Moskau. Er hatte ein verlockendes Angebot von einer Stuttgarter Firma mit Sitz in Berlin bekommen. Schon nach zwei Wochen fing Sergej an zu meckern. Ständig verglich er seine Berliner Existenz mit seinem früheren Leben in Moskau. Nichts gefiel ihm: Die Wurst schmecke nicht, die Wirte seien unfreundlich. Die Frauen hätten oft schlechte Laune. Die Häuser sähen langweilig aus. Selbst die Badewanne in seiner Wohnung sei ihm zu klein – er könne sich kaum darin bewegen. Auch das Autofahren in Berlin klappe nicht, kaum setze er sich ans Steuer und gebe Gas, schon halte ihn die Polizei an.

Dann kam der Winter – für uns immer die Urlaubszeit. Diesmal wollten wir nach Teneriffa fliegen. Wir fragten Sergej, ob er nicht mitkommen wolle. Nein, er müsse unbedingt nach Moskau. Er könne es nicht erwarten, seine alten Freunde wiederzusehen, meinte er.

Zwei Wochen später trafen wir uns alle in Berlin wieder. Wir hatten uns gut erholt, aber Sergej sah krank aus. Er lief gebückt. Was war in Moskau geschehen?

Sergej hatte seine Freunde getroffen – vieles hatte sich in deren Leben verändert. Sergej hatte sich ihre Geschichten angehört und das Gefühl bekommen, im westlichen Ausland zu versauern. Er hatte kaum etwas Aufregendes über sein Leben erzählen können – es stagnierte[1], während es bei seinen Freunden volle Pulle weiterging. Die Ex-Freundin von Sergej hatte sich inzwischen in einen Tattookünstler verliebt, der ein Tätowierungsstudio in Moskau betrieb. Dort bot er schöne Tätowierungen mit religiösen Motiven an. Am letzten Abend schlug der Meister Sergej vor, sich kostenlos eine Tätowierung verpassen zu lassen, zur Erinnerung an ihre wunderbare Begegnung.

Warum eigentlich nicht, dachte Sergej, ein nettes kleines Tattoo könne nicht schaden. Der Künstler bot Sergej das beste Piece aus seiner Sammlung an. Es war eine riesengroße Kirche mit drei Kuppeln. Um ein solches Gemälde auf seinen Rücken zu transplantieren[2], bräuchten sie bestimmt drei Tage, wandte Sergej ein. „Das ist eine Sache von fünf Minuten", beruhigte ihn der Meister. „Ich arbeite nämlich nicht mit der Maschine, sondern nach einem von mir persönlich entwickelten Verfahren, der ‚Schocktätowierung'. Dabei wird ein von Hand gefertigtes Muster auf die Haut gepresst und – fertig!" Sergej war begeistert. Stolz zeigte der Tattoomeister sein Brett, aus dem hunderte von Stahlnägeln herausragten. Er imprägnierte die Nägel mit Farbe. Dann presste er es mit voller Kraft

[1] stagnieren: stillstehen

[2] transplantieren; hier: übertragen

Rechtschreibung, Grammatik, Sprachbetrachtung

auf Sergejs Rücken. Der Schmerz war so stark,
40 dass Sergej für einige Minuten das Bewusstsein verlor. Als er wieder zu sich kam, stellte er fest, dass er sich nicht mehr richtig bewegen konnte. In der Badewanne fiel Sergej beinahe ein zweites Mal in Ohnmacht – als er im Spiegel seinen
45 Rücken sah. Dem Meister war ein fataler Fehler unterlaufen: Er hatte das Brett falsch aufgesetzt und die Kirche verkehrt herum auf den Rücken gedruckt, mit den Kuppeln nach unten. Nun sah sie wie eine riesige dreibeinige Krake aus.
50 Am nächsten Tag verließ Sergej seine Heimat und flog zurück nach Berlin. „Verfluchtes Moskau! Mein Rücken ist nun hoffnungslos verdorben", meinte er. „Wäre ich nur mit euch nach Teneriffa gefahren, dann wäre das alles nicht passiert", seufzte er bedrückt.

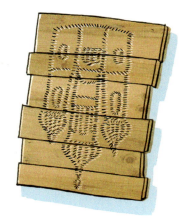

1 Gib kurz mit eigenen Worten wieder, worum es in der Geschichte geht (Wer? Wo? Wann? Was? Warum?).

2 Schreibe einen Einleitungssatz für eine Inhaltsangabe zu dem Text „Die Kirche". So könnte er beginnen: In dem Text „Die Kirche" von Wladimir Kaminer berichtet der Ich-Erzähler, dass er …

→ **Seite 222**, indirekte Rede

3 In einigen Textabschnitten werden Konjunktivformen verwendet. Übernimm die folgende Tabelle in dein Heft und trage die Konjunktivformen aus dem Text ein.

Zeile	Konjunktiv I	Zeile	Konjunktiv II
5	schmecke	6	hätten
…	…	…	…

4 Ordne den folgenden Grundformen/Infinitiven die Verbformen im Konjunktiv II zu. Schreibe so: nehmen → nähmen

nehmen – brauchen – geschehen – schweigen – müssen – kommen – können – fahren – lesen – bitten – singen – treffen – finden – schreiben

kämen, schwiegen, bräuchten, geschähen, nähmen, schrieben, träfen, führen, läsen, bäten, fänden, sängen, könnten, müssten

Wiederholung und Vertiefung: Konjunktiv; indirekte Rede

4 Zusammenleben

Sie wisse, gäbe, hätte, ...

→ **Seite 221,** Konjunktiv I und II

1 Übernimm die Tabelle in dein Heft und trage die Konjunktivformen aus den folgenden Sätzen ein. Ergänze die fehlenden Formen, z. B.:

Konjunktiv I	Konjunktiv II	Umschreibung mit *würde*
wisse	wüsste	würde wissen
...	...	...

Online-Link
Die Modi des Verbs (Übersicht)
313275-0060

1. Er erklärte, er wisse nichts.
2. Sie schworen, sie hätten nichts gesehen.
3. Er sagte, sie würden bald verreisen.
4. Sie betonte, der Ärger solle nun aufhören.
5. Er erzählte, dass viel passiert sei.
6. Sie befürchteten, dass sie sich verspäten würden.
7. Sie bestätigten, dass sie nichts machen könnten.

2 Die folgenden Verben stehen im Konjunktiv II.

1. sie gäben
2. sie sähen
3. sie flögen
4. wir bräuchten
5. wir schrieben
6. wir läsen
7. er spräche
8. er sänge
9. er brächte

Trage sie in eine Tabelle ein und ergänze die fehlenden Formen, z. B.:

Grundform/Infinitiv	Indikativ/Präteritum	Konjunktiv II
geben	sie gaben	sie gäben
...	...	...

→ **Seite 222 f.,** direkte und indirekte Rede

3 Forme die indirekte Rede in die direkte/wörtliche Rede um, z. B.:
1. Sie erklärten, dass sie die Aufgaben nicht lösen könnten. → Sie erklärten: „Wir können die Aufgaben nicht lösen."

1. Sie erklärten, dass sie die Aufgaben nicht lösen könnten.
2. Sie erzählten, dass sie sich im Zentrum getroffen hätten.
3. Sie sagten, dass sie morgen zu mir kämen.
4. Sie betonten, dass sie ihren Eltern oft helfen würden.
5. Sie bestritten, dass sie dort gewesen seien.
6. Sie bestätigten, dass sie das aufgeschrieben hätten.
7. Sie versprachen, dass sie sich sehr anstrengen würden.

Rechtschreibung, Grammatik, Sprachbetrachtung

TRAINING

4 Forme die direkte/wörtliche Rede in die indirekte Rede um. Verwende Konjunktivformen oder die Umschreibung mit *würde*, z. B.:

1. Er betonte: „Sie <u>darf</u> nichts davon erfahren!" → Er betonte, sie <u>dürfe</u> nichts davon erfahren.

→ **Seite 222 f.**, direkte und indirekte Rede

1. Er betonte: „Sie darf nichts davon erfahren!"
2. Sie erklärte: „Mir reicht es jetzt!"
3. Er bestätigte: „Das gefällt mir sehr gut."
4. Du hast immer gesagt: „Das kann ich nicht."
5. Sie hatten erklärt: „Wir werden nicht mitkommen."
6. Ich habe immer betont: „Das geht nicht gut!"
7. Sie betonte nochmals: „Das will ich nicht!"
8. Sie wiederholten: „Früher ist alles besser gewesen."
9. Paul meinte: „Ich habe keinen Fehler in meinen Unterlagen gemacht."

5 Gib die Fragen als indirekte Rede wieder. Verwende Konjunktivformen oder die Umschreibung mit *würde*, z. B.:

1. Er fragte Anna: „<u>Willst</u> du mitkommen?" → Er fragte Anna, ob sie mitkommen <u>wolle</u>.

1. Er fragte Anna: „Willst du mitkommen?"
2. Er fragte uns: „Hattet ihr angerufen?"
3. Sie fragte Ali: „Kannst du mir die Aufgabe zeigen?"
4. Du hast Ida gefragt: „Hast du heute Training?"
5. Sie fragte den Zugbegleiter: „Wie viel Verspätung hat unser Zug?"
6. Sie fragte mich: „Welche Aufgaben musst du noch lösen?"
7. Wir haben den Arzt gefragt: „Was können wir jetzt tun?"
8. Der Ausbildungsleiter fragte: „Erfüllt sie die Anforderungen, die an eine Auszubildende gestellt werden?"

6 Gib die Aufforderungssätze als indirekte Rede wieder. Verwende Konjunktivformen, z. B.:

1. Er sagte zu Corinna: „<u>Tu</u> das nicht!" → Er sagte zu Corinna, sie <u>solle</u> das nicht <u>tun</u>.

1. Er sagte zu Corinna: „Tu das nicht!"
2. Sie erinnerte David: „Erkundige dich danach!"
3. Sie rieten uns: „Verratet das niemandem!"
4. Du hast ihnen immer gesagt: „Lasst den Unfug!"
5. Sie sagte zu ihrem Chef: „Erzählen Sie bitte die Wahrheit!"
6. Wir haben ihn gewarnt: „Hör endlich damit auf!"
7. Der Arzt empfahl der Patientin: „Treiben Sie mehr Sport!"
8. Der Berufsberater riet Igor: „Informieren Sie sich vor dem Vorstellungsgespräch gut über die Firma!"

Wiederholung und Vertiefung: Konjunktiv; indirekte Rede

5 Starke Gefühle

Freude überrascht dich, Traurigkeit befällt dich, dann wieder bist du glücklich und manchmal schrecklich ängstlich. Zu fühlen und seine Gefühle mit anderen zu teilen, ist zutiefst menschlich.

1 Schau dir das Bild genau an. Welche Gefühle löst es bei dir aus?

2 Welches Gefühl empfindet deiner Meinung nach der Mensch auf diesem Bild? Diskutiert in der Klasse.

3 Sammelt an der Tafel, was euch spontan zu diesem Gefühl einfällt.

4 Lasst das Bild noch einmal auf euch wirken. Überlegt, was dem Menschen passiert sein könnte. Erstellt eine Ideensammlung.

5 Schreibe eine Geschichte über die abgebildete Person. Die Ideensammlung kann dir dabei helfen.

6 Bildet Vierergruppen. Tauscht reihum eure Geschichten und lest sie aufmerksam. Einigt euch in der Gruppe, welche Geschichte besonders gut gelungen ist. Begründet jeweils eure Aussagen.

7 Welche Gefühle kennst du? Schreibe sie in dein Heft.

TIPP!
Du kannst Nomen für die Gefühle verwenden, aber auch Adjektive und Verben.

Kreatives Schreiben

Schreiben

Schattierungen...

Es scheint unendlich viele Gefühle zu geben. Wissenschaftler aber sprechen von den fünf „großen" Gefühlen: Liebe, Wut, Schmerz, Angst und Freude. Sie werden auch Basisgefühle genannt.

1 Betrachte deine Hand. Ordne jedem Finger eines der fünf „großen" Gefühle (Basisgefühle) zu.

2 Lege eine Tabelle an. Ordne die Gefühle, die du eben in dein Heft geschrieben hast, den fünf Basisgefühlen zu, also:
- Liebe,
- Wut,
- Schmerz,
- Angst,
- Freude.

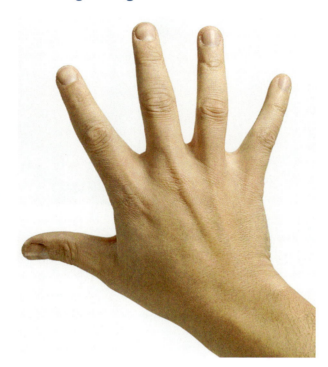

Liebe	Wut	Schmerz	Angst	Freude
– schwärmen – ...	– Ärger – hassen	– traurig sein – Leere empfinden	– sich fürchten – Bammel	– Glück – Zufriedenheit

3 Ordne die Begriffe aus deiner Tabelle nach der Stärke des Gefühls.

4 EXTRA Schreibt Redensarten auf, die Gefühlszustände beschreiben, z. B.: Schmetterlinge im Bauch haben; fühlen, wie das Blut in den Adern gefriert; in ein tiefes Loch fallen; sich die Augen ausweinen; ...

Kreatives Schreiben

5 Starke Gefühle

Über Gefühle schreiben

1 Betrachte das Foto genau. Was empfindet die Schülerin?

2 Erkläre einem Partner/einer Partnerin das Diagramm. Hast du schon einmal eine Situation erlebt, wie sie das Diagramm beschreibt? Ordne diese Situation im Diagramm einer Stelle zu.

→ **Seite 240**, Arbeitstechnik „Ein Diagramm auswerten und verstehen"

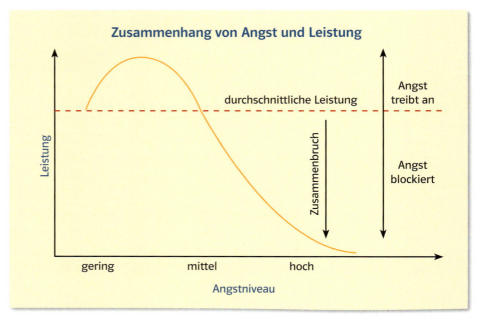

3 Schreibe den Text weiter. Beachte dabei die zwei Möglichkeiten, die im Diagramm beschrieben werden.

Jelena saß verzweifelt vor den Büchern. Seit sie aus der Schule gekommen war, …

Schreiben

4 Sieh dir die beiden Fotos in Ruhe an und lass sie auf dich wirken. Entscheide dann, zu welchem Foto du eine Geschichte schreiben möchtest.
Die folgenden Fragen helfen dir dabei:

1. **Der Ort:**
   - Was ist an diesem Ort passiert?
   - Was wird an diesem Ort passieren?
   - Was kann dieser Ort erzählen?
   - Was ist so besonders an diesem Ort?

2. **Die Person:**
   - Was ist mit diesem Menschen?
   - Woher kommt er?
   - Was denkt und fühlt er?
   - Was hat er (nicht) getan?
   - Was wird er (nicht) tun?

3. **Der Gegenstand:**
   - Was ist das Besondere an diesem Gegenstand?
   - Was hat der Gegenstand „erlebt"?
   - Welche Bedeutung hat der Gegenstand?
   - Was kann dieser Gegenstand erzählen?

Kreatives Schreiben

Freud und Leid

In Prüfungen wird oft verlangt, dass man seine Gedanken und Gefühle zu einem Bild schriftlich wiedergibt.

1 Sieh dir die Bilder auf dieser Doppelseite in Ruhe an und versetze dich in die dargestellten Situationen.

Wähle A, B oder C:

A

B

Schreiben

EXTRA

C

2 Schreibe „Gedankenblitze" auf, die dir beim Betrachten des Bildes durch den Kopf „schießen", z. B.:

- Da stimmt doch was nicht!
- Der sieht ja fertig aus und kalt muss ihm sein ...
- Da hat wohl jemand eine Wette verloren ...

3 Suche dir zwei oder drei von deinen „Gedankenblitzen" aus. Schreibe zu jedem einige Sätze.

4 Überlege, wie es zu der dargestellten Situation gekommen sein könnte und was noch passieren wird. Notiere deine Gedanken.

TIPP! Du kannst deine Ideen auch in einem Wörternetz/Cluster sammeln.

5 Schreibe auf, was die Person auf dem Bild denkt und fühlt (innerer Monolog[1]), z. B.: *Ich versteh das nicht. Es ist alles so gut gelaufen – bis dieser Typ ...*

6 Formuliere nun einen Text zu dem Bild. Nutze dazu deine Vorarbeiten aus den Aufgaben 2 bis 5.

[1] innerer Monolog: Form des Erzählens; wird oft zur Vermittlung von Gedankenvorgängen gebraucht

Kreatives Schreiben

5 Starke Gefühle

Texte verbessern

Die Schülerinnen und Schüler einer 9. Klasse hatten die Aufgabe, zu einer Karikatur einen Tagebucheintrag zu schreiben.

„Im Sinne einer gerechten Auslese lautet die Prüfungsaufgabe für Sie alle gleich: Klettern Sie auf den Baum!", Karikatur von Hans Traxler

1 Trage den Text laut vor. Aber Achtung: Er enthält eine Menge Fehler! Konzentriere dich und versuche, den Text trotzdem fehlerfrei vorzulesen, damit ihn deine Zuhörer verstehen.

Heute musten wir in derschule eine Karikatur beschrieben. Eigentlich fand ich die voll doof aber Genauso fühle ich mich offt inner Schule. Imer müssen wir ale die gleichen aufgaben lösen obwoll wir doch, alle ganz unterschidlich sind. Das ist döch ungerecht.
5 Karim ist erst seit tswei jahren in Deutschland und muss alle Klassenarbiten mitschreiben. Er muss sich so fülen wie der goldfidsch im Glas, gefangen in seiner muttersparche. Ob er sich in Deuschtland überhaubt zu Hause fühlt?
Alex ist wie der Elef-ant. Was oder wer im nicht passt, den macht er mit
10 seiner kraft einfah platt. So löst er seine Probleme.
Ich komme mr in Sport vor, wie der Seelöwe. Laufen kann ich och nicht sehr schnelle. Elegant sieht es bestimmt auch nich aus und der Seelöwe schämt sich bestimmt auch wegen seiner Spekrollen. Ans Kletern darf ich gar nichtdenken. Wenn wir aber Schwimunterricht hätten, wären
15 meine Sorgen um die Sportnotte weg.

Rechtschreibung, Grammatik, Sprachbetrachtung

2 Lies den Text noch einmal. Besprich mit einem Partner/einer Partnerin, was an dem Text gut gelungen ist.

3 Verfasse ein Feedback zu dem Text. Schreibe genau auf, was der Verfasser überarbeiten müsste. Erwähne auch, was ihm gut gelungen ist.

→ **Seite 235,** Arbeitstechnik „Ein Feedback geben"

4 Vielleicht hast du beim ersten Lesen des Textes nicht alles verstanden. Besprecht, warum es so wichtig ist, Texte zu kontrollieren und zu überarbeiten.

5 Der Text enthält allerhand Rechtschreibfehler. Korrigiere den Text mithilfe eines Wörterbuches. Gehe dabei folgendermaßen vor.
1. Schreibe den Text in richtiger Rechtschreibung und Zeichensetzung in dein Heft.
2. Vergleiche und überarbeite deinen Text mit einem Partner/einer Partnerin.
3. Stellt eure korrigierten Texte in der Klasse vor.
4. Verbessere deinen Text, sodass er fehlerfrei ist.

→ **Seite 228,** Rechtschreibregel „Korrektur lesen"

→ **Seite 227 ff.,** Rechtschreibstrategien und Rechtschreibregeln

6 Wähle einige Fehler aus dem Text aus. Beschreibe, mit welcher Strategie du die richtige Schreibweise herausfinden kannst.

7 EXTRA Einige Formulierungen im Originaltext sind recht umgangssprachlich. Lege eine Tabelle an und verbessere die Formulierungen. Geh dabei so vor:

Originaltext	Verbesserungsvorschlag
Eigentlich fand ich die voll doof aber Genauso fühle ich mich offt inner Schule.	Zunächst fiel mir dazu nichts ein. Doch dann erkannte ich, dass es uns in der Schule häufig genauso ergeht, wie den Tieren in der Karikatur.
Das ist döch ungerecht.	Damit jeder erfolgreich sein kann, müssten die Aufgaben unterschiedlich schwer sein.
…	…

8 EXTRA Vergleiche deine Tabelle mit der eines Partners/einer Partnerin. Schreibt gemeinsam einen überarbeiteten Text. Stellt ihn in der Klasse vor.

Wiederholung und Vertiefung: Texte auf Rechtschreibung prüfen

Eigene Texte kontrollieren und korrigieren

→ **Seite 228,** Rechtschreibregel „Korrektur lesen"

→ **Seite 227 ff.,** Rechtschreibstrategien und Rechtschreibregeln

1 Besprecht, wie ihr vorgeht, wenn ihr Zweifel bei der Schreibung von Wörtern habt.

2 Im folgenden Text wurden fehlerhaft geschriebene Wörter unterstrichen. Berichtige sie.

Selbstkontrolle und Berichtigung

Selbst die <u>Manuskrite</u> von <u>berümten</u> deutschen <u>Schriftstelern</u> zeigen: Niemand <u>schreipt</u> beim ersten Textentwurf gleich fehlerfrei. Texte müssen <u>wärend</u> und nach dem <u>schreiben</u> überarbeitet werden, auch die <u>Rechschreibung</u> muss geprüft werden. Oft wird das als
5 unangenehm <u>emfunden</u>, denn man <u>mus</u> ja kritisch nach <u>Eigenen</u> Fehlern suchen. Kaum <u>jemant</u> tut das gern, und manchmal ist die <u>versuchung</u> groß, auf die mühevolle <u>Selbstkorektur</u> zu verzichten. <u>doch</u> wer sich nach diesem <u>Prinziep</u> <u>verhelt</u>, der <u>verpast</u> ein paar <u>Lernchangsen</u>. Richtiger ist es, sich den <u>Eigenen</u> Fehlern mutig zu
10 stellen. Dann kann man sich auch <u>allmälich</u> einen Überblick über die <u>persöhnlichen</u> Fehlerschwerpunkte verschaffen und weiß, in welchen Bereichen sich das <u>üben</u> besonders <u>lont</u>. <u>Grunt</u> zur <u>Selbskritik</u> hat also nur der, der zu bequem ist, seine Fehler zu <u>korigieren</u>.

Rechtschreibung, Grammatik, Sprachbetrachtung — TRAINING

3 Begründe, wie du die richtige Schreibweise der Wörter aus Aufgabe 2 gefunden hast, z. B.:

→ **Seite 227 ff.,** Rechtschreibstrategien und Rechtschreibregeln

– Ma-nu-skrip-te → durch deutliches Mitsprechen
– berühmt → mit h → durch Merken oder durch Nachschlagen
– schreibt → schreiben → also mit b → durch Ableiten / Verlängern
– nach dem Schreiben → durch Tests zur Großschreibung

Schreibe deine Begründungen auf.

4 Eine neunte Klasse hat eine Checkliste für das Beurteilen und Verbessern kreativer Texte erarbeitet. Allerdings enthält die Liste einige Rechtschreibfehler.
Schreibe die Liste ab und korrigiere dabei die Fehler.

> **Checkliste**
> 1. Lies deinen Text laut. Vergleiche ihn mit der Bildvorlage.
> 2. Bringt er deine Gedanken und Gefühle zum ausdruck?
> 3. Ergänze, verendere, wenn es dir sinnvoll erscheint.
> 4. Prüfe deinen Text auf Fehler in Sprache, Rechschreibung und Zeichensetzung.
> 5. Past die Überschrift, weckt sie Intresse?
> 6. Ist dein Text „geschlossen" und „abgerundet"?
> 7. Sind deine Gedanken sinnvoll und klar geordnet?
> 8. Hat dein Text einen bezug zum Bild?
> 9. Ist dein Text reich an Iden und erreichst du dadurch einen angemessenen Textumfang?
> 10. Hast du eine ausschmückende, kreative Sprache verwendet?
> 11. Dein Text darf keine Bildbeschreibung sein!
> 12. Hast du Gedanken und Emfindungen verarbeitet?
> 13. Enthält dein Text einen Ich-Bezug oder eine Botschaft (Was willst du dem Leser sagen?)?
> 14. Du solltest keine reine Erlebniserzählung schreiben. Erlebnisse dürfen allerdings in den kreativen Text eingearbeitet werden, wenn sie zum Bild passen!
> 15. Gib deinem Text auch äußerlich eine Form: Setze Absetze vor neuen Gedankeneinheiten.

5 Hast du alle zehn Rechtschreibfehler gefunden?
Schreibe die zehn Wörter noch einmal in richtiger Schreibweise auf.
Ergänze bei den Nomen jeweils den Artikel, z. B.:
der Ausdruck, …

Wiederholung und Vertiefung: Texte auf Rechtschreibung prüfen

6 Was ist ein Portfolio?

In einem Portfolio kann man Arbeiten zu einem Thema sammeln.

**Berufswahl
Ausbildung
Bewerbung**

Portfolio von Marc Baumann
Gustav-Heinemann-Schule
Wuppertal, Klasse 9 b

**Das Leben der
Anne Frank**

Portfolio: Luca Neuhaus
Gustav-Heinemann-Schule
Wuppertal, Klasse 9 b

Das Rätsel der Sprache

**Portfolio vorgelegt von
Anna Bürgel**

Gustav-Heinemann-Schule
Wuppertal, Klasse 9 b

Felsklettern
Erkundungen zu einer
naturnahen Sportart

Portfolio von Tugba Bastürk
Gustav-Heinemann-Schule
Wuppertal, Klasse 9 b

1 Die abgebildeten Mappen stammen von Schülerinnen und Schülern einer neunten Klasse. Besprecht, mit welchen Themen sie sich beschäftigt haben.

> **Merke**
>
> **Portfolio, das:** Sammelmappe. Der Verfasser sammelt darin Arbeiten zu einem bestimmten Thema. Er legt fest, welche Arbeiten aufgenommen werden und in welcher Reihenfolge sie erscheinen sollen. Er begründet und erläutert seine Auswahl. Der Verfasser kann vorschlagen, was bei der Beurteilung seines Portfolios besonders berücksichtigt werden soll.

Schreiben

2 Vergleicht die folgenden Inhaltsverzeichnisse miteinander: Was ist darin gleich oder ähnlich, wodurch unterscheiden sie sich?

Berufswahl – Ausbildung – Bewerbung

1. Einleitung: Mein Wunschberuf 1
2. Kaufmann im Einzelhandel – das Berufsbild 2
3. Sammlung von Annoncen und deren Auswertung 4
4. Bewerbungskalender 8
5. Bewerbungsschreiben 10
6. Lebenslauf 11
7. Meine Stärken und Schwächen – erläutert 12
8. Zwei Praktikumsberichte 14
9. Sammlung von Einstellungstests ... 18
10. Beurteilung: Was mir besonders wichtig ist 23

Das Leben der Anne Frank

1. Einleitung: Anne Frank – ein Tagebuch als Zeugnis des Schreckens 2
2. Was wir über Anne Frank schon wussten: Ein Cluster der Klasse 9 b 3
3. Was ich über Anne Frank erfahren will: Fragen 4
4. Wer war Anne Frank? Ein Lebenslauf 5
5. Das Tagebuch der Anne Frank: Inhaltsangabe und Stellungnahme 8
6. CD: Ausschnitte aus dem Tagebuch der Anne Frank, vorgelesen von Marc Baumann und Luca Neuhaus
7. Was ich über Anne Frank erfahren habe: Antworten 13
8. Beurteilung: Was mir besonders wichtig ist 14

Das Rätsel der Sprache

Einleitung:
Was ist eigentlich Sprache? 2

Hauptteil:
1. Zehn interessante Fragen zur Sprache – zehn interessante Antworten von Experten 4
2. Die Sprachen der Welt 14
3. Sprachexperimente mit Tieren 18
4. Die Gebärdensprache – erste eigene Lernversuche – eine Bilderserie 26
5. Sprachdetektive auf Stimmenjagd 31

Schluss:
Was man alles noch nicht weiß 34

Felsklettern

Erkundungen zu einer naturnahen Sportart

1. Felsklettern – eine Sportart wird vorgestellt (Einleitung) 2
2. Mind-Map: Ausrüstung, Sicherheit, Training 3
3. Mein Arbeitsplan 4
4. Ein Nachmittag am Fels. Bericht 5
5. Ist Felsklettern gefährlich? Eine Umfrage unter Kletterern 8
6. Textauswahl: Was mein Portfolio zeigt 12
7. Beurteilung: Was mir besonders wichtig ist 13

Arbeitsergebnisse sammeln, auswählen und ordnen

6 Was ist ein Portfolio?

Wege zum Portfolio

1 Besprecht in der Klasse, wie man ein Portfolio anlegt und gestaltet. Nutzt dazu die folgenden Arbeitsschritte und die Beispiele auf den Seiten 75 bis 79.

> **So kannst du ein Portfolio anlegen und gestalten**
> 1. Lege fest, mit welchem Thema du dich beschäftigen willst.
> 2. Kläre, was du schon über das Thema weißt. Nutze dazu ein Wörternetz (Cluster) oder eine Mind-Map.
> 3. Notiere Fragen, die du in deinem Portfolio beantworten willst.
> 4. Überlege, wie du vorgehen willst. Erstelle einen Arbeitsplan. Halte darin Arbeitsschritte und Termine fest.
> 5. Überlege, wo du Informationen zu deinem Thema finden kannst. Recherchiere z. B. in Schulbüchern, Nachschlagewerken und auch im Internet, was du dort zu dem gewählten Thema finden kannst. Fasse die Informationen schriftlich zusammen.
> 6. Stelle genauere Informationen und interessante Details zusammen, z. B. Originaltexte, Abbildungen, Zitate, Fotos, Skizzen, Wertungen. Führe evtl. Umfragen oder Interviews durch und halte die Ergebnisse schriftlich fest.
> 7. Beantworte nun die Fragen, die du anfangs zum Thema gestellt hattest. Ordne jeder Frage die Einzelinformationen und Materialien zu, die du zusammengetragen hast. Begründe deine Zuordnung (z. B.: Dieser Text zeigt ... Dazu habe ich die Informationen aus ...)
> 8. Stelle dein Portfolio zusammen:
>   – Schreibe eine Einleitung, in der du die Auswahl des Themas und der einzelnen Fragen begründest.
>   – Stelle die Informationen in Reinschrift dar. Vergiss nicht, die Quellen zu nennen, die du benutzt hast.
>   – Verfasse ein übersichtliches Inhaltsverzeichnis und gestalte ein ansprechendes Titelblatt.
> 9. Halte fest, worauf bei der Beurteilung deines Portfolios besonders geachtet werden sollte (z. B. logische und übersichtliche Anordnung der Informationen, interessante Textauswahl, ideenreicher Zugang zum Thema, ansprechende Seitengestaltung).

→ **Seite 234,** Arbeitstechnik „Ein Interview vorbereiten"

→ **Seite 234,** Arbeitstechnik „Eine Umfrage vorbereiten"

TIPP! Du kannst auch das Beispiel auf Seite 75 nutzen.

2 Entscheide dich nun für ein Thema und lege selbst ein Portfolio an. Du kannst ein Thema von Seite 72 wählen oder ein eigenes Thema bearbeiten.

Schreiben

Das Leben der Anne Frank

Dieses Thema haben Schülerinnen und Schüler für ihr Portfolio ausgewählt. Wenn du dich auch für dieses Thema entschieden hast, dann könnten dir die folgenden Arbeitsschritte helfen.

1 Was weiß ich schon über das Thema?
Erstelle ein Wörternetz/Cluster oder eine Mind-Map, z. B.:

2 Was will ich über das Leben der Anne Frank erfahren?
Lege einen Stichwortzettel an, auf dem du Fragen notierst, z. B.:

- Wann lebte sie und wie …?
- Welchen Beruf wollte sie …?
- Worüber hat sie in ihrem Tagebuch …?

- Wie kam es, dass das Tagebuch nach ihrem Tod veröffentlicht werden konnte …?
- Wie kann man sich heute …?
- Welche Filme …?

3 Grundinformationen – Recherche
Schlage z. B. in Schulbüchern nach. Fasse die Informationen, die du zu Anne Frank gefunden hast, schriftlich zusammen.

4 Genauere Informationen zusammenstellen
1. Schreibe den Lebenslauf der Anne Frank auf. Suche dazu genauere Informationen über sie. Du findest sie z. B. in Lexika, in Biografien oder auch im Internet.
2. Lies das Tagebuch der Anne Frank. Du kannst es in einer Bibliothek ausleihen. Wähle ein Kapitel aus und schreibe dazu eine Inhaltsangabe.
3. Informiere dich auch in anderen Büchern über Anne Frank. Schreibe eine Zusammenfassung.
4. Stelle fest, wer von deinen Bekannten und Freunden die Lebensgeschichte der Anne Frank kennt. Führe dazu eine Umfrage durch. Halte die Ergebnisse schriftlich fest.

Online-Link
zum Lebenslauf der Anne Frank
313275-0075

TIPP!
Die Kinder- und Jugendbuchautorin Mirjam Pressler hat ein Buch veröffentlicht: „Ich sehne mich so. Die Lebensgeschichte der Anne Frank".

→ Seite 234, Arbeitstechnik „Eine Umfrage vorbereiten"

Arbeitsergebnisse sammeln, auswählen und ordnen

6 Was ist ein Portfolio?

Berufswahl, Ausbildung, Bewerbung

Dieses Thema haben Schülerinnen und Schüler einer neunten Klasse für ihr Portfolio ausgewählt.

1 Stellt fest, welche Themen bearbeitet wurden. Diskutiert, wofür solche Materialien nützlich sind.

A ...
1. Welche Ausbildungsberufe sind in unserer Region am gefragtesten?
2. In welchen Branchen werden noch Auszubildende gesucht?
3. Was muss beachtet werden, wenn man sich in einer anderen Region um einen Ausbildungsplatz bewirbt?
4. Welche neuen Ausbildungsberufe werden in unserer Region angeboten?
5. ...

B ...
– Warum haben Sie sich gerade bei uns beworben?
– Halten Sie die Ausbildungsvergütung für angemessen?
– Wie gestalten Sie Ihre Freizeit?
– Sind Sie Mitglied in einem Verein oder einer Gruppe?
– Wie bzw. wo haben Sie sich über den Ausbildungsberuf informiert?
– Haben Sie sich auch noch bei einer anderen Firma beworben?
– ...

C ...
☑ Ich habe den Vorstellungstermin bei der Firma bestätigt.
☐ Ich habe die Anreise geplant und werde rechtzeitig ankommen.
☐ Ich weiß, was ich zu dem Vorstellungstermin anziehen werde.
☐ Ich habe meine Bewerbungsunterlagen noch einmal durchgesehen und das Einladungsschreiben bereitgelegt.
☐ Ich kenne den Namen meines Ansprechpartners in dem Unternehmen und weiß, wie ich ihn finden kann.
☐ ...

[1] Cluster, das (engl. *Anhäufung; Schwarm*): Technik zur Sammlung von Gedanken rund um ein Thema; weniger strukturiert als eine Mind-Map

2 Welche Gedanken und Fragen keimen in dir auf, wenn du die Begriffe Berufswahl, Ausbildung, Bewerbung liest? Lege ein Cluster[1] zu einem der drei Begriffe an.

Schreiben

3 Leite aus dem Cluster ab, was dein Portfolio zu diesem Thema enthalten sollte.

Online-Link
Arbeitsblätter
„Fragen und Antworten"
313275-0019

Online-Link
„Checkliste zur Vorbereitung auf ein Vorstellungsgespräch"
313275-0019

4 Lege nun ein Portfolio zum Thema an. Nutze dafür die Übersicht im gelben Kasten auf Seite 74. Um deine Arbeit zu planen, lege einen Arbeitsplan an, in den du deine Aufgaben und die Termine sowie die Quellen einträgst.

Berufsbild Straßenbahnfahrer/in

1. Anforderungen an den Bewerber
2. Dauer der Ausbildung
3. Wer bildet aus?
4. Wo wird ausgebildet?
5. Was sind die Ausbildungsinhalte?
6. Welche Entwicklungschancen hat man in diesem Beruf?
7.

Berufsbild Heilerziehungspfleger/in

1. Anforderungen an den Bewerber
2. Dauer der Ausbildung
3. Wer bildet aus?
4. Wo wird ausgebildet?

Formulierungsbausteine für ein Bewerbungsschreiben

… Unser Gespräch auf der Elektronikmesse hat mich natürlich begeistert. Gern möchte ich als Auszubildender bei Ihnen mein Hobby zum Beruf machen …

… Im Praktikum hat es mir besonders die Metallverarbeitung angetan. Deshalb bewerbe ich mich um einen Ausbildungsplatz als Zerspaner …

Für meine Mitschülerinnen und Mitschüler:

Löse das Rätsel, dann bist du fit für ein Vorstellungsgespräch.

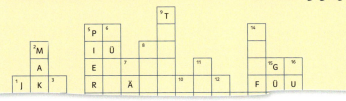

Arbeitsergebnisse sammeln, auswählen und ordnen

6 Was ist ein Portfolio?

Das Rätsel der Sprache

Für ein Portfolio zum Thema „Das Rätsel der Sprache" haben Schülerinnen und Schüler die folgenden Texte zusammengetragen.

1 Stelle fest, welche Fragen zu dem Thema gestellt und wie sie beantwortet wurden. Schreibe aus den folgenden Texten die Informationen heraus, die für dich besonders interessant sind.

Online-Link
zu den Fragen, die auf diesen zwei Seiten gestellt werden
313275-0078

→ **Seite 240,**
Arbeitstechnik „Einen Sachtext lesen und verstehen"

❶ Wie viele Sprachen werden auf der Welt gesprochen?
Eine genaue Zahl ist nicht bekannt. Noch in unseren Tagen werden Völker entdeckt, die bislang nie gehörte Sprachen sprechen. Fachleute schätzen, dass es derzeit zwischen 6.000 und 7.000 Sprachen gibt. Davon ist ein Drittel nicht näher erforscht …

❷ Wie viele Wörter gibt es im Deutschen?
Die einfache Antwort lautet: so viele, wie im Wörterbuch stehen, also ca. 250.000. Aber theoretisch gibt es unendlich viele Wörter, die durch die Anwendung von Wortbildungsregeln gebildet werden können. Schon die Anzahl der Einträge in einem Wörterbuch übertrifft bei Weitem den aktiven Wortschatz einer Einzelperson. Die größten Dichter haben in ihren Werken rund 20.000 Wörter verwendet, zur Alltagsverständigung genügt es, etwa 10.000 Wörter verstehen und 3.000 Wörter aktiv gebrauchen zu können …

❸ Schadet es einem Kind, wenn es mehrsprachig aufwächst?
Nein. Dass, wie in Deutschland, eine einzige Sprache vorherrscht, ist weltweit gesehen nicht die Regel. In Nigeria zum Beispiel gibt es über 400 unterschiedliche Sprachen, die meisten Menschen dort sind polyglott[1]. Auch Skandinavier beherrschen oftmals mehrere Sprachen. Kindern bereitet Mehrsprachigkeit kaum Probleme. Und hat ein Kind erst einmal eine Zweitsprache erworben, lernt es weitere Sprachen leichter …

[1] polyglott: vielsprachig, mehrere Sprachen sprechen

❹ Was hat es mit den so genannten Wolfskindern auf sich?
Rund 50 Fälle von so genannten Wolfskindern sind aus den vergangenen 700 Jahren dokumentiert. Ihr Verlies waren meist Wald und Wildnis. Sie wurden von Tieren, z. B. Wölfen, Hunden und Affen, aufgezogen. Nach ihrer Befreiung konnten sie nicht sprechen und verhielten sich wie Tiere …

Schreiben   EXTRA

5 Ist Gebärdensprache dasselbe wie Pantomime?
Nein. Allerdings ist die Erkenntnis, dass es sich bei der Gehörlosensprache um eine vollwertige Sprachform handelt, noch relativ jung. Erst seit 2002 ist sie in Deutschland offiziell anerkannt. Im Gegensatz zur so genannten Körpersprache, die vorwiegend unbewusster Natur ist, stehen die Gebärden für Wörter und Begriffe fest. Die Gebärdensprachen – von denen es viele verschiedene gibt – haben allesamt Regeln für die Reihenfolge von Wörtern im Satz …

→ **Seite 205 ff.,** Gebärdensprache

6 Können auch Blinde lesen und schreiben?
Ja. Sie benutzen eine spezielle Blindenschrift, die Brailleschrift. Sie wurde 1825 von dem erst 16 Jahre alten Franzosen Louis Braille erfunden. Die Schrift arbeitet mit Punktmustern, die von hinten in das Papier gepresst sind, sodass sie als Erhöhung mit den Fingerspitzen abgegriffen werden können. Erfahrene Braille-Leser können etwa 100 Wörter pro Minute lesen. Zum Vergleich: Sehende Leser schaffen etwa 250 bis 300 Wörter pro Minute …

7 Können Tiere sprechen?
Tiere sind durchaus in der Lage, sich zu verständigen. Eine Sprache im engeren Sinne hat hingegen wohl nur der Mensch entwickelt – meisterhaft verwendet er willkürlich verabredete Symbole. Aber immer mehr bröckelt das linguistische[1] Dogma[2] der Sprachunfähigkeit von Tieren. In Affenhirnen wurden Areale[3] identifiziert, die beim Menschen dem Sprachzentrum entsprechen …

[1] linguistisch: sprachwissenschaftlich
[2] Dogma, das: Lehrmeinung
[3] Areal, das; hier: Bereich

8 Soll man einem Kind den Dialekt austreiben?
Die deutsche Standardsprache in Schrift und Rede zu beherrschen, wird heute von allen Berufsanfängern und Studenten verlangt. Doch niemand sollte gezwungen werden, deshalb seinen Heimatdialekt aufzugeben. Ein Kind, das früh Dialekt und Standardsprache beherrscht, ist faktisch zweisprachig. Das hilft beim Erlernen weiterer Sprachen …

2 Stelle weitere Fragen zu dem Thema „Das Rätsel der Sprache". Denke zum Beispiel an die verschiedenen Weltsprachen, an Kunstsprachen oder an das Erlernen von Fremdsprachen.

3 Wähle eine der auf dieser Doppelseite aufgeführten Fragen aus und sammle Informationen dazu.

Online-Link
zu Weltsprachen und Kunstsprachen
313275-0079

Arbeitsergebnisse sammeln, auswählen und ordnen

Rechtschreibung leicht gemacht

1 Lies den folgenden Text über die Erfindung der Schrift.

→ Seite 111, Beispiele für Piktogramme

Eine geniale Erfindung: Die Schrift

In Bilderschriften stehen die Schriftzeichen direkt für das, was gemeint ist. Wir verstehen solche Zeichen sogar, wenn wir eine andere Sprache sprechen. Die Zeichen auf Schildern – Piktogramme – sind ein modernes Beispiel dafür.

In Wortschriften stehen für jedes Wort besondere Zeichen. Das Chinesische hat eine solche Schrift und in den Schulen muss eine große Zahl von Schriftzeichen gelernt werden, zum Beispiel:

nǚ (Frau) zǐ (Kind) haǒ (Frau + Kind = gut)

Eine bedeutende Erfindung ist die Alphabetschrift. Man braucht nur etwa 30 Zeichen. Damit können alle Wörter einer Sprache festgehalten werden. Die Alphabetschrift nutzt unsere Gabe, die Wörter in Silben und Laute zu zerlegen. Wer beim Schreiben überdeutlich und Silbe für Silbe mitspricht, findet so schon oft die richtige Schreibung.

Sprecht über die Unterschiede zwischen der Bilderschrift, der Wortschrift, der Alphabetschrift.

→ Seite 227, Rechtschreibstrategie „Beim Schreiben mitsprechen"

2 Stellt fest, welche Vorteile die Alphabetschrift besonders für das Schreiben hat.

3 Diktiert euch den Text aus Aufgabe 1 gegenseitig. Achtet darauf, dass euer Partner beim Schreiben deutlich mitspricht. Unterbrecht, wenn er einen Fehler beim Schreiben macht.

→ Seite 227, Rechtschreibstrategie „Ableiten"

4 Markiert in euren Texten die Stellen, bei denen ihr Probleme beim Mitsprechen hattet, z. B.: verstehen, Piktogramme, …

5 Lies oben auf Seite 81 nach, wie man das Ableiten als Rechtschreibhilfe nutzen kann. Erkläre dann einem Partner, wie man beim Ableiten vorgeht.

Rechtschreibung, Grammatik, Sprachbetrachtung

> **Rechtschreibprobleme lösen: Ableiten als Rechtschreibhilfe**
>
> Tatsächlich kann man nicht immer durch deutliches Mitsprechen herausfinden, wie ein Wort geschrieben wird. Das Problem lässt sich dann allerdings durch Ableiten lösen. So kann man z. B.
> – ein Wort verlängern: *das La**nd*** hat den Plural *die Län-der*, also mit **d**;
> – zu einem Verb den Infinitiv suchen: *i**ss**t* kommt von *es-sen*, also mit **ss**;
> – nach dem Wortstamm suchen: *die S**ä**tze* kommt von *der Satz*, also mit **ä**;
> – ein silbentrennendes **h** hörbar machen: *die Nä**h**nadel* → *nähen*, also mit **h**;
> – verwandte Wörter suchen: *der Trotz* → *trot-zig*, also mit **tz**.

6 Schreibe die folgenden Wörter richtig auf.

stei**?**t kommt von …, also mit … (g/k)   sti**?**t …, … (m/mm)
Erge**?**nis kommt von …, also mit … (b/p)   qu**?**len …, … (ä/e)
lie**?** kommt von …, also mit … (s/ß)   Verk**?**fer …, … (äu/eu)

7 **-nis, -ig, -lich** Merke dir die Schreibweise dieser Endbausteine:
*Ergeb**nis*** (nur ein *s*, obwohl im Plural *Ergebnisse*); *mut**ig*** (*g*, obwohl *ch* gesprochen wird); *freund**lich*** (*ch* → weil der Endbaustein *-lich* lautet).
Schreibe je zwei Wörter mit diesen Endbausteinen auf.

8 Schreibe ab. Ergänze die fehlenden Buchstaben und suche jeweils zwei weitere Beispiele.

d/t	g/k	b/p	s/ss/ß	ä/e	äu/eu	h
Gel?	sin?t	rau?t	mu?t	St?ngel	H?te	ste?t
Wel?	sin?t	pie?t	kü?t	B?ngel	h?te	blü?t
…	…	…	…	…	…	…

9 Bilde zu den Verben in der folgenden Tabelle die 3. Person Singular und verwende diese in Sätzen, z. B.:
Der Junge liest seiner kleinen Schwester ein Märchen vor.

Infinitiv/Grundform	3. Person Singular
lesen	er/sie/es liest
rasen	…
niesen	…

Wiederholung und Vertiefung: Rechtschreibstrategien anwenden

Großschreibung

1 Die überwiegende Zahl der Wörter wird im Deutschen kleingeschrieben. Macht euch noch einmal klar, wann Wörter großgeschrieben werden:
- am Satzanfang,
- Namen, ...

→ **Seite 227,** Rechtschreibstrategie „Großschreibung von Wörtern"

2 Welche Wörter müssen großgeschrieben werden?
Schreibe den Text in der richtigen Groß- und Kleinschreibung auf.
Überlege jedes Mal, warum du ein Wort großschreiben willst.

eine gute idee

als der amerikanische schriftsteller mark twain in deutschland weilte und die deutsche sprache erlernen wollte, hatte er arge schwierigkeiten. über die probleme, die man beim erlernen der deutschen sprache haben kann, schrieb er einen langen artikel. darin heißt es unter anderem: „im deutschen beginnen alle substantive mit einem großen buchstaben. das ist nun wahrhaftig mal eine gute idee", stellte er fest. in keiner anderen sprache schreibt man nämlich neben satzanfängen und namen auch alle substantive/nomen groß. eine qual hingegen ist das erlernen der besonderheiten. deshalb gab es auch zahlreiche bestrebungen, dieses „übel" als unzeitgemäß abzuschaffen. aber wer wehrt sich eigentlich dagegen? sind es die, die sich immer gegen neues sperren? sind es die, die nicht mehr umdenken wollen? oder gibt es gründe dafür, an diesen besonderheiten festzuhalten?

3 Schreibe auch den zweiten Teil des Textes in der richtigen Groß- und Kleinschreibung auf.

die großschreibung hilft dem leser

ein satz liest sich nämlich nachweislich schneller, wenn die wichtigen wörter markiert sind. diese wichtigen wörter sind meistens substantive/nomen, und deshalb werden die wörter dieser wortart großgeschrieben. den nutzen haben wir als leser, die mühe allerdings als schreiber. künstler und werbetexter setzen sich oft ganz bewusst über die engen grenzen der schreibung hinweg und erlauben sich einen freieren umgang mit den großen und kleinen buchstaben.

Rechtschreibung, Grammatik, Sprachbetrachtung

Gleich klingend – ungleich geschrieben

1 Hier hilft weder Mitsprechen noch Ableiten. Schreibe Wortpaare mit gleich klingenden Wörtern aus dem Text heraus. Schreibe so:
– der Wal → Meeressäugetier
– die Wahl → etwas wählen, aussuchen, sich für etwas entscheiden

→ **Seite 227 f.,** Rechtschreibstrategie „Besondere Schreibungen einprägen"

Aus dem Textzusammenhang erklären

Wie wohl in jeder Sprache gibt es auch in der deutschen Sprache Wörter, die gleich klingen, die aber mehrere Bedeutungen haben. Diese Wörter werden oft durch eine unterschiedliche Schreibung voneinander unterschieden.
5 So kann man den **Wal** (ein Meeressäugetier) von der **Wahl** eines Stadtrates nur als geschriebenes Wort unterscheiden. Die **Saite** einer Gitarre klingt so wie die **Seite** eines Buches. Beim Sprechen hört man zwar keinen Unterschied, aber dem Leser wird sofort klar, ob es sich um das **Lid** eines Auges oder um ein gesungenes **Lied** handelt.
10 Ebenso wird deutlich, ob ein Maler ein Bild **malt** oder ob der Müller in der Mühle Mehl **mahlt**.
Waisenkinder werden nicht von ihren Eltern, sondern auf andere **Weise** erzogen.
Viele Schreiber widersetzen sich diesen unangenehmen Unterschei-
15 dungen. Natürlich kann man sich die Bedeutung eines Wortes meist auch aus dem Textzusammenhang erklären. Wenn man dann die unterschiedliche Schreibung immer wieder übt, gewöhnt man sich daran, und Verwechslungen bleiben die Ausnahme.
Aber eines ist **wahr**: Für jede Schülergeneration **war** und ist es müh-
20 selig, sich einen Weg zur richtigen Schreibung zu bahnen.

2 Suche aus dem Text weitere Wörter heraus, deren Schreibung sich nicht ableiten lässt. Unterstreiche die schwierige Stelle, z. B.: wohl, Stadtrat, ...

3 Schreibe jeweils einen sinnvollen Satz mit den folgenden Wörtern:

1. hohl – holen
2. lehren – leeren
3. das Mahl – das Mal
4. mehr – das Meer
5. bohren – geboren
6. die Sohle – die Sole
7. sie nahmen – meinen Namen
8. der Wal – die Wahl

4 Schreibe den Text oben als Selbstdiktat ab. Schau dir jeweils einen Teil eines Satzes genau an, präge ihn dir ein, decke ihn ab und schreibe ihn dann auswendig auf. Vergiss die Kontrolle nicht.

Wiederholung und Vertiefung: Rechtschreibstrategien anwenden

6 Was ist ein Portfolio?

→ **Seite 227 f.,** Rechtschreibstrategie „Besondere Schreibungen einprägen"

TIPP!
Achtung, Plural:
Saal → Säle
Paar → Pärchen

Methoden zum Einprägen

Präge dir die Wörter in den folgenden Übungen ein. Nutze dazu die vorgeschlagenen Methoden.

1 Wörter mit h Sammle möglichst viele Wörter mit ähnlicher Schreibweise.
1. Kühle, Mühle, Stühle, …
2. ungefähr, während, jährlich, …
3. ehrlich, mehr, kehren, …
4. er empfiehlt, sie befiehlt, …

2 Wörter mit aa, oo, ee Nimm die folgenden Wörter in deine Rechtschreibkartei auf, markiere die „Stolperstellen" *aa, oo, ee* und ergänze jeweils den Artikel.

Aal, Saal, Paar, Haar, Saat, Staat, Waage; Boot, Moor, Moos, Zoo; Meer, Heer, Speer, Teer, Schnee, Klee, See, Fee, Tee, Seele, Beere

3 Wörter mit ai Suche Wörter, die mit den folgenden Wörtern zusammengesetzt wurden: *Mais, Laie, Kaiser, Mai, Hai*, z. B.:
Mais → Maiskolben, Maisanbau

4 Wörter mit chs Ordne die Wörter nach dem Alphabet.
Lachs, Wachs, Fuchs, Luchs, Buchsbaum, wechseln, drechseln, Achse, Echse, Verwechslung, Büchse, Ochse, wachsen, erwachsen, Gewächs

5 Wörter mit x Sammle möglichst viele Wörter mit x. Lass sie dir anschließend diktieren, z. B.:
Axt, Nixe, exakt, Text, Praxis, Textilien, Explosion, …

6 Wörter mit ver-, vor-, viel-, voll- Sammle Wortzusammensetzungen bzw. Ableitungen, z. B.:
verlieren, vorspielen, vielsagend, vollkommen, …

7 Wörter mit dt Verwende die folgenden Wörter in Sätzen: Hauptstadt, Verwandte, Abgesandte

8 Wörter mit end- oder ent- Schreibe die Wörter auf und ordne sie nach den Vorbausteinen *end-* und *ent-*:
en?lich, en?decken, en?fernen, en?los, en?gültig, en?lassen, en?schuldigen, en?sprechend, En?schluss, En?setzen, En?runde, en?gegen, En?spiel

Rechtschreibung, Grammatik, Sprachbetrachtung — TRAINING

9 Verwechslungswörter Schreibe die Sätze ab und setze das richtige Wort ein.

1. **Betttruhe** oder **Bettruhe?**
a) Der Arzt verordnete …
b) Sie kaufte eine alte …

2. **Ängste** oder **Engste?**
a) Nachts quälen ihn oft …
b) Sie ist mit ihm aufs … verbunden.

3. **Bote** oder **Boote?**
a) Ein … brachte den Brief.
b) Am Ufer lagen drei …

4. **Fälle** oder **Felle?**
a) Sie brachte die … einem Händler.
b) Er schilderte die einzelnen …

5. **Lehre** oder **Leere?**
a) Wir fühlten die gähnende …
b) Sie begann eine interessante …

6. **Rad** oder **Rat?**
a) Da war guter … teuer.
b) Er fuhr ein tolles …

10 Groß- oder Kleinschreibung? Schreibe den folgenden Text richtig auf. → Seite 227, Rechtschreibstrategie „Großschreibung von Wörtern"

bis zum lesen und schreiben

kinder lernen das sprechen unterschiedlich schnell. im durchschnitt lassen babys mit zwei Monaten ein erstes lallen ertönen. etwa mit einem halben jahr beginnt die zweite lallphase: „dadada, gaga, jaja". dieses sprechen ähnelt im rhythmus und tonfall bereits der mutter-
5 sprache.
im alter von zirka neun monaten kann das baby die mundbewegungen bewusst steuern: „mama". loben die eltern das kind dafür, begreift es allmählich, sinnvolle wörter von sinnlosen lautketten zu unterscheiden. ab etwa einem jahr folgen die ersten wörter. zu beginn werden diese
10 nur für ganz bestimmte personen und dinge verwendet. nur der bestimmte ball ist „balla" – in einer späteren phase kann jeder ball „balla" sein.
ab anderthalb jahren kommt es zu einer regelrechten wortschatzexplosion. in diese zeit fällt das bilden der ersten zwei-wort-sätze und das
15 stellen der ersten fragen. die kinder werden geschickter darin, verben zu beugen und pluralformen zu bilden.
mit etwa drei jahren setzt das zweite fragealter ein; mit vier jahren beherrschen die meisten kinder die grammatischen grundlagen der muttersprache. parallel beobachtet man ein stetiges anwachsen des
20 wortschatzes. das gehirn speichert begriffe, etwa „frosch = tier, quakt, eklig".
die meisten sechsjährigen können dann bereits reimen und wörter in silben zerlegen – wichtige fähigkeiten für das erlernen des lesens und schreibens.

7 Bewerben mit Köpfchen

→ **Seite 240,**
Arbeitstechnik
„Einen Sachtext lesen und verstehen"

Wir sind ein mittelständisches Unternehmen und fertigen in höchster handwerklicher Qualität Möbel nach Maß.

Zur Verstärkung unseres Teams suchen wir zum nächstmöglichen Zeitpunkt eine/n
TISCHLERGESELLIN/-GESELLEN
für den Möbelbau.

Außerdem bieten wir für die nächste Ausbildungsperiode einen Ausbildungsplatz für eine/n
MÖBELTISCHLER/IN

Haben Sie
– eine Vorliebe für den Werkstoff Holz?
– handwerkliches Geschick und Spaß an praktischer Arbeit?
– eine Vorliebe für genaues und akkurates Arbeiten?

Dann senden Sie uns die üblichen Bewerbungsunterlagen.

*Adam Drenk Innenausbau – Möbelbau
Brehmstraße 23   59428 Unna*

HOTEL · RESTAURANT

KNURRHAHN

Hallenbad • Solarium • Sauna

Wir benötigen für unser Team Verstärkung mit Kreativität, Engagement, Flexibilität und Teamgeist:

Koch/Köchin

**Auszubildende/n
Restaurantfachfrau/-mann**

Schicken Sie uns bis spätestens 1. Juli dieses Jahres Ihre Bewerbung mit handgeschriebenem Lebenslauf.

Hauptstraße 21,
53902 Bad Münstereifel

---

[1] Optometrie, die: Lehre von der Vermessung des Auges

Wir suchen für unsere traditionsreichen Fachgeschäfte für Augenoptik und Optometrie[1] mit Standorten in Siegen und Hagen zum Ausbildungsbeginn 2013 jeweils einen

Auszubildenden zum Augenoptiker (m/w)

Wir bieten Ihnen:
- fachlich anspruchsvolle Ausbildung auf höchstem technischen Niveau,
- Vermittlung ganzheitlicher optometrischer Lösungs- und Beratungskompetenz,
- Befähigung zum selbstständigen Fertigen von Brillen in allen Herstellungsphasen,
- Einweisung in professionelle Pflege und Handhabung von Kontaktlinsen,
- eine ebenso professionelle wie persönliche Arbeitsatmosphäre.

Sie bieten uns:
- gutes Verständnis mathematischer und physikalischer Zusammenhänge,
- Fähigkeit zu konzentrierter Arbeit,
- Spaß an gewissenhaftem Arbeiten,
- Blick für Farben und Formen,
- ausgeprägte Kundenorientierung und Freude an individueller Beratung von Kunden jeden Alters,
- Verantwortungsbewusstsein und den Ehrgeiz, erstklassige Arbeit zu leisten.

Konnten wir Ihr Interesse wecken? Dann senden Sie Ihre vollständigen Bewerbungsunterlagen bitte an: Wolfgang Raab, Rochusstraße 27 A, 57072 Siegen. Wir freuen uns, Sie kennen zu lernen!

Schreiben

Ausbildung bei Kauftreff

Steigen Sie ein in ein Unternehmen, das mit über 10.000 Mitarbeiterinnen/Mitarbeitern und mehr als 500 Filialen zu den führenden im deutschen Lebensmitteleinzelhandelg ehört!

Inhalte

Die zweijährige Ausbildung zum Verkäufer (w/m) bereitet Sie auf abwechslungsreiche und verantwortungsvolle Aufgaben vor. Sie lernen die grundlegenden Abläufe kennen, platzieren die Waren im Markt und üben Kassiertätigkeiten aus. Sie übernehmen zunehmend Verantwortung, unter anderem für die Präsentation der Waren im Markt.

Voraussetzungen
- erfolgreicher Schulabschluss
- Freude am Umgang mit Kunden und Lebensmitteln, gute Umgangsformen, gepflegte Sprache
- Interesse an organisatorischen und logistischen Prozessen
- körperliche Belastbarkeit

Ihre Bewerbungsunterlagen

schicken Sie bitte bis zum 1. August online an die Adresse: bewerbung@kauftreff.de

---

1 Untersucht die unterschiedlichen Stellenanzeigen. Stellt fest,

- wer Ausbildungsplätze anbietet,
- wer angesprochen wird,
- welche Ausbildungsplätze angeboten werden,
- was man über die Ausbildung erfährt,
- welche Voraussetzungen genannt werden,
- wie die einzelnen Bewerbungen angefertigt werden sollen,
- was die Bewerbungsunterlagen enthalten sollen,
- welche Bewerbungsfristen vorgegeben werden.

2 Sammelt weitere Stellenanzeigen.

- Untersucht, welche Angaben diese Anzeigen enthalten und wie sie aufgebaut sind. Nutzt dazu die Fragen aus Aufgabe 1.
- Stellt die Anzeigen in der Klasse vor. Geht dabei auch auf Angaben ein, die in den abgebildeten Anzeigen fehlen, z. B., wenn darin etwas über den Vorteil von Praktika oder über Bewerbungen behinderter Menschen ausgesagt wird.

Berufsorientierung: Bewerbungsschreiben; Lebenslauf

7 Bewerben mit Köpfchen

Anforderungen erfüllen

Ausbildungsbetriebe wurden gefragt, welche Eigenschaften sie zu Beginn einer Ausbildung bei ihren Azubis für zwingend erforderlich halten. Dazu wurde ihnen eine Liste mit Merkmalen vorgegeben.

→ **Seite 240,** Arbeitstechnik „Ein Diagramm auswerten und verstehen"

1 Erläutert, warum die im Diagramm an erster Stelle genannten Eigenschaften und Fähigkeiten für 80 % und mehr der Betriebe, so wichtig sind.

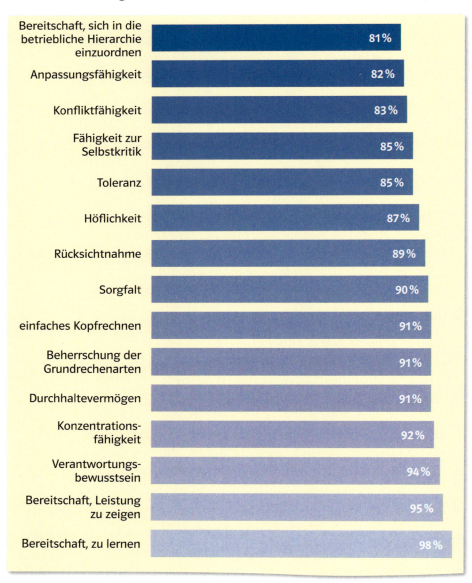

Eigenschaft	%
Bereitschaft, sich in die betriebliche Hierarchie einzuordnen	81 %
Anpassungsfähigkeit	82 %
Konfliktfähigkeit	83 %
Fähigkeit zur Selbstkritik	85 %
Toleranz	85 %
Höflichkeit	87 %
Rücksichtnahme	89 %
Sorgfalt	90 %
einfaches Kopfrechnen	91 %
Beherrschung der Grundrechenarten	91 %
Durchhaltevermögen	91 %
Konzentrationsfähigkeit	92 %
Verantwortungsbewusstsein	94 %
Bereitschaft, Leistung zu zeigen	95 %
Bereitschaft, zu lernen	98 %

TIPP! Mehrfachnennungen sind möglich.

2 Welche Eigenschaften/Fähigkeiten sind eurer Meinung nach auch sehr wichtig, fehlen aber im Diagramm? Begründet eure Auswahl.

Merkmale der Ausbildungsreife untersuchen

Schreiben

STARKE SEITEN

3 Auf welche Eigenschaften/Fähigkeiten deuten die folgenden Verhaltensweisen hin?

1. Er/Sie braucht keine Hilfe und Anleitung von anderen Menschen, um zu wissen, was zu tun ist und wie es zu tun ist. → Selbstständigkeit

1. Er/Sie braucht keine Hilfe und Anleitung von anderen Menschen, um zu wissen, was zu tun ist und wie es zu tun ist.
2. Er/Sie bleibt auch unter Zeitdruck ruhig und erledigt die jeweiligen Aufgaben unaufgeregt und genauso gut wie ohne Zeitbegrenzung.
3. Er/Sie findet sich schnell in neuen Situationen zurecht. Wenn etwas geschieht, was nicht geplant war, kann er/sie gut darauf reagieren.
4. Er/Sie kann gut zuhören und Informationen verständlich an andere weitergeben. Er/Sie kann andere sehr gut von seinen/ihren Ideen überzeugen.
5. Wenn er/sie etwas mit anderen Menschen verabredet hat, dann macht er/sie es auch unbedingt so.
6. Wenn er/sie von einem Ziel überzeugt ist, dann setzt er/sie sich mit aller Kraft dafür ein. Da ist ihm/ihr keine Mühe zu groß und keine Zeit zu schade.
7. Er/Sie kann gut mit anderen zusammenarbeiten, um eine Aufgabe zu lösen. Er/Sie akzeptiert andere Meinungen und bringt eigene Gedanken in die Gruppe ein.
8. Gibt es neue Apparate, neue Computer, neue Handys oder andere Neuheiten, so ist er/sie nicht zu bremsen. Manchmal erfindet er/sie sogar selbst etwas.

Eigenschaften und Fähigkeiten
- Anpassungsfähigkeit
- Durchsetzungsvermögen
- Geschicklichkeit
- Engagement
- Flexibilität
- Kontaktfreude
- Sprachgewandtheit
- Lernbereitschaft
- logisches Denkvermögen
- Organisationstalent
- Selbstständigkeit
- Zuverlässigkeit
- Zielstrebigkeit
- Belastbarkeit
- Stressunempfindlichkeit
- Teamfähigkeit
- Überzeugungsstärke
- Technikbegeisterung
- körperliche Kraft
- Selbstbewusstsein
- Kreativität

4 Rund ein Drittel der befragten Betriebe äußerte, dass sie Kreativität als ganz wichtig erachten. Beschreibt, was mit Kreativität gemeint sein könnte.

> **Was dich stark macht**
>
> **Sich selbst kennen**
> Jeder Mensch auf dieser Welt stellt sich früher oder später Fragen, wie: *Wer bin ich? Wo komme ich her? Wo will ich hin? Wer oder was tut mir gut? Was möchte ich lernen? Welche Talente habe ich? Was will ich auf keinen Fall?* Wenn du achtsam bist, dich nach und nach immer besser kennen lernst, wirst du auch wissen, welcher Beruf zu dir passt.

Online-Link
Arbeitsblatt
„Meine starken Seiten"
313275-0089

5 Stellt fest, in welchen Unterrichtsfächern ihr für die gefragten Eigenschaften/Fähigkeiten fit gemacht werdet.

Merkmale der Ausbildungsreife untersuchen

7 Bewerben mit Köpfchen

Ein Bewerbungsschreiben verfassen

1 Untersucht gemeinsam, wie das Bewerbungsschreiben aufgebaut ist. Tragt die wichtigsten Bestandteile zusammen, z. B.: Bewerbungssatz, …

Mirco Schneider
Anna-Seghers-Straße 4
45134 Essen
Tel.: 0201 345337780
E-Mail: Mschneider@webnet.de

Bäumler GmbH
Stanztechnik – Werkzeugbau
Gerberstr. 25
46049 Oberhausen

Essen, 20. Mai 20…

Bewerbung um einen Ausbildungsplatz als Werkzeugmechaniker, Fachrichtung Stanz- und Umformtechnik
Ihre Anzeige in den Ruhr Nachrichten vom 13. Mai 20…

Sehr geehrte Frau Bäumler,

nach meinem Schulabschluss im Sommer 20… möchte ich den Beruf des Werkzeugmechanikers, Fachrichtung Stanz- und Umformtechnik, erlernen. Für diese Ausbildung habe ich mich entschieden, da neben dem Bearbeiten von Werkstücken aus Metall und Kunststoff auch das Erstellen von Arbeitsprogrammen für computergesteuerte Werkzeugmaschinen zu den Aufgaben in diesem Beruf gehört.

Mein Vater, der den Beruf Schlosser erlernt hat, hat mich schon früh für das Arbeiten mit Metall begeistert. In der Schule konnte ich mir im Wahlfach Werken einige Metallbearbeitungstechniken aneignen. Mein Ziel ist es, die Metallbearbeitung mit modernen computergesteuerten Maschinen zu erlernen.

Aufgrund meiner guten Noten bin ich sicher, dass ich die Schule mit mittlerem Schulabschluss verlassen werde. Ich würde mich freuen, wenn ich in Ihrem Unternehmen, das zu den bedeutendsten Zulieferfirmen in Deutschland gehört, meine Ausbildung beginnen könnte.

Ich freue mich sehr darauf, von Ihnen zu hören.

Mit freundlichen Grüßen

Mirco Schneider
Mirco Schneider

Anlagen
Lebenslauf
Lichtbild
Zeugnis der 9. Klasse
Praktikumsbescheinigung

TIPP! Sieh dir dazu das Muster unter der Aufgabe 1 genau an!

2 In Geschäftsbriefen müssen bestimmte Formen eingehalten werden. Bereite ein DIN-A4-Blatt für dein Bewerbungsschreiben vor: Markiere darauf, wo die einzelnen Teile/Abschnitte stehen sollen.

Schreiben

3 Verfasse ein Bewerbungsschreiben zu einer Anzeige deiner Wahl. Lege dafür eine Tabelle im Querformat nach folgendem Muster an:

	Bewerbungsabschnitte	Meine Formulierungen	Varianten
1.	Kopf & Datum		
2.	Betreffzeile, Fundort der Anzeige		
3.	Bewerbungssatz		
4.	Begründung		
5.	Aktuelle Tätigkeit		
6.	Hinweis auf Vorstellungswunsch		
7.	Abschied, Unterschrift, Anlagen		

4 Tauscht eure Tabellen aus Aufgabe 3. Notiert in der Spalte „Varianten" weitere Formulierungsmöglichkeiten.

5 Vergleicht eure Ergebnisse in der Klasse. Welche Formulierungen gefallen euch gut, welche passen nicht? Begründet eure Meinung.

6 Formuliert gemeinsam ein Musterbewerbungsschreiben. Lest Korrektur.

7 Prüft mithilfe des Arbeitstechnik-Kastens, ob euer Musterbewerbungsschreiben alle Anforderungen erfüllt.

Arbeitstechnik

Checkliste: Was gehört in ein Bewerbungsschreiben?
- Hast du Anschrift, Telefonnummer und Datum angegeben?
- Hast du die Firmenadresse und den Namen deines Ansprechpartners richtig geschrieben?
- Ist in der Betreffzeile der Grund für dein Schreiben angegeben?
- Hast du die genaue Bezeichnung der Stelle angegeben?
- Hast du eine angemessene Grußformel gewählt?
- Wird klar, aufgrund welcher Information du dich bewirbst (Zeitungsinserat, Agentur für Arbeit, Telefongespräch)?
- Ist der Text verständlich geschrieben?
- Hast du geschrieben, warum dich die Stelle interessiert?
- Stellst du deine besondere Eignung für die Stelle heraus?
- Stimmt der Aufbau (Schriftgröße, Zeilenabstand, Seitenränder, …)?
- Hat jemand Korrektur gelesen?
- Hast du mit blauer Tinte unterschrieben (Vor- und Nachname)?

TIPP! Einige Passagen, wie z. B. die höfliche Ansprache oder die Verabschiedung, dürfen nicht verändert werden. Ist dir dein Ansprechpartner unbekannt, heißt es immer *Sehr geehrte Damen und Herren, …* Zum Abschied muss es immer heißen *Mit freundlichen Grüßen*.

TIPP! Der Bewerbungssatz könnte z. B. beginnen mit: *Aufgrund Ihrer Anzeige vom … bewerbe ich mich bei Ihnen um einen Ausbildungsplatz als …* oder so: *Vom Berufsberater der Agentur für Arbeit in … habe ich erfahren, dass … Hiermit bewerbe …*

→ Seite 228, Rechtschreibregel „Korrektur lesen"

TIPP! Wenn du dich online bewerben willst, findest du Informationen auf Seite 94/95.

Berufsorientierung: Bewerbungsschreiben; Lebenslauf

7 Bewerben mit Köpfchen

Einen Lebenslauf verfassen

Man unterscheidet den ausführlichen und den tabellarischen Lebenslauf. Beide enthalten die gleichen Informationen, aber in unterschiedlicher Darstellung. Eine besondere Form des Lebenslaufs ist der handgeschriebene Lebenslauf.

Alina Popow
Im Rosenbusch 24
51373 Leverkusen
Tel.: 0163 4416008

Lebenslauf

Mein Name ist Alina Popow. Ich wurde am 20. Januar 1997 in Bonn als zweite Tochter von Nadja und Alexander Popow geboren. Meine Mutter ist Sachbearbeiterin bei einer Versicherung, mein Vater arbeitet als Schuhmacher. Meine sieben Jahre ältere Schwester Anna ist Rechtsanwaltsgehilfin in Gummersbach, mein vier Jahre älterer Bruder Peter ist Auszubildender in einem Sanitärbetrieb.

Ich besuchte von 2003 bis 2007 die Grundschule in Bonn. Danach zogen meine Eltern aus beruflichen Gründen nach Leverkusen. Seither besuche ich die Gesamtschule „Marie Curie" und möchte nach einem guten Hauptschulabschluss nächstes Jahr den mittleren Schulabschluss erreichen.

Ich musiziere gern und bin seit zwei Jahren Mitglied im Schulorchester. Im 8. Schuljahr absolvierte ich ein zweiwöchiges Betriebspraktikum bei dem Holzblasinstrumentenbauer Malte Zander.

Für Schülerinnen und Schüler des 9. Jahrganges wurde in unserer Schule regelmäßig ein Praktikumstag organisiert, den ich ebenfalls in dem oben genannten Betrieb absolvieren konnte.

Leverkusen, 12.03.2012

Alina Popow

→ **Seite 237,** Arbeitstechnik „Einen tabellarischen Lebenslauf schreiben"

1 Formuliere Alinas ausführlichen Lebenslauf in einen tabellarischen Lebenslauf um. Nutze dafür den tabellarischen Musterlebenslauf von Seite 93.

2 Schreibe nun deinen eigenen Lebenslauf – in tabellarischer Form. Achte auf die richtige Reihenfolge deiner Angaben.

Schreiben

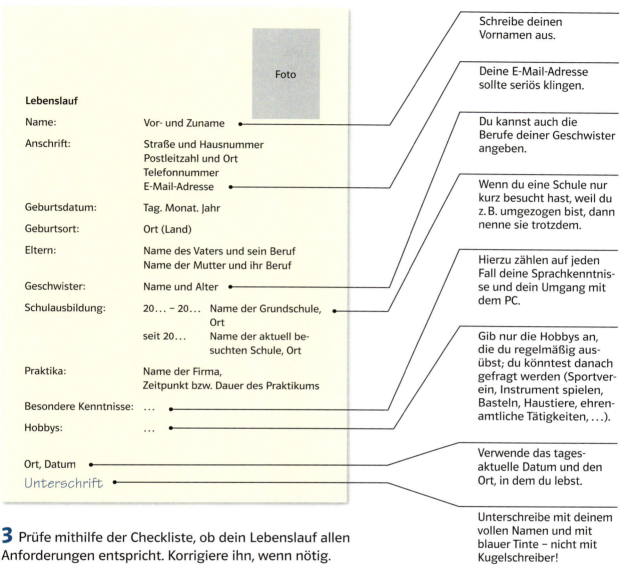

3 Prüfe mithilfe der Checkliste, ob dein Lebenslauf allen Anforderungen entspricht. Korrigiere ihn, wenn nötig.

Checkliste: Was gehört in einen Lebenslauf?
- Bewerbungsfoto
- Vor- und Zuname
- Anschrift mit Telefonnummer
- E-Mail-Adresse
- Geburtsdatum
- Geburtsort
- Schulausbildung
- Praktika
- besondere Kenntnisse (PC-Kenntnisse, Sprachen)
- Hobbys
- Ort/Datum
- Unterschrift

Online-Link
Arbeitsblatt
„Der Lebenslauf"
313275-0093

4 EXTRA Schreibe deinen Lebenslauf am PC.

Berufsorientierung: Bewerbungsschreiben; Lebenslauf

7 Bewerben mit Köpfchen

Eine Online-Bewerbung erstellen

Viele Firmen gehen dazu über, Bewerbungen online anzufordern. Dabei gibt es zwei Möglichkeiten: Man verschickt seine Bewerbung als E-Mail oder füllt das im Internet von der Firma bereitgestellte Bewerbungsformular aus.

1 Hier findest du das Formular zu einer Online-Bewerbung. Notiere, welche Vor- und Nachteile du bei dieser Bewerbungsform siehst. Diskutiert dazu in der Klasse.

> ### Arbeitstechnik
>
> **Sich online bewerben**
> 1. Die E-Mail-Bewerbung entspricht im Großen und Ganzen der herkömmlichen Bewerbung.
> 2. Verwende eine Online-Bewerbung nur, wenn dies ausdrücklich gewünscht ist.
> 3. Nutze für deine Bewerbung angebotene Onlineformulare.
> 4. Wenn in der Anzeige eine Formulierung wie „Bewerbungen können online eingereicht werden" verwendet wird, schicke am besten auch eine herkömmliche Bewerbung per Post.
> 5. Lies die Anzeige genau:
>   – Sind Anlagen gewünscht oder sollen sie per Post verschickt werden?
>   – Welches Format soll die E-Mail haben (nur Text oder HTML)?
>   – Mit welchen Programmen sollen die Anhänge erstellt werden (Word, PDF)?
> 6. Speichere die Online-Bewerbung auf jeden Fall ab.
> 7. Kontrolliere regelmäßig dein E-Mail-Postfach, damit du die Antwort auf deine Bewerbung rechtzeitig siehst.

Schreiben

EXTRA

> **Betreuerinnen und Betreuer für Ferienfreizeiten gesucht**
>
> **Unsere Angebote für Kinder und Jugendliche von 6 bis 14 Jahren:**
> Stadtranderholung, Tagesfahrten, Spielaktionen, Ferienfreizeiten im Rahmen unserer Städtepartnerschaften
>
> **Betreuerprofil:**
> Ihr solltet mindestens 15 Jahre alt sein, Verantwortung übernehmen können und Selbstbewusstsein besitzen. Man braucht gute Nerven und pädagogisches Geschick. Ihr solltet über großes Einfühlungsvermögen verfügen und eine vertrauenerweckende Persönlichkeit sein. Natürlich gehören auch eine hohe Belastbarkeit und Frustrationstoleranz dazu. Die Lust auf intensive Arbeit mit Kindern ist Grundvoraussetzung für diesen Job.
>
> Ihr betreut die Kinder von der Begrüßung über die Betreuung vor Ort bis zur Verabschiedung – wenn es sein muss auch 24 Stunden am Tag.
>
> Für die einzelnen Maßnahmen sind unterschiedliche Kenntnisse und Fähigkeiten erforderlich: Sprachkenntnisse (Englisch oder Französisch), Kanufahren, Anleiten von Spielen, Basteln, Rettungsschwimmerabzeichen, Organisieren von Campingfreizeiten, Kochen usw.
>
> Ehrenamtliche Tätigkeit ist ein Pluspunkt in jeder Bewerbung.
>
> **Wir bieten:**
> Aus- und Fortbildungskurse für Betreuerinnen und Betreuer, ein kleines Honorar und jede Menge Spaß und Erfahrungen.
>
> **Interesse?**
> Dann bewerbt euch anhand unseres Online-Bewerbungsformulars bei der Firma „KINDEReisen" GmbH zu Händen Frau Stadelmann.

2 Analysiere die Anzeige der Firma „KINDEReisen". Liste auf, welche Eigenschaften/Fähigkeiten gefordert werden. Begründe, warum diese für die angebotene Beschäftigung nötig sind.

3 Verfasse eine E-Mail, mit der du dich bei der Firma „KINDEReisen" als Betreuer/Betreuerin bewirbst.

4 Schickt euch gegenseitig eure Bewerbungen aus Aufgabe 3 per E-Mail zu. Gebt euch Hinweise für eine Verbesserung.

5 Verfasse mithilfe des Arbeitsblattes (siehe Online-Link) eine vollständige Online-Bewerbung zu einer beliebigen Anzeige aus diesem Kapitel. Verschicke sie an einen Partner/eine Partnerin. Besprecht jeweils eure Entwürfe.

> **TIPP!**
> Beachte die Hinweise im Arbeitstechnik-Kasten auf Seite 94.

> **TIPP!**
> Du kannst dazu das Arbeitsblatt ausdrucken und ausfüllen. Nutze den Online-Link.

Online-Link
Arbeitsblatt
„Online-Bewerbung"
313275-0095

Berufsorientierung: Bewerbungsschreiben; Lebenslauf

7 Bewerben mit Köpfchen

Schlechte Karten

→ **Seite 9 ff.,** Höflichkeit

→ **Seite 90,** Muster für ein Bewerbungsschreiben

1 Besprecht, warum man mit diesem Bewerbungsschreiben „schlechte Karten" hat.

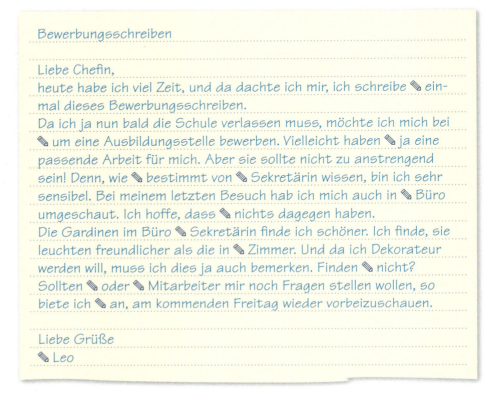

2 Setze in den Text die passenden Anredepronomen ein.

> **Merke**
>
> **Anredepronomen**
> Die höfliche Anrede *Sie, Ihr, Ihnen, ...* wird großgeschrieben.

TIPP! Du kannst auch ein Wörterbuch nutzen.

3 Schreibe die folgenden Eigennamen richtig auf:

deutsche bank – frankfurter zeitung – deutsche bahn – gasthaus zum wilden eber – kurklinik das grüne herz – ferienwohnung am großen arber

> **Merke**
>
> **Eigennamen** und **geografische Namen** werden großgeschrieben.

Wörter mit Rechtschreibbesonderheiten

Rechtschreibung, Grammatik, Sprachbetrachtung

> **Merke**
>
> **das** = Artikel oder Pronomen; **dass** = Konjunktion

→ **Seite 218,** Relativpronomen; Konjunktionen

4 Schreibe die Sätze ab und setze *dass* oder *das* ein.

Ich bin überzeugt, ✎ ihr ✎ könnt! Die Überprüfung zeigt, ✎ ✎ immer besser wird. Wer jedoch meint, ✎ Lernen nichts bringt, der bekommt schlechte Noten. Ich verstehe nicht, ✎ ✎ mit dem ✎ und dem ✎ so schwer sein soll. ✎ ist eine Konjunktion und ✎ ist ein Artikel.

> **Merke**
>
> **Ziffern** und **Abkürzungen** sind leichter zu lesen und zudem zeitsparend.

5 Schreibe die folgenden Beispiele auf und verwende sie in einem Satz.

18-jährig   3/4-Takt   32-seitig   400-m-Lauf

100-prozentig   6:2-Niederlage   2- bis 3-mal

6 Wofür stehen die folgenden Abkürzungen und was bedeuten sie? Notiere, z. B.: WWF = World Wide Fund for Nature, das ist der Name für …

WWF   EKG   EDV-Programm   WWW

TIPP! Nutze ein Wörterbuch.

7 EXTRA Leite aus den folgenden Beispielen Regeln für das Schreiben von Straßennamen ab:

Rainer-Maria-Rilke-Promenade   Ringelblumenweg
Bahnhofstraße   Hauptstraße
Brandenburger Straße   Berliner Platz
In der Au   Friedrich-Ebert-Straße
Obere Schlossgasse   Breite Straße

8 EXTRA Schreibe die folgenden Straßennamen richtig auf:

poststraße   amwarmbacherhof   freiherrvonsteinstraße

→ **Seite 227,** Schreibung von Eigennamen

Wörter mit Rechtschreibbesonderheiten

7 Bewerben mit Köpfchen

Rechtschreibung o. k.?

1 Überarbeite den folgenden Abschnitt aus einem Bewerbungsschreiben. Achte auf Rechtschreibung, Grammatik und Satzbau.

> Nach meinen Schulabschluss möchte ich gerne mich als Auszubildende in Ihr Unternehmen einbringen.
> Von der Tätigkeit von einer Kauffrau für Bürokommunikation habe ich bereits im Berufsbildungszentrum informiert.
> Dabei wurde mir klar, dass die Tätigkeiten von einer Bürokauffrau gut zu mir passt.
> Wenn Ihnen meine Bewerbung und mein Zeugnis zusagt, würde ich gerne mich in einem Gespräch persönlich vorstellen.

2 *das* oder *dass*? Setze richtig ein, z. B.:
1. Ich habe erfahren, dass in Ihrem Unternehmen noch Ausbildungsplätze frei sind.

1. Ich habe erfahren, ✎ in Ihrem Unternehmen noch Ausbildungsplätze frei sind.
2. Ich habe festgestellt, ✎ es ✎ Richtige für mich ist.
3. ✎ Zeugnis, ✎ ich beigefügt habe, zeigt, ✎ meine Stärken in Mathematik und Physik liegen.
4. Ich weiß, ✎ dieser Beruf ein großes Wissen erfordert, ✎ ich mir gerne aneignen will.
5. Das Praktikum, ✎ ich im vergangenen Jahr absolviert habe, hat mir gezeigt, ✎ mir die Arbeit mit Kindern sehr viel Freude bereitet.
6. All ✎ macht mir großen Spaß.
7. Ich denke, ✎ ich ✎ Niveau, ✎ für diesen Job notwendig ist, erreichen werde.
8. Mir gefällt, ✎ man ✎ alles selbstständig ausführen darf.

→ Seite 108 f., 225, Nebensätze

3 Korrigiere die unterstrichenen Straßennamen, z. B.:
1. … in der Langen Gasse 1.

1. Er wohnt in der <u>langengasse</u> 1.
2. Das Geschäft befindet sich auf dem <u>hansalbersplatz</u>.
3. Die Filiale ist in der <u>kastanienallee</u> zu finden.
4. Sie wohnt in der <u>prenzlauerpromenade</u> 2.
5. Die Firma befindet sich <u>unterdenlinden</u> 34.
6. Unsere Straße heißt <u>amstechberg</u>.

Wörter mit Rechtschreibbesonderheiten

Rechtschreibung, Grammatik, Sprachbetrachtung

TRAINING

4 Setze in den folgenden Text die richtigen Präpositionen ein, z. B.:
Als Auszubildender (w/m) übernehmen Sie <u>bei</u> uns schon früh verantwortungsvolle Aufgaben.

→ **Seite 232,** Verben mit festen Präpositionen (Übersicht)

Verantwortung übernehmen
Als Auszubildender (w/m) übernehmen Sie 💬 uns schon früh verantwortungsvolle Aufgaben. Zum Beispiel haben Auszubildende 💬
Kaufmann (w/m) 💬 Einzelhandel die Möglichkeit, bereits 💬 ihrer
Ausbildung 💬 zwei Wochen gemeinsam 💬 anderen Auszubilden-
den das komplette Tagesgeschäft einer unserer Filialen zu leiten
– 💬 der Warenbestellung 💬 die Personalplanung 💬 zum Kassen-
abschluss.

5 **Groß oder klein?** Schreibe die Sätze ab. Entscheide dabei jeweils, ob die unterstrichenen Pronomen groß- oder kleingeschrieben werden müssen, z. B.:
1. Ich bewerbe mich in <u>Ihrem</u> Unternehmen um einen Ausbildungsplatz …

→ **Seite 227,** Rechtschreibstrategie „Großschreibung von Wörtern"

1. Ich bewerbe mich in <u>IHREM</u> Unternehmen um einen Ausbildungsplatz als „Fachkraft für Lagerlogistik".
2. Aus <u>IHRER</u> Stellenanzeige habe ich erfahren, dass <u>SIE</u> motivierte junge Leute in <u>IHRER</u> Firma einstellen, die <u>IHRE</u> Fähigkeiten und <u>IHR</u> Wissen in <u>IHR</u> Unternehmen einbringen wollen.
3. Ich würde mich freuen, wenn <u>SIE</u> mich zu einem Gespräch in <u>IHRE</u> Firma einladen würden.
4. Ich freue mich, dass <u>SIE</u> meine Bewerbungsunterlagen gelesen haben und <u>SIE</u> <u>IHNEN</u> zusagen.
5. Ich weiß, dass die Tätigkeiten in <u>IHREM</u> Betrieb hohe Anforderungen stellen, bin aber überzeugt, dass ich <u>IHNEN</u> gerecht werden kann.
6. Ich habe Zeugniskopien beigefügt; <u>SIE</u> finden <u>SIE</u> in der Anlage.
7. Bei <u>IHREM</u> Angebot gefällt mir, dass <u>SIE</u> großen Wert auf Teamarbeit und Fairness legen.
8. Ich habe in <u>IHRER</u> Firma bereits ein Praktikum absolviert. Die Arbeit in <u>IHREM</u> Labor hat mir viel Spaß gemacht.
9. <u>SIE</u> haben mir mitgeteilt, dass ich <u>IHNEN</u> den ausgefüllten Antrag zuschicken soll. Ich sende <u>IHN</u> <u>IHNEN</u> in der Anlage zu.

Wörter mit Rechtschreibbesonderheiten

8 Rein in die Praxis!

Wer ein Betriebspraktikum oder sogar mehrere Praktika absolviert hat, kann besser einschätzen, was im Berufsleben auf ihn zukommt. Bei einer Bewerbung um einen Ausbildungsplatz sind Praktika ein großes Plus für die Bewerberin oder den Bewerber, denn Ausbildungsbetriebe können daran erkennen, dass sich die Bewerber bereits damit auseinandergesetzt haben, welche Berufe zu ihnen passen könnten.

Mein Betriebspraktikum
Isabel Schellin

bei Herrn Dr. Wolfgang Stüwe
Facharzt für Chirurgie,
Unfallchirurgie

Inhalt:
1. Bewerbungsschreiben
2. Mein „Steckbrief"
3. Das erwarte ich von meinem Praktikum
4. Die Erwartungen meines Betriebes
5. Hinweise des Gesundheitsamtes
6. Tagesablauf als Schülerin/Praktikantin
7. Praktikumstagebuch vom 30.05. bis 10.06.20..
8. Berufstypischer Arbeitsvorgang: Das Anlegen einer Schiene
9. Sicherheitsvorkehrungen am Arbeitsplatz
10. Ausbildungsplan
11. Fragebogen nach Beendigung des Praktikums
12. Abschlussbericht

Meine Praktikumsmappe

Sinan Aladağ
Als Kfz-Mechaniker im Meisterbetrieb

Inhaltsverzeichnis   Seite

1	Angaben zum Praktikum	1
2	Sicherheitskennzeichen am Arbeitsplatz	2
3	Tagesberichte	3
4	Berufstypische Arbeitsvorgänge	8
4.1	Reifen montieren	8
4.2	Zahnriemen wechseln	9
5	Routineaufgaben des Betriebes	10
5.1	Große Inspektion und kleine Inspektion	11
5.2	Urlaubs-Check	12
5.3	Winter-Check und Sommer-Check	13
6	Schüler/Praktikant	14
6.1	Tagesablauf als Schüler	14
6.2	Als Praktikant in einem Handwerksbetrieb	15
7	Ausbildungsplan	16
8	Fragebogen nach Beendigung des Praktikums	18
9	Abschlussbericht	20

→ Seite 72 ff., Portfolio

1 Du hast bereits unterschiedliche Sammelmappen kennen gelernt. Hier sind zwei unterschiedliche Praktikumsmappen abgebildet. Vergleiche die Deckblätter und die Inhaltsverzeichnisse miteinander:
– Welche Berufe haben die Praktikanten kennen gelernt?
– Wie haben sie ihre Mappen angelegt: Reihenfolge, Nummerierungen, ...?

2 Tauscht euch darüber aus, wie ihr eure Praktikumsmappen gliedern und gestalten könntet.

Schreiben

Ausbildungspläne analysieren

1 Diesen Auszug aus dem Ausbildungsplan hat ein Praktikant in seinem Praktikumsbetrieb erhalten. Suche wichtige Informationen heraus und notiere:
- wie lange die Ausbildung dauert,
- warum eine Zwischenprüfung durchgeführt wird,
- welche Schwerpunkte die Ausbildung umfasst,
- welche Betriebe Kfz-Mechatroniker/innen ausbilden,
- wie hoch die Ausbildungsvergütung in den einzelnen Ausbildungsjahren ist.

→ Seite 240, Arbeitstechnik „Einen Sachtext lesen und verstehen"

Berufskurzinformation – Kfz-Mechatroniker/-Mechatronikerin

Ausbildung

Kfz-Mechatroniker/in ist ein anerkannter Ausbildungsberuf nach dem Berufsausbildungsgesetz (BBiG).

Dauer: Die Ausbildung dauert 3 ½ Jahre.

Zwischenprüfung: Zur Ermittlung des Ausbildungsstandes wird nach dem 2. Ausbildungsjahr eine Zwischenprüfung durchgeführt.

Ausbildungsberufsbild: Gegenstand der Ausbildung sind Fähigkeiten und Kenntnisse aus den Bereichen
- Arbeitsrecht, Sicherheit und Umweltschutz,
- Planen und Steuern von Arbeitsabläufen,
- Messen und Prüfen,
- Montieren und Demontieren sowie Instandhalten mechatronischer Systeme.

Vergütung: Kfz-Mechatroniker/innen werden in Betrieben, die der Handwerkskammer angehören, ausgebildet und erhalten von den Unternehmen eine monatliche, tariflich festgelegte Ausbildungsvergütung:

1. Ausbildungsjahr	2. Ausbildungsjahr	3. Ausbildungsjahr	4. Ausbildungsjahr
422,18 €	479,75 €	556,51 €	594,89 €

8 Rein in die Praxis!

2 Übertrage die Informationen aus dem folgenden Text in eine Tabelle, orientiere dich dabei an den Berufskurzinformationen zum Kfz-Mechatroniker/zur Kfz-Mechatronikerin auf Seite 99, z. B.:

> **Berufskurzinformation – Medizinische/r Fachangestellte/r**
> Ausbildung
> Der Beruf der/des …
> Dauer
> …

→ **Seite 240,** Arbeitstechnik „Einen Sachtext lesen und verstehen"

Berufskurzinformation: Ausbildung zur/zum Medizinischen Fachangestellten

Der Beruf der/des Medizinischen Fachangestellten ist ein anerkannter Ausbildungsberuf nach dem Berufsbildungsgesetz. Der Grundberuf wird ohne Fachrichtung und Schwerpunkte angeboten. Um den Beruf erlernen zu können, benötigt man mindestens einen Hauptschul-, besser aber einen Realschulabschluss.

Während der Ausbildung müssen verschiedene Kenntnisse und Fertigkeiten erworben werden:

– Die Medizinischen Fachangestellten betreuen die Patienten.
– Sie assistieren dem Arzt bei Untersuchungen und kleinen Behandlungen sowie bei kleinen Eingriffen am Patienten. Wenn notwendig, wiegen und messen sie die Patienten, legen Verbände an, bereiten Spritzen vor oder nehmen Blut für Laboruntersuchungen ab.
– Ebenso gehört zu ihren Aufgaben das Bedienen und Pflegen medizinischer Geräte und Instrumente.
– Sie organisieren aber auch in Absprache mit dem Arzt den Praxisablauf und erledigen Verwaltungs- und Abrechnungsarbeiten.

Die Ausbildung dauert drei Jahre.

Als Vergütung erhalten die Medizinischen Fachangestellten durchschnittlich im 1. Ausbildungsjahr 476,00 €, im 2. Ausbildungsjahr 516,00 € und im 3. Ausbildungsjahr 560,00 €.

Schreiben

Berufstypische Arbeitsvorgänge beschreiben

1 Lies auf den Seiten 98 und 100 nach, welche berufstypischen Tätigkeiten Isabel während ihres Praktikums kennen gelernt hat.

2 Stelle fest, wie der folgende Text aufgebaut wurde.

→ **Seite 240,** Arbeitstechnik „Einen Sachtext lesen und verstehen"

Berufstypischer Arbeitsvorgang

Thema:
Das Anlegen einer Schiene

Material:
– eine Gipsschiene (groß oder klein, je nach Verletzung verschieden)
– etwas Wasser
– Verband (meistens selbsthaftend)
– Papiertücher

Arbeitsschritte:
1. Gipsschiene auspacken und anfeuchten
2. mit Papiertüchern die Gipsschiene trocknen, aber etwas Nässe in der Schiene lassen
3. die Gipsschiene unter den verletzten Bereich legen
4. den Verband nicht zu stramm von unten nach oben wickeln
5. wenn die Schiene zu lang ist, zurechtschneiden oder umknicken
6. Verband vorsichtig andrücken

Beschreibung:
Zuerst muss man die für den Patienten passende Gipsschiene heraussuchen und sie anschließend auspacken. Danach wird die Schiene kurz in ein Wasserbecken gelegt, um sie zu durchfeuchten. Bevor sie dann …

Unfallgefahren/Besonderheiten:
Der Verband darf auf keinen Fall zu stramm angezogen werden, da sonst die Gefahr besteht, dass die Blutversorgung gestört wird.

3 Verfasse jetzt mithilfe der sechs Arbeitsschritte, die in dem Text aufgezählt werden, eine vollständige Beschreibung. So kannst du beginnen:
Zuerst sucht man die passende Gipsschiene heraus. Dabei muss man darauf achten, dass …
Danach …

→ **Seite 237,** Arbeitstechnik „Einen Vorgang beschreiben"

→ **Seite 218,** Konjunktionen, Adverbien

Berufsorientierung: Arbeitsvorgänge beschreiben; Praktikumsberichte verfassen

8 Rein in die Praxis!

Und am Ende steht ein Bericht

Am Ende eines Praktikums musst du einen Abschlussbericht schreiben. Manchmal wird zusätzlich das Ausfüllen eines Fragebogens verlangt.

1 Besprecht, welchen Nutzen die Praktikanten, die Schule und der Betrieb aus den Angaben eines solchen Fragebogens ziehen können.

Name: _____   **Praktikumsplatz:** _____

1. Welchen Beruf konntest du kennen lernen:
   _____
   _____

2. Welche anderen Berufe hast du kennen gelernt?
   _____
   _____

3. Fiel dir die Umstellung von der Schule auf das Arbeitsleben schwer? ☐ ja ☐ nein
   Wenn ja: Woran lag das?
   _____
   _____

4. Wurde bei der Praktikumsvorbereitung alles ausreichend berücksichtigt? ☐ ja ☐ nein
   Wenn nein: Auf welche wichtigen Dinge hättest du dich besser vorbereiten sollen?
   _____
   _____

5. Entsprach das Praktikum deinen Erwartungen?
   ☐ ja ☐ zum Teil ☐ nein
   Wenn zum Teil oder nein: Was hast du dir anders vorgestellt?
   _____
   _____

6. Hast du bei deinem Praktikum bemerkt, dass in deinem Schulwissen noch Lücken bestehen, die du unbedingt füllen musst?
   ☐ ja ☐ nein
   Wenn ja: Welche?
   _____
   _____

7. Würdest du deinen Praktikumsberuf nach deinen Erfahrungen in die engere Berufswahl ziehen?
   ☐ ja ☐ nein
   Wenn ja: Hast du im Hinblick auf deine Ausbildung in deinem Praktikumsbetrieb schon Vorgespräche geführt? ☐ ja ☐ nein
   Wenn ja: Welche?
   _____
   _____

8. Wie beurteilst du die Betreuung durch die Schule?
   _____
   _____

9. Bist du – insgesamt gesehen – mit dem Ablauf deines Praktikums zufrieden? Welche Verbesserungsvorschläge hast du, was hätte anders sein können bzw. müssen?
   _____
   _____

10. Was konntest du gut? Was hast du sonst noch festgestellt?
    _____
    _____

Schreiben

2 Tragt zusammen, welche Informationen ein Abschlussbericht eurer Meinung nach enthalten sollte, z. B.:
- Name, Zeitraum …
- Beruf, den man kennen lernen konnte, …
- …

Abschlussbericht

Die Gerhart-Hauptmann-Schule in Köln organisierte für alle Schülerinnen und Schüler der Klassen 9 vom 09.05. bis 20.05.2012 ein Betriebspraktikum. Ich führte mein Praktikum in der chirurgischen Praxis von Herrn Dr. Stüwe durch.

5 Während dieser Zeit lernte ich den Beruf der Medizinischen Fachangestellten genauer kennen. Der Arzt und die Mitarbeiter bemühten sich sehr, mir alle Arbeiten, die in diesem Beruf verlangt werden, zu zeigen. Viele Tätigkeiten durfte ich auch unter Anleitung selbst ausführen, z. B. Anmeldungen entgegennehmen, Geräte zurei-
10 chen, Geräte säubern u. v. m. Damit hatte ich nicht gerechnet, da ich geglaubt hatte, lediglich den anderen zusehen zu dürfen.
Die ersten Arbeitstage fielen mir doch recht schwer, denn es war für mich ungewohnt, so lange ohne Pause auf den Beinen zu sein. Aber nach einigen Tagen hatte ich mich daran gewöhnt.
15 Auch hatte ich zuerst Mühe, mich immer wieder zu konzentrieren:
- Man muss den Patienten gegenüber stets freundlich sein und sich ihre Wünsche geduldig anhören.
- Beim Ausfüllen der Karteien dürfen keine Fehler unterlaufen usw. Doch die anderen Mitarbeiter unterstützten mich zu jeder Zeit.
20 Insgesamt gefiel mir das Praktikum sehr gut und ich kann mir jetzt vorstellen, den Beruf einer Medizinischen Fachangestellten zu erlernen. Im Abschlussgespräch bestärkte mich Dr. Stüwe auch in diesem Vorhaben.

Isabel Schellin

Online-Link
Hörverstehen
313275-0105

3 Besprecht, wie ein Abschlussbericht aufgebaut werden muss, z. B.:
- Einleitung: Name der Schule des Praktikanten, …
- Hauptteil: Die Tätigkeiten …
- …

Orientiert euch dabei an dem Bericht von Isabel.

4 EXTRA Schreibe einen Abschlussbericht zu deinem Praktikum.

→ **Seite 240,** Arbeitstechnik „Einen Sachtext lesen und verstehen"

→ **Seite 237,** Arbeitstechnik „Einen Bericht schreiben"

Berufsorientierung: Arbeitsvorgänge beschreiben; Praktikumsberichte verfassen

8 Rein in die Praxis!

Praktikumserfahrungen

1 Überfliege den Praktikumsbericht einer Schülerin und beantworte die W-Fragen (Wer? Was? Wann? Wo? Warum?).

Online-Link
Hörverstehen
313275-0106

Abschlussbericht

Weil ich mich sehr für Kunst, Kultur und Bildung interessiere, hatte ich mich zuerst um ein Praktikum in unserer Buchhandlung bemüht, aber keine Stelle bekommen, da ich mit meiner Bewerbung zu spät gekommen war. Dann habe ich mich um ein Praktikum in unserem Stadttheater be-
5 worben. Leider wurde hier gerade kein Schülerpraktikum angeboten.
Seit einiger Zeit habe ich auch mit dem Gedanken gespielt, vielleicht Lehrerin zu werden. Deshalb entschied ich mich dann für ein Praktikum in der Vorschulklasse der 12. Grundschule am Rain, um zu prüfen, ob ich für diesen Beruf geeignet bin.
10 Dieses Praktikum habe ich vom 28.5. bis 19.6.2011 absolviert. Gleich am ersten Tag hatte ich mit der Schulleiterin ein Einführungsgespräch, in dem ich wichtige Informationen sowohl über die Schule als auch über die Praktikumsorganisation erhielt:
Die Schule war 1976 gegründet worden. Zurzeit wird sie von 515 Schü-
15 lerinnen und Schülern besucht. An ihr unterrichten 28 Lehrerinnen und Lehrer, drei von ihnen sind noch Referendare.
Ich erhielt die Aufgabe, die Vorklassenleiterin bei der Betreuung und Beaufsichtigung von Kindern einer Vorschulklasse zu unterstützen. Meine Arbeitszeit begann täglich um 7.30 Uhr und endete um 13.30 Uhr. Manch-
20 mal blieb ich aber freiwillig auch noch eine halbe Stunde länger in der Schule. Die Vorschulklasse wurde von 19 Kindern – 13 Jungen und 6 Mädchen – besucht. Sieben Kinder hatten einen Migrationshintergrund. Diese hatten – bis auf eine Ausnahme – auch nicht mehr sprachliche Probleme als manche deutsche Kinder.
25 Ich habe nach einem festen Wochenplan mit den Kindern gearbeitet: Ich habe mit ihnen gebastelt, geschrieben und mit ihnen malen geübt, mit ihnen gesungen, gespielt und ihnen ganz viel vorgelesen. An zwei Tagen haben wir eine längere „Exkursion" durch die Stadt gemacht. Ich war sehr erstaunt, wie wissbegierig die Kinder in diesem Alter schon sind. Sie haben
30 manchmal Fragen gestellt, die ich auch nicht sofort beantworten konnte. Dann fanden sie es gut, wenn ich zugab, dass ich mich selbst erst informieren müsse.
Vom ersten Arbeitstag an haben mich die Kinder als jemanden anerkannt, auf den sie hören müssen, dem sie vertrauen wollen und von dem sie auch
35 Gerechtigkeit erwarten. Die Kinder waren immer sehr um meine Sympathie bemüht. Das hat mich manchmal richtig stolz gemacht!

Bei den Beschäftigungen ist mir aufgefallen, dass sich Kinder dieses Alters nur sehr kurze Zeit auf eine Sache konzentrieren können. Man muss sich also ständig etwas Neues einfallen lassen, damit sie interessiert und aufmerksam sind. Sonst war es mit dem „Gehorchen" vorbei. Das war zeitweise, besonders am Anfang des Praktikums, anstrengender, als ich es mir vorgestellt hatte. Auch nicht jede Beschäftigung ist mir voll geglückt, da musste erst die Vorklassenleiterin einschreiten, um wieder Ruhe und Ordnung herzustellen.

Mit den Lehrern der Schule habe ich oft über den Lehrerberuf gesprochen. Die meisten Lehrer meinten, dass der Beruf zwar sehr anstrengend sei, aber dafür auch viel Abwechslung biete. In der Grundschule sehe man die Ergebnisse der Arbeit, die Lernfortschritte ganz deutlich. Das gebe ein Gefühl der Befriedigung.

Dabei tauchte auch die Frage auf, wie angesehen der Lehrerberuf heute in der Öffentlichkeit ist. Manche Lehrer waren sehr enttäuscht, dass die großen Anstrengungen, die in diesem Beruf notwendig sind, in den Medien manchmal nicht genügend gewürdigt werden. Manchmal heißt es sogar, Lehrer seien Faulpelze. Solche Aussagen sind falsch und beeinträchtigen die Arbeitsfreude sehr.

Eine Beobachtung will ich allerdings auch nicht verschweigen: Völlig überrascht hat mich die Gewaltbereitschaft, die Aggressivität und Brutalität unter Schülern der 4. Klassen während der Hofpausen. Einige Male musste ich zusehen, wie Schüler voller Wut aufeinander losgingen und dass sie nur schwer wieder getrennt und beruhigt werden konnten. In solchen Momenten hat mir der Lehrerberuf überhaupt nicht gefallen, weil ich mich ziemlich hilflos gefühlt habe.

Insgesamt hat mir das Praktikum in der Vorschulklasse sehr viel gegeben. Ich sehe jetzt viel besser die schönen und weniger angenehmen Seiten des Lehrerberufes. Ich kann auch meinen Berufswunsch viel besser einordnen. Deshalb würde ich mich freuen, wenn ich im nächsten Schuljahr wieder ein ähnliches Praktikum machen und meine Erfahrungen vertiefen könnte.

Anne Meyer

2 Lies den Bericht nun genau und gib jedem Abschnitt eine Überschrift, z. B.: 1. Zeilen 1 bis 9: Gründe für die Wahl des Praktikumsplatzes, …

→ Seite 240, Arbeitstechnik „Einen Sachtext lesen und verstehen"

3 Fasse den Inhalt des Berichts mit eigenen Worten zusammen.

4 Das Praktikum in der Vorschule sei für sie sehr wichtig gewesen, schreibt die Schülerin, weil sie nun ihren Berufswunsch besser einordnen könne (Zeile 63 ff.). Schreibe auf, wie du die Aussage verstehst.

8 Rein in die Praxis!

Arbeitsschutz muss sein

→ Seite 225 f., zusammengesetzte Sätze; Zeichensetzung

1 Lies den ersten Teil des Textes zur Geschichte des Arbeitsschutzes. Die Reihenfolge der Sätze stimmt hier jedoch nicht. Stelle fest, in welcher Reihenfolge sie stehen müssen. Dabei helfen dir die folgenden Satzmuster:

1. **NS**, **HS**.   2. **HS**, **NS**.   3. **NS**, **NS**, **HS**.   4. **HS**.   5. **HS**, **NS**, **HS**.

Schreibe so: *Der erste Satz des Textes ist dem Satzmuster HS, NS, HS zuzuordnen, also steht er an 5. Stelle.*

150 Jahre Arbeitsschutz in Deutschland

1. Das Jahr 1839, als der preußische König die erste staatliche Regelung zur Begrenzung der Kinderarbeit erlassen hatte, war die Geburtsstunde des staatlichen Arbeitsschutzes in Deutschland. **2.** Dass die Industrialisierung nicht nur Fortschritte und Arbeitsplätze mit sich brachte, sondern die arbeitenden Menschen auch gefährdete, konnte bald nicht mehr übersehen werden. **3.** Staatliche Regelungen waren deshalb unumgänglich. **4.** Am Anfang des 19. Jahrhunderts begann auch in Deutschland die Industrialisierung, die dann in der zweiten Hälfte jenes Jahrhunderts ihren Höhepunkt erreichte. **5.** Damit wir den Arbeitsschutz und seine Bedeutung besser beurteilen können, müssen wir kurz in die Vergangenheit unseres Landes zurückschauen.

Online-Link
Hörverstehen
313275-0108

→ Seite 240, Arbeitstechnik „Einen Sachtext lesen und verstehen"

2 Im zweiten Abschnitt des Textes stehen die Sätze in der richtigen Reihenfolge, aber ohne Kommas. Finde die Satzmuster und schreibe sie mit den Kommas auf, z. B.:

6. **HS**, **NS**.

6. Die staatlichen Arbeitsschutzvorschriften wurden seither ständig fortentwickelt obwohl es zunächst nur langsam voranging. **7.** Die Gewerbeaufsicht sollte die Arbeitsunfälle verhüten sie konnte aber nur einen Teil der Probleme lösen. **8.** Wenn ein Arbeiter bei einem Unfall zu Schaden kam blieb er meist unversorgt obwohl er Anspruch auf Schadensersatz hatte. **9.** Dass die Arbeitgeber Beiträge in eine gesetzliche Unfallversicherung einzahlen mussten legte das Unfallversicherungsgesetz im Rahmen der Bismarckschen Sozialgesetzgebung 1884 fest. **10.** Seitdem sorgen Berufsgenossenschaften Fachkräfte für Arbeitssicherheit Technische Überwachungsvereine und auch die gewählten Betriebsräte dafür dass die Arbeitsschutzvorschriften in den Betrieben in Deutschland eingehalten werden.

Rechtschreibung, Grammatik, Sprachbetrachtung

Lärm kann krank machen

1 Überlege, welche der folgenden Haupt- und Nebensätze zusammengehören. Verbinde sie zu Satzgefügen. Unterstreiche im Nebensatz jeweils das Einleitewort und die gebeugte Verbform, z. B.:

4. a) Lärmschutz ist nötig, <u>damit</u> durch Lärm keine Schädigung oder Beeinträchtigung der Gesundheit <u>entsteht</u>.

→ **Seite 225 f.,** zusammengesetzte Sätze (Hauptsatz, Nebensatz, Satzgefüge)

1. Der Mensch kann unterschiedlich hohe und tiefe Töne und Geräusche hören.
2. Schall bezeichnet man als Lärm.
3. Neben dem hörbaren Frequenzbereich spricht man beim Menschen von einem wahrnehmbaren Intensitätsbereich.
4. Lärmschutz ist nötig.
5. Schallsignale sind Schwingungen der Luftmoleküle.

a) damit durch Lärm keine Schädigung oder Beeinträchtigung der Gesundheit entsteht.
b) die die von der Quelle erzeugten Schwingungen zum Ohr des Hörers transportieren.
c) wenn er stört, beeinträchtigt oder schädigt.
d) wenn die Schwingungen pro Sekunde zwischen 20 Hz und 20.000 Hz liegen.
e) der von der Hörschwelle bis zur Schmerzschwelle reicht.

2 In den folgenden Sätzen fehlen Einleitewörter. Ergänze passende Wörter und schreibe die vollständigen Sätze auf. Achte auf die Kommasetzung.

während – damit – da – als – weil – dass – denn – nachdem – wo – bevor – das – wenn – obwohl – bis – der – die

1. Lärm schädigt 💬 im Innenohr die empfindlichen Sinneszellen zerstört werden. (1 Komma)
2. Die Hörminderung oder der Gehörschaden beginnt ganz langsam und wird in der Regel erst dann bemerkt 💬 es zu spät ist und schon ein beträchtlicher Schaden vorliegt. (1 Komma)
3. Die Lautstärke 💬 in dB[1] gemessen wird sollte 75 dB über einen längeren Zeitraum nicht überschreiten. (2 Kommas)

3 ᴱˣᵀᴿᴬ Informiere dich über die Möglichkeiten des Lärmschutzes.

[1] dB: Dezibel ist die Maßeinheit für die Lautstärke

Online-Link zum Thema „Lärmschutz"
313275-0109

8 Rein in die Praxis!

Unsichtbare Gefahren

Ziemlich clever

Als Igor an diesem Nachmittag aus der Schule kam, wusste er, dass es heute kein Entrinnen gab. Er musste den Auftrag seiner Mutter ausführen und den Zaun streichen, obwohl das Wetter besonders schön und sonnig war. Ihm kam die zündende Idee, während er darüber nachdachte, an welches
5 bekannte Buch der Auftrag seiner Mutter ihn erinnerte. Wenn er Vaters alte Spritzpistole benutzte, war der Zaun im Nu „gestrichen". Nachdem er die übel riechende dunkelbraune Flüssigkeit in den Spritzbehälter eingefüllt hatte, begann er den Zaun und die nähere Umgebung einzunebeln. Bald sah der Zaun aus, als ob er nagelneu errichtet sei. Und es störte Igor
10 eigentlich nur wenig, dass er seine Hände, sein Gesicht und seine gesamte Arbeitskleidung „mitgestrichen" hatte. Der Spätnachmittag war gerettet, wenn er seine Freundin noch im Schwimmbad treffen konnte.
Doch daraus wurde nichts, als er sich im Badezimmer wusch und sein Gesicht im Spiegel sah. Die Haut war rot angelaufen und die Augen waren
15 zugeschwollen.

1 Besprecht, warum Igors Körper so reagiert hat und was er falsch gemacht hat.

→ **Seite 225,** zusammengesetzte Sätze; Nebensätze

2 Der Text enthält zehn Nebensätze, die mit einer Konjunktion eingeleitet werden. Ordne diese Nebensätze in eine Tabelle ein, z. B.:

→ **Seite 218,** Konjunktionen

→ **Seite 225,** Konjunktionalsätze

	Nebensätze	
Einleitewort Konjunktion	übrige Satzglieder	finite/gebeugte Verbform
Als	Igor an diesem Nachmittag aus der Schule	kam

> **Merke**
>
> Nebensätze, die mit einer Konjunktion beginnen, nennt man **Konjunktionalsätze**. Konjunktionen sind: *als, wenn, dass, obwohl, während, nachdem, damit, bevor, bis, weil.*

Rechtschreibung, Grammatik, Sprachbetrachtung

3 Der folgende Text enthält zehn Relativsätze. Schreibe jeweils das Nomen heraus, auf welches sich das Relativpronomen bezieht. Schreibe auch die finite Verbform auf, z. B.:

→ **Seite 226,** Relativsätze

Nomen	Relativpronomen	finite/gebeugte Verbform
Menschen	die	wischen

Staub ist immer dabei

Jeden Tag werden Millionen von Menschen, die Staub wischen, auf unserem Planeten aktiv. Denn an jedem Tag gibt es neuen Staub, der natürlich oder künstlich entstanden ist.
Es gibt Staub, der in der Luft als Feinstaub allgegenwärtig ist, und es gibt
5 Sandstaub, der vom Wind aufgewirbelt zu einer anderen Stelle transportiert wird. Aber es gibt auch Staub, der bei der mechanischen Bearbeitung von Werkstoffen erzeugt wird. Und es gibt witzigerweise sogar den Staub, der bei der Herstellung von Staubsaugern entsteht.
Staub entsteht immer und überall: der Staub des Gesteins, das gebohrt
10 wird, des Metalls, das geschliffen oder gefräst wird, des Holzes, das gesägt wird, der Baumwolle, die verarbeitet wird.

> **Merke**
>
> Nebensätze, die mit einem Relativpronomen beginnen, nennt man **Relativsätze**. Relativpronomen sind: *der, die, das, dem, den, …*
> *welche, welcher, welches, welchen, …*

4 EXTRA Erkläre die folgenden Piktogramme, z. B.:
Das erste Piktogramm warnt davor, dass giftige Stoffe …

Online-Link
zum Thema „Arbeitsschutz"
313275-0111

8 Rein in die Praxis!

Haltung bewahren

1 Stelle fest, worum es in dem folgenden Text geht.

Die richtige Haltung

Das Greifen, Hantieren, Formen und Gestalten waren vermutlich die Gründe für das Lebewesen Mensch, dass es sich vor hunderttausend Jahren auf die Hinterbeine stellte. Mit seinen freien Händen konnte der „homo erectus" alles mit nach Hause nehmen, damit er es dort weiter
5 bearbeiten konnte. Es hat dem Menschen aber nicht nur Vorteile gebracht, dass er aufrecht geht. Vor allem das biegsame Rückgrat wurde durch diese Veränderung erheblich belastet. In vielen Berufen ist eine dauerhaft unnatürliche und vorgebeugte Körperhaltung vorherrschend, damit die nötigen Arbeiten ausgeführt werden können. Es ist deshalb wichtig, dass
10 man während der Arbeit auf eine richtige und abwechslungsreiche Körperhaltung achtet, damit schwerwiegende Folgen für die Wirbelsäule und Muskelverhärtungen vermieden werden.

Online-Link zum Thema „Entwicklung des Menschen" 313275-0112

→ **Seite 139, 226, Infinitivgruppen**

2 Der Text enthält sechs Konjunktionalsätze. Sie werden mit den Konjunktionen **dass** bzw. **damit** eingeleitet. Suche diese Sätze heraus und forme sie in Sätze mit erweitertem Infinitiv mit „zu" um, z. B.:

Das Greifen, Hantieren, Formen und Gestalten waren vermutlich die Gründe für das Lebewesen Mensch, dass es sich vor hunderttausend Jahren auf die Hinterbeine stellte. → Das Greifen, Hantieren, Formen und Gestalten waren vermutlich die Gründe für das Lebewesen Mensch, sich vor hunderttausend Jahren auf die Hinterbeine zu stellen.

3 Besprecht: Was geschieht beim Umformen der Konjunktionalsätze mit dem Einleitewort, dem Subjekt und dem Prädikat?

TIPP! Manchmal spricht man – neben Infinitivsätzen – auch von Infinitivgruppen.

> **Merke**
>
> **Infinitivsätze** werden vom Hauptsatz durch Komma getrennt,
> – wenn sie mit **um, ohne, statt, anstatt, außer, als** eingeleitet werden,
> – wenn sie von einem Nomen abhängig sind (Mein Wunsch, dich zu sehen, ging in Erfüllung.)
> – wenn sie von einem Verweiswort abhängen (Ich freue mich darauf, dich zu sehen.)
> – um Missverständnissen vorzubeugen.

Rechtschreibung, Grammatik, Sprachbetrachtung

4 Suche aus dem Text alle Textstellen mit direkter/wörtlicher Rede heraus. Wandle sie in die indirekte Rede um, z. B.:

→ **Seite 60 ff., 222, indirekte Rede**

Die ganze Zeit hatte sie darüber gegrübelt: „Wie kam es dazu?" → Die ganze Zeit hatte sie darüber gegrübelt, wie es dazu kam.

Heben will gelernt sein

Mehrere Tage war Ludmillas Vater nicht in der Lage, sich zu bewegen. Die ganze Zeit hatte sie gegrübelt: „Wie kam es dazu?"
Mit schmerzverzerrtem Gesicht war ihr Vater von der Kirmes nach Hause gekommen. Und als sie gefragt hatte: „Was ist passiert?", hatte er sie nur wü-
5 tend angeknurrt. Dabei war alles so einfach. Ludmillas Mutter war der Frage nachgegangen, was vorgefallen war. Erst hatte ihr Mann sich mit Freunden in Stimmung gebracht, dann hatte er sich an einem „Kraftapparat" unter dem Gelächter seiner Kumpel verhoben. In gebückter Haltung hatte er so lange am Hebel gezogen, bis ihn ein knirschendes Geräusch ernüchterte
10 und der Zeiger des Apparates auf „Kinderschreck" stehen blieb. Als der behandelnde Notarzt ihn später fragte: „Wissen Sie denn nicht, dass man bei solchen Sachen die Wirbelsäule gerade hält?", hatte er verschämt zur Seite geschaut. Als Sicherheitsberater seines Betriebes müsste er es eigentlich am besten wissen.

5 Bilde aus den folgenden Angaben Satzgefüge mit indirekten Fragesätzen, z. B.:

→ **Seite 222, 226, indirekter Fragesatz**

Es wäre interessant zu wissen, wo die Wirbelsäule besonders empfindlich ist.

Es wäre interessant zu wissen,	– Wo ist die Wirbelsäule besonders empfindlich?
	– Gehört mein Wunschberuf zu den gefährdeten Berufsgruppen?
Es ist wichtig zu klären,	– Wie kann man Schäden an der Wirbelsäule vermeiden?
	– Warum ist die Berücksichtigung der Hebelverhältnisse beim Heben wichtig?

> **Merke**
>
> Nebensätze, die durch ein Fragepronomen (*wer, was, welcher, …*), ein Fragewort (*wo, wohin, wann, wie, warum*) oder die Konjunktion **ob** eingeleitet werden, nennt man **indirekte Fragesätze**. Der indirekte Fragesatz wird durch ein Komma vom Hauptsatz abgetrennt.

Wiederholung und Vertiefung: Haupt- und Nebensätze; Zeichensetzung

Achtung, Gesundheitsgefährdung!

1 Fehlende Konjunktionen Stelle fest, welche Konjunktionen in den einzelnen Nebensätzen fehlen. Notiere sie, z. B.: (1) *obwohl*

Gesundheitsschutz

💬 (1) die Gefahren bekannt sind, haben wir vielfältigen Kontakt mit gesundheitsgefährdenden Stoffen.
Das Problem ist nämlich, 💬 (2) wir das Gefährliche an diesen Stoffen meist nicht erkennen können.
💬 (3) wir uns schützen können, muss der Hersteller auf die Wirkung und die Gefahr hinweisen.
💬 (4) wir also unbekannte Stoffe verwenden, müssen wir die Hinweise auf den Etiketten beachten.
💬 (5) das Chemikaliengesetz über den Arbeitsbereich hinaus den Gesundheitsschutz und den Umweltschutz mit einbezieht, regelt die Gefahrstoffverordnung den richtigen Umgang mit gefährlichen Stoffen am Arbeitsplatz.

2 Fehlende Kommas Schreibe den Text ab und setze dabei die fehlenden Kommas (neun). Unterstreiche dann alle Relativsätze.

Verbotene und eingeschränkte Arbeiten im Schülerpraktikum

1. Verboten sind Arbeiten die die physische Leistungsfähigkeit von Schülerinnen und Schülern übersteigen.
2. Dazu gehören Tätigkeiten bei denen schwere Lasten gehoben werden müssen.
3. Auch Tätigkeiten bei denen dauerndes Stehen erforderlich ist sind nicht gestattet.
4. Verboten sind auch Arbeiten bei denen Schülerinnen und Schüler schädlichen Einwirkungen von Strahlen und chemischen Gefahrstoffen ausgesetzt sind.
5. Arbeiten die infolge fehlender Erfahrung der Schülerinnen und Schüler mit erhöhten Unfallgefahren verbunden sind dürfen nur unter bestimmten Bedingungen durchgeführt werden.
6. Mit Tätigkeiten bei denen die Gesundheit der Arbeitenden durch große Hitze oder Kälte gefährdet wird dürfen Schülerinnen und Schüler nur eingeschränkt beschäftigt werden.

Azubis berichten

1 Wähle A oder B: Schreibe den Text ab und setze dabei die fehlenden Kommas.

A: Erfahrungsbericht von Ayse G.

Ich habe mich bei der Firma … um einen Ausbildungsplatz als Verkäuferin beworben weil das ein Unternehmen mit Zukunft ist. An meiner Ausbildung gefällt mir besonders dass meine Aufgaben sehr vielseitig sind. Meine Arbeit die ganz unterschiedliche Bereiche umfasst stellt hohe Anforderun-
5 gen an die Konzentration Stressbewältigung und körperliche Fitness. Von Anfang an bekommen wir Azubis verantwortungsvolle Aufgaben übertragen und werden schrittweise an neue Tätigkeiten herangeführt. Unser Ausbildungsleiter ist als Ansprechpartner immer vor Ort wenn Fragen auftauchen. In besonderen Ausbildungsprojekten können wir zeigen
10 was in uns steckt. In zusätzlichen Seminaren lernen wir zum Beispiel wie Waren in der Filiale ansprechend präsentiert werden können.

B: Erfahrungsbericht von Lukas B.

Bevor ich mich bei der Firma … beworben habe hatte ich mich im Berufsinformationszentrum sowie im Internet informiert. Kaufmann im Einzelhandel ist genau der Beruf den ich ausüben möchte. Ich habe vorher etwas anderes gelernt und dann festgestellt dass ich viel Freude daran habe
5 Kunden zu beraten. Ich komme gern mit Menschen in Kontakt und finde heraus wie ich ihnen weiterhelfen kann.
Deshalb habe ich mich für diese Ausbildung entschieden. Mein Job macht mir Spaß weil ich verantwortungsvolle Aufgaben erhalte. Es gefällt mir auch dass die Azubis im Unternehmen sehr gefördert werden. So durfte
10 ich beispielsweise schon mehrfach bei Bestellungen helfen den Filialleiter bei der Personalplanung unterstützen und als Ansprechpartner für Auszubildende auf der Messe agieren. Mein Ziel ist es nach der Ausbildung selbst eine Filiale zu leiten.

2 Unterstreiche in dem Text alle Hauptsätze rot, die Nebensätze blau, z. B.:

A: Ich habe mich bei der Firma … um einen Ausbildungsplatz als Verkäuferin beworben, weil das ein …

B: Bevor ich mich bei der Firma … beworben habe, hatte ich mich im Berufsinformationszentrum sowie im Internet …

→ Seite 225 f., zusammengesetzte Sätze; Zeichensetzung

TIPP!
Beachte, dass auch Aufzählungen durch Kommas abgetrennt werden.

→ Seite 229, Rechtschreibregel „Komma bei Aufzählungen"

→ Seite 225 f., zusammengesetzte Sätze; Zeichensetzung

Wiederholung und Vertiefung: Haupt- und Nebensätze; Zeichensetzung

9 Eine haarige Angelegenheit – die Erörterung

Viele Impfstoffe und viele Medikamente wurden und werden mithilfe von Tierversuchen entwickelt. Aber, ist das fair? In diesem Kapitel sollst du zu diesem Thema schriftlich diskutieren: in einer Erörterung.

1 Stimmt ab: Wer ist für, wer gegen die Durchführung von Tierversuchen?

2 Was weißt du bisher über Tierversuche? Diskutiert in der Klasse über die Notwendigkeit von Tierversuchen.

3 Betrachte das Diagramm. Benenne die Informationen, die du entnehmen kannst. Welche Rückschlüsse lassen sich ziehen?

→ Seite 240, Arbeitstechnik „Ein Diagramm auswerten und verstehen"

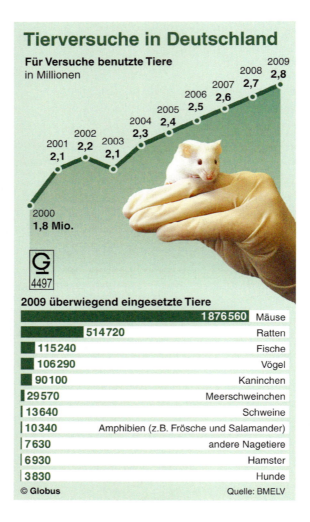

Schriftlich argumentieren; eine Erörterung schreiben

Schreiben

Gesetzte Gesetze

1 Lies den Grundgesetz-Auszug. Benenne die Aufgaben des Staates.
Artikel 20a: „Der Staat schützt auch in Verantwortung für die künftigen Generationen die natürlichen Lebensgrundlagen und die Tiere im Rahmen der verfassungsmäßigen Ordnung durch die Gesetzgebung und nach Maßgabe von Gesetz und Recht durch die vollziehende Gewalt und
5 die Rechtsprechung."

2 Erschließe den Gesetzesauszug abschnittsweise mit einem Partner/einer Partnerin. Beantwortet die Fragen: Was sind dem Gesetz nach Tierversuche? Wann dürfen sie durchgeführt werden?

> **Auszug aus dem Tierschutzgesetz (Deutschland)**
>
> (1) Tierversuche im Sinne dieses Gesetzes sind Eingriffe oder Behandlungen zu Versuchszwecken
> 1. an Tieren, wenn sie mit Schmerzen, Leiden oder Schäden für diese Tiere oder
> 2. am Erbgut von Tieren, wenn sie mit Schmerzen, Leiden oder Schäden für die
> 5   erbgutveränderten Tiere oder deren Trägertiere verbunden sein können.
>
> (2) Tierversuche dürfen nur durchgeführt werden, soweit sie zu einem der folgenden Zwecke unerlässlich sind:
> 1. Vorbeugen, Erkennen oder Behandeln von Krankheiten, Leiden, Körperschäden oder körperlichen Beschwerden oder Erkennen oder Beeinflussen physiologi-
> 10   scher Zustände oder Funktionen bei Mensch oder Tier,
> 2. Erkennen von Umweltgefährdungen,
> 3. Prüfung von Stoffen oder Produkten auf ihre Unbedenklichkeit für die Gesundheit von Mensch oder Tier oder auf ihre Wirksamkeit gegen tierische Schädlinge,
> 4. Grundlagenforschung.
> 15 Bei der Entscheidung, ob Tierversuche unerlässlich sind, ist insbesondere der jeweilige Stand der wissenschaftlichen Erkenntnisse zugrunde zu legen und zu prüfen, ob der verfolgte Zweck nicht durch andere Methoden oder Verfahren erreicht werden kann.
>
> (3) Versuche an Wirbeltieren dürfen nur durchgeführt werden, wenn die zu erwartenden Schmerzen, Leiden oder Schäden der Versuchstiere im Hinblick auf
> 20 den Versuchszweck ethisch vertretbar sind. Versuche an Wirbeltieren, die zu länger anhaltenden oder sich wiederholenden erheblichen Schmerzen oder Leiden führen, dürfen nur durchgeführt werden, wenn die angestrebten Ergebnisse vermuten lassen, dass sie für wesentliche Bedürfnisse von Mensch oder Tier einschließlich der Lösung wissenschaftlicher Probleme von hervorragender Bedeutung sein werden.
>
> 25 (4) Tierversuche zur Entwicklung oder Erprobung von Waffen, Munition und dazugehörigem Gerät sind verboten.
>
> (5) Tierversuche zur Entwicklung von Tabakerzeugnissen, Waschmitteln und Kosmetika sind grundsätzlich verboten. […]

TIPP!
Erst im Jahre 2002 wurde der Tierschutz ins Grundgesetz der Bundesrepublik Deutschland aufgenommen.

→ **Seite 241**, Arbeitstechnik „Wörter aus dem Zusammenhang erschließen"

TIPP!
Schlagt unbekannte Begriffe im Wörterbuch nach oder erklärt sie aus dem Textzusammenhang.

→ **Seite 240**, Arbeitstechnik „Einen Sachtext lesen und verstehen"

Online-Link
Hörverstehen
313275-0117

Schriftlich argumentieren; eine Erörterung schreiben

9 Eine haarige Angelegenheit – die Erörterung

Tierversuche in der Kritik

Manches spricht dafür, Tierversuche in der Forschung einzusetzen. Die Gegner von Tierversuchen vertreten jedoch die Meinung, dass die Menschen kein Recht hätten, Tiere für ihre Bedürfnisse leiden zu lassen.

→ **Seite 234,** Arbeitstechnik „Sich auf eine Diskussion vorbereiten"

1 Lies die folgenden Texte. Du findest darin ganz unterschiedliche Informationen und Meinungen rund um das Thema „Tierversuche – Fluch oder Segen?"
Ordne diese mithilfe der PMI-Methode in einer Tabelle.

Thema: Tierversuche – Fluch oder Segen?

PLUS Was spricht dafür?	**M**INUS Was spricht dagegen?	**I**NTERESSANT Was ist interessant/unklar?
…	…	…

Online-Link
Hörverstehen
313275-0118

A Ein zwiespältiges Verhältnis zum Tier

Einerseits pflegt der Mensch enge Beziehungen zu Tieren, insbesondere zu Haustieren wie Hunden, Katzen oder Pferden. Hunde helfen Blinden, retten verschüttete
5 oder ertrinkende Menschen und werden oft als beste Freunde des Menschen bezeichnet. Katzen füllen eine einsame Wohnung mit Leben und auf dem Rücken der Pferde liegt bekanntlich „das Glück der Erde". Der Mensch betrachtet seine Haustiere oft als Freunde und Teil der Familie. Andererseits sind Tiere
10 auch Nutztiere. Millionen von Schweinen, Ziegen, Schafen, Rindern und Pferden, Hühnern, Enten und Gänsen werden jährlich geschlachtet. Dass wir Menschen Tiere schlachten, um deren Fleisch zu essen, gehört zu unserer Kultur. Es gibt jedoch Menschen, die dies grundsätzlich ablehnen, weil wir nicht auf das Fleisch der Tiere
15 zwingend angewiesen sind und uns ebenso gut durch Pflanzen und Nahrungsergänzungsmittel ernähren könnten. Daneben werden jedes Jahr Tausende Tiere, meist Mäuse und Ratten, für Tierversuche verwendet. Auch mit Tierversuchen können sich nicht alle Menschen einverstanden erklären. Aber ebenso möchten alle Menschen, wenn
20 sie krank sind, die besten und sichersten Medikamente und Therapien erhalten. Ohne Tierversuche geht das nicht. Es gibt daher viele Argumente, die für und die gegen Tierversuche sprechen.

Schreiben

B Immer mehr Tiere in deutschen Laboren

Fast drei Millionen Versuchstiere • In Deutschland ist die Zahl der Versuchstiere stark gestiegen. 2010 waren es fast drei Millionen. Viele halten diese Versuche für überflüssig.

→ **Seite 241,** Arbeitstechnik „Wörter aus dem Zusammenhang erschließen"

5 BERLIN taz | Die Zahl der Tierversuche in Deutschland ist auf den höchsten Stand seit zehn Jahren gestiegen.
2,86 Millionen Versuchstiere wurden 2010 in Deutschland verwendet, wie das Bundesagrarministerium mitteilte. Damit ist die Zahl der für die Forschung und Lehre benutzten Wirbeltiere seit dem Jahr 2000 um
10 mehr als eine Million – also 56 Prozent – gestiegen. Abgesehen von 2004 wuchs die Versuchstierzahl von Jahr zu Jahr.
Die Statistik des Ministeriums zählt alle Wirbeltiere – also auch Fische und Vögel –, die für Versuche oder andere wissenschaftliche Zwecke verwendet wurden. Sie unterscheidet nicht, ob die Tiere ge-
15 tötet wurden oder überlebten.
In den neunziger Jahren waren die Versuchstierzahlen noch kontinuierlich nach unten gegangen, aber mit dem Ausbau der gentechnischen Forschung stieg auch die Zahl der verwendeten Tiere wieder. Hier gibt es allerdings auch eine große Dunkelziffer an getöteten
20 Tieren, die gar nicht von der Statistik erfasst werden. Weisen sie nämlich bei der Zucht nicht die gewünschten Gendefekte auf, die man für die Forschung benötigt, werden die Tiere getötet, ohne in die Versuchstierzahlen einzugehen.

Mäuse für die Genforschung

25 Die mit Abstand am häufigsten für Tierversuche verwendete Art sind Mäuse. 2010 wurden alleine von ihnen 1,96 Millionen Exemplare benutzt. Vor allem ihre Zahl ist in den vergangenen Jahren gewachsen, da Mäuse insbesondere für die stark expandierende Genforschung wichtig sind.
30 Genforscher züchten nicht nur Tiere mit Erbkrankheiten, die auch beim Menschen entstehen können. Vielmehr züchten die Wissenschaftler häufig auch Tiere mit Symptomen, die denen menschlicher Krankheiten lediglich ähneln. Kritiker bemängeln, dass so erlangte Forschungsergebnisse nur schwer auf den Menschen übertragbar seien.
35 „Diese Zahlen sind ein Armutszeugnis für die Politik", sagt Roman Kolar, stellvertretender Leiter der Akademie für Tierschutz des Tierschutzbunds. Von Seiten der Regierung habe es immer wieder klare Aussagen und Zielvorgaben gegeben, Tierversuche zu vermeiden. Allerdings sei weiter nichts geschehen.

Schriftlich argumentieren; eine Erörterung schreiben

9 Eine haarige Angelegenheit – die Erörterung

Online-Link
Hörverstehen
313275-0120

→ **Seite 241,** Arbeitstechnik „Wörter aus dem Zusammenhang erschließen"

Welche Erkenntnisse bringen Tierversuche?

Die Frage nach der Übertragbarkeit von Testergebnissen auf den Menschen ist der größte Streitpunkt unter Gegnern und Befürwortern
5 von Tierversuchen. So warnen Kritiker, dass Tierversuche eine falsche Sicherheit vortäuschten: Immer wieder hätten im Tierexperiment für sicher gehaltene
10 Medikamente beim Menschen schwerwiegende oder sogar tödliche Nebenwirkungen hervorgerufen. Zeigten schon Versuche bei unterschiedlichen Tierrassen oftmals gegensätzliche Ergebnisse, so sei die Übertragbarkeit auf den Menschen, der vielfältige Unterschiede zum Tier hinsichtlich Körperbau, Organfunktion und Stoffwechsel
15 aufweist, kaum gewährleistet. Darüber hinaus habe eine künstlich beim Versuchstier hervorgerufene Krankheit außer einer Reihe vergleichbarer Symptome nur wenig mit der zu erforschenden Erkrankung des Menschen zu tun, viele Aspekte der Krankheitsentstehung, etwa Umwelteinflüsse, würden außer Acht gelassen. Ergebnisse aus
20 Tierversuchen seien von rein spekulativem Wert und bedeuteten ein unkalkulierbares gesundheitliches Risiko für den Menschen. Abhängig von der Ähnlichkeit des Versuchsmodells mit den menschlichen Verhältnissen seien Tierversuche durchaus geeignet, Rückschlüsse auf den Menschen zuzulassen, behaupten dagegen
25 Befürworter. Zu siebzig bis achtzig Prozent würden im Tierversuch Wirkung und Nebenwirkungen von Arzneimitteln vor der Anwendung beim Menschen erkannt. Nach jahrzehntelanger Forschung habe sich zudem gezeigt, dass ausgesuchte Tierarten für bestimmte Fragestellungen besonders gute Übertragungswerte ergeben, zum
30 Beispiel Ratten und Kaninchen für eine keimschädigende Wirkung oder Mäuse für Gift. Tierexperimentelle Untersuchungen zur Funktionsweise des Nervensystems oder des Herz-Kreislauf-Systems sowie zur Wirkungsweise von Hormonen hätten wertvolle Ergebnisse erzielt. Und auch die Chirurgie profitiere von den Tierversuchen,
35 neue Techniken seien entwickelt und zahlreiche Operationsmethoden verfeinert worden, etwa auf dem Gebiet der Transplantationsmedizin.

Schreiben

Infektionskrankheiten früher und heute

Noch zu Beginn des letzten Jahrhunderts waren Infektionskrankheiten eine große Bedrohung für die Bevölkerung in Europa und den USA. Auch die hohe Säuglings- und Kindersterblichkeit ging vor allem auf Infektionskrankheiten zurück. Erst mit der Einführung
5 flächendeckender Impfprogramme konnte dieser Gefahr begegnet werden.
In der Tabelle wird dargestellt, in welchem Ausmaß Infektionskrankheiten nach der Einführung von Schutzimpfungen zurückgingen.

Infektionskrankheiten früher und heute (Daten aus USA)			
Krankheiten	**Jahr** (vor der Impfeinführung)	**Fälle** (im Jahr vor der Impfeinführung)	**Fälle** (im Jahr 1997)
Diphtherie	1921	206.939	5
Masern	1941	894.134	135
Mumps	1968	152.209	612
Keuchhusten	1934	265.269	5.519
Kinderlähmung (Poliomyelitis)	1952	21.269	0
Wundstarrkrampf (Tetanus)	1948	1.560	43

2 Führt erneut eine Abstimmung zum Thema „Tierversuche – Fluch oder Segen?" durch. Wenn es neue Ergebnisse gibt, begründet, warum sich eure Meinungen zu Tierversuchen verändert haben.

3 Suche zum Thema „Alternativen zu Tierversuchen" Informationsmaterial. Lege dazu eine PMI-Tabelle an.

4 EXTRA Im Jahre 2010 wurden in der Bundesrepublik Deutschland 2.860.000 Versuchstiere verwendet – ca. 25 Prozent von ihnen starben dabei. Wie viele Versuchstiere starben also durchschnittlich pro Tag?

Schriftlich argumentieren; eine Erörterung schreiben

9 Eine haarige Angelegenheit – die Erörterung

„Schlagende" Argumente – von der Streitschrift zur Erörterung

1 Mit euren PMI-Tabellen (siehe Aufgabe 1, Seite 118) seid ihr bereits gut auf eine Diskussion vorbereitet.
Vergleicht eure PMI-Tabellen in Partnerarbeit.
Ergänzt dabei Fragen und Unklarheiten sowie fehlende Informationen.

2 Führt ein schriftliches Streitgespräch zum Thema „Tierversuche – Fluch oder Segen?" durch. Benutzt dabei eure PMI-Tabellen.

1. Bildet 4-er oder 6-er Gruppen.
2. Teilt euch innerhalb der Gruppe in eine **Teilgruppe Tierversuch-Gegner** und eine **Teilgruppe Tierversuch-Befürworter.**
3. Schreibt als Teilgruppe (z. B. die Befürworter) euer erstes Argument aus der PMI-Tabelle (**P**LUS) auf ein Blatt. Gebt es der anderen Teilgruppe.
4. Schreibt nun als Teilgruppe Tierversuch-Gegner ein passendes Gegenargument (**M**INUS) aus der PMI-Tabelle auf und reicht das Blatt weiter.
5. Notiert als Tierversuch-Befürworter nun wiederum ein angemessenes Gegenargument und versucht so, das Argument der „Gegner" zu entkräften.
6. Lasst euer schriftliches Streitgespräch hin und her wandern, bis ihr eure Argumente ausgeschöpft habt. Entstanden ist eine „Streitschrift".

> + Tierversuche ermöglichen die Entwicklung neuer Medikamente.
>
> − Die Versuche mit Tieren sind nicht einfach auf den Menschen übertragbar.
>
> + Schweine, Rinder, Kaninchen, Hühner usw. sind Nutztiere, wir essen sie schließlich auch.

3 Halte vor der Klasse eine Rede als überzeugter Tierversuch-Gegner **oder** Tierversuch-Befürworter.
Ordne dabei die Argumente des „schriftlichen Streitgesprächs" nach ihrer Wichtigkeit.
Hebe dir das wichtigste Argument bis zum Schluss auf.

Schreiben

Erörtern heißt, schriftlich zu diskutieren

Eine Erörterung ist eine schriftliche Diskussion, in der verschiedene Standpunkte zu einem Sachverhalt diskutiert und durch Argumente erhärtet oder widerlegt werden. Die Argumentation ist der wesentliche Bestandteil einer Erörterung.

1 Lies die folgende Übersicht. Erkläre einem Partner/einer Partnerin, den Aufbau einer Erörterung mit deinen eigenen Worten. Beratet einander.

Eine Argumentation besteht grundsätzlich aus einer Behauptung (deine Meinung/These), einer Begründung (dem Argument) und einem passenden Beispiel.

Gliederung:	Beispiel:
Einleitung: Schreibe zunächst eine kurze Einleitung. In ihr führst du den Leser zum Thema hin und versuchst, ihn neugierig zu machen. An dieser Stelle formulierst du in Form einer Behauptung deine Meinung.	Tierversuche – Fluch oder Segen? Diese Frage kann wohl niemand richtig beantworten. Nachdem ich mich intensiv mit diesem Thema beschäftigt habe, komme ich jedoch zu der Ansicht, dass Tierversuche …
Hauptteil: Im Hauptteil schreibst du die Argumente geordnet auf. Du erreichst eine stärkere Wirkung, wenn du die überzeugendsten Argumente an den Schluss stellst. Vergiss nicht, deine Argumente mit Beispielen zu stützen.	Argument 1 + Beispiel Argument 2 + Beispiel …
Schluss: Der Schluss fasst deine Aussagen zu einem Ergebnis zusammen. Hier kannst du z. B. einen Wunsch für die Zukunft formulieren oder noch einmal deine Meinung ganz klar benennen.	Zusammenfassend kann man sagen, dass es für die Zukunft natürlich schön wäre, wenn … Allerdings überzeugen viele der oben genannten Argumente, sodass … Ich bin mir sicher: In naher Zukunft wird …

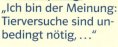

1. Behauptung:
„Ich bin der Meinung: Tierversuche sind unbedingt nötig, …"

↓

2. Begründung:
„…, weil sie zur Entwicklung neuer Medikamente und Impfstoffe nötig sind."

3. Beispiel:
„Ohne Impfungen würden heute noch Hunderttausende von Kindern an Masern erkranken oder sterben."

> **Merke**
>
> Eine **Erörterung** ist eine schriftliche Diskussion, in der du deine Meinung zu einem Thema darstellst. Dabei führst du verschiedene Argumente mit passenden Beispielen auf und kommst so zu einem begründeten persönlichen Urteil.

Schriftlich argumentieren; eine Erörterung schreiben

9   Eine haarige Angelegenheit – die Erörterung

Die lineare und die kontroverse[1] Erörterung

[1] kontrovers: umstritten, strittig, uneindeutig, fraglich

Die Entscheidung, ob du eine lineare oder eine kontroverse Erörterung verfasst, ist abhängig vom Thema: Je klarer du eine Position einnehmen kannst, desto eher wählst du die lineare Erörterung. Stellt sich das Thema als umstritten und sehr komplex heraus, sollte deine Wahl auf die kontroverse Erörterung fallen.

1 Sammelt alle Argumente und Gegenargumente zum Thema *Tierversuche – Fluch oder Segen?* an der Tafel/auf Folie. Ordnet die Argumente nach ihrer Wichtigkeit.

2 An welcher Stelle sollte das wichtigste Argument genannt werden? Begründe deine Meinung.

3 **Linear oder kontrovers** Eine Erörterung kann linear oder kontrovers aufgebaut sein. Erkläre mithilfe des Schemas den Unterschied.

lineare Erörterung   **kontroverse Erörterung**

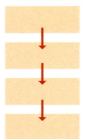   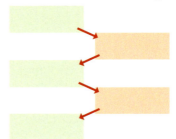

4 Schreibe nun alle Argumente von der Tafel/Folie auf Karteikarten:
– Ordne die **P**lus-Argumente für eine lineare Erörterung
– Ordne die **M**inus-Argumente für eine lineare Erörterung
Beachte dabei die Reihenfolge: wichtig → wichtiger → am wichtigsten.

5 Verfasse nun eine lineare Erörterung zum Thema *Tierversuche – Fluch oder Segen?* Beachte dabei die Gliederung. Du kannst folgende Formulierungen zu Hilfe nehmen:

Einleitung: Daraus ergibt sich die Frage … Dies führt zur Frage …

Hauptteil: Ich möchte besonders hervorheben … Außerdem … Man darf auch nicht übersehen … Entscheidend ist, dass … Ebenfalls sollte … Weitaus wichtiger ist jedoch …

Schluss: Daher bin ich der Auffassung … Meiner Einschätzung nach … Zusammenfassend komme ich zu dem Schluss …

Schreiben

> **Arbeitstechnik**
>
> **Eine Erörterung schreiben**
> 1. Überlege zunächst: Welches Problem/welche Fragestellung enthält das Thema?
> 2. Beschaffe dir Informationen zum Thema, werte die Materialien aus.
> 3. Lege eine PMI-Tabelle an.
> 4. Entscheide dich für einen Standpunkt. Sammle Argumente dafür und ordne sie nach ihrer Wichtigkeit.
> 5. Bedenke, welche Gegenargumente andere zum Thema vorbringen könnten.
> 6. Entscheide dich für eine Form der Erörterung:
>   – für die lineare, wenn dein Standpunkt klar ist und du ihn begründen kannst;
>   – für die kontroverse, wenn das Thema strittig ist und du Argumente und Gegenargumente gegenüberstellen willst.
> 7. Schreibe die Erörterung:
>   – Führe in der Einleitung zum Thema hin.
>   – Gestalte im Hauptteil deine Argumente aus und achte darauf, diese sprachlich gut miteinander zu verknüpfen.
>   – Äußere am Schluss deine persönliche Meinung zum Thema oder formuliere eine Schlussfolgerung. Du kannst auch eine Frage aus der Einleitung aufgreifen und beantworten.

6 Verfasse eine kontroverse Erörterung. Du kannst folgende Formulierungshilfen nutzen:

Einleitung: Natürlich ist mir bewusst, dass … Ich möchte untersuchen … Daher ergibt sich die Frage …
Hauptteil: Einerseits …, andererseits … Außerdem … Allerdings … Ein weiteres Argument dafür/dagegen ist, … Ebenfalls … Darüber hinaus … Man darf jedoch nicht übersehen, dass …
Schluss: Demnach … Zusammenfassend … Mich überzeugen am stärksten die Gründe … Ich komme zu dem Schluss … Nach Betrachtung aller Argumente … Folglich …

> **TIPP!**
> Beachte die Gliederung und die besondere Anordnung der Argumente und Gegenargumente.

7 Entscheide: Schreibst du zu folgenden Themen eine lineare oder eine kontroverse Erörterung?
Zeugnisse für Lehrer – Kampfhunde: Haustier oder Waffe? – Verbot von Glasflaschen bei Großveranstaltungen – Zigaretten für Kinder und Jugendliche

Schriftlich argumentieren; eine Erörterung schreiben

9 Eine haarige Angelegenheit – die Erörterung

Sekundarschule – die ideale Schule?

Eine Jugendzeitschrift forderte ihre Leser auf, über die Gründung von Sekundarschulen zu diskutieren. In Sekundarschulen werden Schüler und Schülerinnen der Klassen 5–10 gemeinsam unterrichtet; pro Jahrgang in mindestens drei Klassen, pro Klasse mit mindestens 25 Schülerinnen und Schülern. Die Sekundarschule bereitet sowohl auf die berufliche Ausbildung als auch das Abitur vor.

1 Lies die Leserbriefe aufmerksam. Verschaffe dir so einen ersten Überblick über das Meinungsbild.

Ich bin gegen ein Schule für alle. Man merkt doch recht schnell, wer mitkommt und wer nicht. Und dann ist für die guten wie auch für die schwächeren Schüler das gemeinsame Lernen eine Qual. *Stephan, 15*

Ich finde die neue Schulform sehr gut, weil man so mit vielen Freunden aus der Grundschule auf dieselbe Schule gehen kann. Als ich von der Grundschule kam, habe ich meiner alten Klasse ein halbes Jahr nachgetrauert. Aber wenn man zusammenbleiben könnte, dann wäre der Wechsel auf die neue Schule viel einfacher. *Sina, 13*

Ich finde die Idee genial! Ich war in der 5. und 6. Klasse ziemlich schlecht. Aber vor kurzem hat es „klick" gemacht. Auf einer Sekundarschule hätten vor allem die Spätzünder die Chance auf einen tollen Schulabschluss. *Melanie, 15*

Ich besuche eine Gesamtschule, in der alle gemeinsam bis zur Klasse 10 lernen und ich befürworte das Prinzip. Ich habe selbst mitbekommen, dass sich Mitschüler stark verbessern konnten. Ich fände es schade, wenn jemand einen Schulabschluss nicht erreichen kann, bloß weil die Schule ihn nicht anbietet. *Aurelia, 16*

Ich finde den Vorschlag nicht so toll. Wenn man mit seinen Schulkameraden nicht so gut auskommt, ändert der Wechsel auf die Sekundarschule nichts. Ich bin jetzt in der 4. Klasse und froh, dass ich in der 5. Klasse an eine neue Schule komme, wo ich mit anderen Kindern zusammen sein kann. *Sebastian, 9*

Ich fänd' es blöd, wenn man Sekundarschulen hätte, weil die „schlechten" Schüler die „guten" dann sicherlich „Streber" nennen oder sie mobben würden. *Julia, 14*

Schreiben

EXTRA

> Ich finde den Vorschlag gut, denn ich glaube nicht, dass Viertklässler schon wissen, was von ihren Leistungen abhängt und wie wichtig sie für das spätere Leben sind. Deshalb finde ich es ungerecht, sie dann schon in „gut" oder „schlecht" einzuteilen.
> *Kelmend, 15*

> Ich finde den Vorschlag nicht so gut: Wenn man das Abitur machen will, muss man in den letzten drei Jahren total viel lernen. Außerdem ist es schwierig, in einer Klasse zu lernen, in der manche vom Stoff gar nichts kapieren, während sich die anderen langweilen. Das fand ich schon in der Grundschule blöd.
> *Murat, 16*

> Ich finde den Vorschlag sehr gut. Meiner Meinung nach werden Kinder am Ende der 4. Klasse ganz oft der falschen Schule zugeordnet und bleiben dann dort, auch wenn sie mehr erreichen könnten. Wenn eine Schule die Kinder auf alle Schulabschlüsse der Klasse 10 oder sogar das Abitur vorbereiten kann, dann hat jedes Kind die Chance auf die passende Ausbildung. Das finde ich toll. Ich selbst bin eine gute Hauptschülerin, aber den Wechsel an die Realschule traue ich mir nicht zu.
> *Mira, 15*

2 Lies die Stellungnahmen der Schülerinnen und Schüler noch einmal. Schreibe ihre Argumente stichwortartig in eine Tabelle:

Name, Alter	PLUS oder MINUS	Argument (mit Beispiel)	Meine Bewertung (Bekräftigung/ Entkräftung/evtl. Gegenargument)
Stephan, 15 Jahre	dagegen	man merkt doch recht schnell…	…

3 Fasse zusammen: Welche Argumente überzeugen dich, welche weniger, welche gar nicht? Begründe deine Bewertung, z. B.:
- Ich teile die Auffassung von…, denn… Das Argument halte ich für richtig, da… Dieser Auffassung stimme ich zu, weil…
- Im Gegensatz zu… bin ich der Auffassung… Dieses Argument halte ich nicht für richtig, denn…

4 Lineare oder kontroverse Erörterung Was passt besser? Entscheide dich und verfasse eine Erörterung zum Thema *Sekundarschule*.

→ Seite 237, Arbeitstechnik „Eine Erörterung schreiben"

Schriftlich argumentieren; eine Erörterung schreiben

9 Eine haarige Angelegenheit – die Erörterung

Wie schreibt man das?

Online-Link
Hörverstehen
313275-0128

Tierexperimente in der chemischen und kosmetischen Industrie

Ein Testverfahren im Bereich der chemischen und kosmetischen Industrie ist beispielsweise die Prüfung auf schleimhautreizende Eigenschaften von Stoffen an Kaninchen, der Draize-Test. Hierzu werden den Testtieren oft erheblich konzentrierte Mengen der zu
5 testenden Substanzen in die Augen getropft, die ähnlich empfindlich reagieren wie menschliche Augen. Damit sichergestellt ist, dass sie die Substanzen nicht aus den Augen wischen können, werden die Kaninchen während der Testreihen in Boxen gesperrt, aus denen ihr Kopf ins Freie ragt. Bereits in den 1980er Jahren wurden meh-
10 rere alternative Verfahren mit Zellkulturen und bebrüteten Hühnereiern entwickelt. Teilweise werden diese Testsysteme heute bereits eingesetzt. Im Jahr 2005 wurden in Deutschland für den Schleimhautreizungstest 505 Kaninchen verwendet.

TIPP!
Versucht, unbekannte Begriffe aus dem Textzusammenhang zu erschließen.

→ **Seite 228,**
Rechtschreibstrategie „Das Schreiben von Fremdwörtern üben"

1 Besprecht in der Klasse, worum es in dem Text geht. Argumentiert der Verfasser für oder gegen Tierversuche?

2 Notiert Wörter aus dem Text, die ihr nicht sofort versteht. Klärt gemeinsam ihre Bedeutung. Ihr könnt dazu ein Wörterbuch nutzen.

3 Tragt aus dem Text Wörter zusammen, die eurer Meinung nach schwierig zu schreiben sind.

4 Notiere zu den folgenden Fremdwörtern je zwei verwandte Wörter, z. B.:
Experiment → experimentell, Tierexperiment

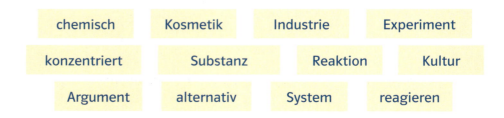

Rechtschreibung, Grammatik, Sprachbetrachtung

Fremdwörter erkennen und ordnen

1 Arbeitet in Gruppen. Sammelt Fremdwörter. **Wählt A, B oder C:**
A: Ihr sammelt Wörter mit typischen Fremdwort-Vorbausteinen.
B: Ihr sammelt Wörter mit typischen Fremdwort-Endbausteinen.
C: Ihr sammelt Wörter mit besonderer Schreibweise oder Aussprache.

> **TIPP!**
> Sucht in Zeitungen, Fachbüchern, Wörterbüchern!

> **TIPP!**
> Überprüft mithilfe eines Wörterbuches.

A: Wörter mit typischen Fremdwort-Vorbausteinen

1. Sucht euch in der Gruppe verschiedene Fremdwort-Vorbausteine aus.

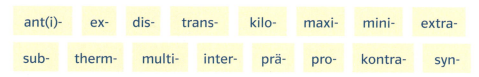

2. Sammelt dazu möglichst viele Fremdwörter, z. B.:
Antibabypille, Experiment, Diskussion, Transport, …
3. Klärt mithilfe eines Wörterbuches die Bedeutung unbekannter Wörter.
4. Untersucht eure gesammelten Fremdwörter und schreibt die Bedeutung der folgenden Vorbausteine auf, z. B.: anti = gegen.

B: Wörter mit typischen Fremdwort-Endbausteinen

1. Sucht euch in der Gruppe verschiedene Fremdwort-Endbausteine aus.

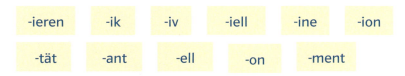

2. Sammelt dazu möglichst viele Fremdwörter, z. B.:
reagieren, Kosmetik, alternativ, Maschine, …
3. Klärt mithilfe eines Wörterbuches die Bedeutung unbekannter Wörter.
4. Bestimmt bei den gefundenen Wörtern die Wortart und stellt fest, zu welchen Wortarten Wörter mit diesen Endbausteinen häufig gehören, z. B.: Wörter auf -ieren → Verben

C: Wörter mit y – ph – rh – th – age – ai statt ä – i statt ie – eur

1. Sammelt Wörter mit besonderer Schreibweise oder Aussprache, z. B.:
System, Physik, Rhythmus, Theorie, Garage, Trainer, …
2. Ordnet die Wörter in einer Tabelle. Schreibt die Tabelle auf ein Plakat.

Wiederholung und Vertiefung: Fremdwörter richtig verwenden

9 Eine haarige Angelegenheit – die Erörterung

Das Schreiben von Fremdwörtern üben

→ **Seite 228,** Rechtschreibstrategie „Das Schreiben von Fremdwörtern üben"

1 Ordne die folgenden Fremdwörter nach Sachgebieten. Trage sie dazu in eine Tabelle ein, z. B.:

neue Technologie	Sport	Politik
…	…	Plenum

zappen   Comeback   Internet   downloaden   Trikot
Debatte   Plenum   System   Paragraf
Koalition   Route   Hacker   E-Mail
Update   Radtour   Onlinebanking   Desktop
Judikative   Gremium   Volleyball   Bowling
Gymnastik   Badminton   Laptop   High Fidelity
Opposition   Legislative   Demonstration   Exekutive
Fraktion   Fitnesscenter   Skateboard   Wellness
Homepage   Legislaturperiode   Prepaidkarte   Walking

2 Ermittle die Bedeutung unbekannter Wörter.

3 Trage weitere Begriffe zu den einzelnen Sachgebieten zusammen.

4 Sammle weitere Fremdwörter aus anderen Sachgebieten, z. B.:

Ernährung	Mode/Kosmetik	Musik
Restaurant	Teint	Refrain
Frikadelle	Creme	Jazz

Rechtschreibung, Grammatik, Sprachbetrachtung

TRAINING

5 Schreibe zu den folgenden Nomen die entsprechenden Verben. Bilde damit jeweils einen Satz, z. B.:

die Operation → operieren → Unser Hund ist gestern operiert worden.

1. Operation
2. Reaktion
3. Funktion
4. Information
5. Qualifikation
6. Kombination
7. Organisation
8. Demonstration
9. Präsentation
10. Transplantation

6 Schreibe zu den Adjektiven entsprechende Nomen. Bilde mit diesen jeweils eine sinnvolle Wortgruppe, z. B.:

1. theoretisch → die Theorie → eine neue Theorie

1. theoretisch
2. chemisch
3. statistisch
4. systematisch
5. biologisch
6. klinisch
7. physikalisch
8. kritisch
9. kosmetisch
10. organisch

7 Kläre die Bedeutung der folgenden Fremdwörter, z. B.:

der Tumor → eine Gewebewucherung

1. ~~Tumor~~
2. Implantat
3. Antibiotikum
4. Experiment
5. Symptom
6. Serum
7. Medikament
8. Therapie
9. Hormon

Ordne die Wörter nach ihrem Geschlecht, z. B.:

maskulin (männlich)	feminin (weiblich)	neutral (sächlich)
...	die Souffleuse	...

8 Welche Bedeutung ist jeweils die richtige: a, b oder c? Notiere.

1. **Parasit**
a) Einwohner einer Stadt
b) Schmarotzer
c) Absatz in Gesetzestexten

2. **Pseudonym**
a) Zustand der Trunkenheit
b) falsche Aussage
c) Deckname

3. **Konsole**
a) Möbelstück
b) Frau des Konsuls
c) Gleichklang

Wiederholung und Vertiefung: Fremdwörter richtig verwenden

10 Das bin ich, so sind andere

Kein Mensch ist wie ein zweiter. Selbst bei eineiigen Zwillingen kann man Unterschiede feststellen. Um eine Person vorzustellen, eignet sich eine Beschreibung oder eine Charakterisierung.

TIPP!
Denke an das Aussehen, die Vorlieben und Abneigungen, das Freizeitverhalten, an Gewohnheiten, Stärken und Schwächen dieser Person.

1 Verfasse auf einem Zettel einen kurzen Text zum Thema „Das bin ich".

2 Stellt fest, wer in dem Text von wem genau beschrieben wird und warum.

Irene Zimmermann
Küsse, Flirt und Torschusspanik (Ausschnitt)

[…] Ich stieß Anne in die Seite und flüsterte: „Ist er das?"
Sie kniff die Augen zusammen und schüttelte ärgerlich den Kopf. „Ich kann ihn nicht genau erkennen."
„Gelb gefärbte kurze Haare, Brille, blaues Sweatshirt, Ohrring."
5 Sie schüttelte den Kopf. „Nein, hundertprozentig nicht. Das ist nicht Stefan."
„Vielleicht kannst du mir mal sagen, wie er aussieht", schlug ich vor. „Dann gleichen wir ab, ob einer von den Jungs da drüben überhaupt in Frage kommt." Anne nickte. „Klar, das ist die einfachste Möglichkeit. Ich hab schließlich auch keine Lust, den ganzen Abend hier vor dem Kino zu stehen.
10 Also, Stefan hat ein weißes T-Shirt angehabt und Jeans, aber nicht mit Schlag, eher so Röhrenjeans, wenn du verstehst, was ich meine. Und Turnschuhe, schwarz, glaub ich."
„Und wie sieht er aus?"
„Na, ganz normal eben. Jedenfalls keine gelben Haare!"
15 „Haarfarbe? Augenfarbe? Größe? Gewicht?"
„Willst du ein Fahndungsplakat machen oder was?" Anne schüttelte den Kopf. „Ich glaube, er hat braune Haare. Augenfarbe? Keine Ahnung. Größe? Na ja, etwas größer als Jonas, würde ich sagen. Oder vielleicht doch nicht? Und Gewicht? Auch normal. Alles ganz normal!"
20 „Toll", sagte ich. „Da drüben haben drei Jungs braune Haare und sehen völlig normal aus. Aber ich glaube nicht, dass Stefan dabei ist. Sonst hätte er sich bemerkbar gemacht, oder?" […]

Online-Link
Hörverstehen
313275-0132

3 Nenne Situationen, in denen man Personen (schriftlich oder mündlich) beschreiben möchte oder sogar beschreiben muss.

Schreiben

4 Nimm einige kleine Karten oder Zettel. Notiere darauf Begriffe, die für die Beschreibung einer Person hilfreich sein können.

Erscheinungsbild	Gestalt	Gesicht
gepflegt, modisch, sportlich, …	klein, sehr schlank, untersetzt, …	länglich, kindlich, markant, rund, …

Augen	Ohren	Haut
groß, graublau, dunkel, …	klein, abstehend, rot, …	blass, fleckig, gebräunt, …

Nase	Haare	Besonderheiten
gerade, schmal, Stupsnase, …	lockig, kurz, dicht, blond, …	Piercing, Zahnspange, …

5 Vergleicht in der Gruppe eure Ergebnisse. Ergänzt die Karten, um eine breite Palette an Eigenschaften zu erhalten. – So entsteht eure „Wörterkiste".

6 Beschreibt mithilfe der Begriffe aus eurer „Wörterkiste" jedes Gruppenmitglied. Überprüft, ob eure Wortsammlung dafür ausreicht. Ergänzt sie, wenn nötig.

7 EXTRA Wähle aus einer Zeitung oder Zeitschrift das Foto einer Person aus. Beschreibe sie mithilfe der „Wörterkiste".

8 EXTRA Wer kennt ihn nicht, den allerbesten Freund aus Kindertagen – das Kuscheltier. Es ist mehr als nur flauschig, es hört geduldig zu und spendet Trost. Lege eine zweispaltige Tabelle an. Beschreibe das Aussehen bzw. die besonderen Eigenschaften deines Kuscheltieres, z. B.

Aussehen	Besondere Eigenschaften
– hellbraunes Fell	– bester Freund in Kindertagen
– glänzende (Glas)Augen	– Seelentröster
– flauschig	– dient als Kummerkasten
– kurze Beinchen	– ist ein echter Spielkamerad
– mit weicher Watte gefüllt	– hört gut zu
– freundlicher Blick	– geht mit auf Reisen
– …	– …

> **TIPP!**
> Kuscheltiere sind für Kinder, aber auch für viele Erwachsene, wichtige „Persönlichkeiten". Sie werden geliebt für ihr Aussehen. Darüber hinaus schreiben ihnen ihre Besitzer ganz bestimmte Eigenschaften zu.

Sachorientiertes Darstellen: Personen beschreiben und charakterisieren

10 Das bin ich, so sind andere

So sieht sie aus – so sieht er aus: Die Beschreibung

TIPP!
Beschränke dich bei der Beschreibung einer Person auf wahrnehmbare Merkmale. Fertige sozusagen „ein Foto mit Worten" an.

1 Wählt eine der abgebildeten Personen aus. Erarbeitet in der Gruppe eine Beschreibung. Geht dabei so vor:

1. Sucht zunächst alle Merkmale, die auf die Person zutreffen, aus eurer „Wörterkiste" (Seite 133, Aufgabe 5). Ein Gruppenmitglied notiert die Ergebnisse.

2. Verfasst jetzt eine zusammenhängende Beschreibung. Achtet beim Schreiben darauf, dass die Satzanfänge und die Verben nicht immer gleich sind, z. B.:
   Sie ist 15 Jahre alt und … Das Haar trägt sie … Ihr Kinn wirkt …

   – Verbindet einige Sätze mithilfe von Konjunktionen, z. B.:
   Das Mädchen wirkt freundlich und nett, weil es …

   – Verwendet ausdrucksstarke Verben, z. B.:
   das Haar trägt er … seine dunklen Augen blicken den Betrachter … an.

   – Verwendet Vergleiche. Sie machen den Text anschaulicher, z. B.:
   Sie lacht wie … Sein Haar ist halblang und hat helle Strähnen wie …

2 Lest eure Beschreibungen in der Klasse vor. Stellt fest, ob die Person jeweils treffend beschrieben wurde. Nutzt für eure Anmerkungen die Feedback-Ampel und die Hinweise zur Arbeitstechnik auf Seite 235.

Sachorientiertes Darstellen: Personen beschreiben und charakterisieren

Schreiben

So ist sie – so ist er: Die Charaktierisierung

1 Notiere, welche Eigenschaften und Verhaltensweisen im folgenden Text beschrieben werden.

> Jetzt habe ich den Mund vielleicht ein bisschen voll genommen. Das kann ich auch normalerweise nur machen, wenn ich alleine bin. In der Schule – außer in den Pausen natürlich – sehe ich nämlich zu, dass ich möglichst nicht auffalle. Nicht, dass ich mir darauf etwas
> 5 einbilden wollte, aber es kann schon vorkommen, dass ich mich im Unterricht nicht ein einziges Mal melde. Und das nicht nur einen oder zwei Tage lang. Ihr könnt euch vorstellen, dass meine Noten deshalb auch – na ja, nicht gerade die besten sind. Freunde habe ich schon ein paar, obwohl ich nicht behaupten kann, dass ich etwa
> 10 der Liebling der Klasse wäre. Meine Talente zeigen sich eher beim Zusammenbauen von Modellautos.

2 Wähle eine beliebige Person aus deinem Umfeld aus, die möglichst viele in der Klasse kennen.

1. Notiere zuerst die liebenswerten und besonderen Eigenschaften/Verhaltensweisen dieser Person, z. B.: gerecht, freundlich, hilfsbereit, verträumt, ...
2. Beschreibe dann eine Situation, in der diese Eigenschaften/Verhaltensweisen der Person zum Ausdruck kommen, z. B.: Man kann ihn jederzeit um Hilfe bitten – er versucht immer, einem beizustehen. oder Sie liebt Pferde über alles, wenn sie von ihrer Arbeit im Stall erzählt, kann sie alles sehr genau beschreiben.

3 Lest eure Texte in der Klasse vor. Prüft, ob eure Texte mit den dargestellten Eigenschaften und Verhaltensweisen die jeweiligen Personen „verraten".

4 Legt eine zweite „Wörterkiste" an. Notiert dafür Begriffe, mit denen man die Eigenschaften und Verhaltensweisen eines Menschen beschreiben kann.

5 ᴱˣᵀᴿᴬ Verfasst für jeden Mitschüler/jede Mitschülerin eurer Klasse eine vollständige Charakterisierung.

6 ᴱˣᵀᴿᴬ Berücksichtigt in einem zweiten Schritt auch die äußeren Merkmale dieses Mitschülers/dieser Mitschülerin (Personenbeschreibung).

> **TIPP!**
> Bei der Charakterisierung einer Person sollst du die Eigenschaften und die Verhaltensweisen einer Person beschreiben. Hierzu musst du aus eigenen Beobachtungen oder anderen Informationen Schlussfolgerungen ziehen.

→ **Seite 238,** Arbeitstechnik „Eine Person beschreiben"

> **TIPP!**
> Schreibt eure Namen auf Kärtchen. Legt alle Namenskärtchen verdeckt auf den Tisch und mischt sie. Jeder zieht nun ein Kärtchen. So wird niemand aus eurer Klasse vergessen.

Sachorientiertes Darstellen: Personen beschreiben und charakterisieren

So möchte ich sein – so war ich damals

J. D. Salinger
Der Fänger im Roggen (Ausschnitt)

[…] Ich sage ziemlich oft „Junge, Junge", teils weil ich einen schlechten Wortschatz habe, teils weil ich mich für mein Alter ziemlich kindisch benehme. Damals war ich sechzehn (jetzt bin ich siebzehn)
5 und manchmal führe ich mich auf, als ob ich dreizehn wäre. Das ist umso lächerlicher, als ich 1,89 m groß bin und graue Haare habe. Tatsächlich. Auf meiner rechten Kopfhälfte sind Millionen von grauen Haaren. Das war von jeher so. Und trotz-
10 dem benehme ich mich oft, als ob ich erst zwölfjährig wäre. Alle behaupten das, besonders mein Vater. Zum Teil ist es wahr, aber nicht ganz. Die Leute meinen immer, irgendetwas sei ganz wahr. Ich mache mir nichts daraus, nur langweilt es mich manchmal, wenn man mir sagt, ich solle mich meinem Alter entsprechend
15 benehmen. Manchmal benehme ich mich viel erwachsener, als ich bin – wirklich –, aber das merken die Leute nie. Sie merken überhaupt nie etwas. […]

Tamara Bach
Marsmädchen (Ausschnitt)

[…] Wenn ich mir was wünschen könnte, so ganz für mich allein, und keiner bewertet das und sagt danach: „Wie?! DAS hast du dir gewünscht?!", dann würde ich… Es gibt da so eine aus der 12…. So
5 möchte ich sein. Sie ist einfach nur schön. Sie ist groß und hat wunderschöne Augen und Haare und Hände und Bauch und Brüste und… Weiß nicht, die ist einfach nur schön. Nicht nur, weil sie so geboren ist oder so. Nein. Schau sie dir an. Die
10 steht da, für sie ist das ganz normal, aber niemand an dieser Schule, nein, niemand, den ich je kennen gelernt habe, kann so schön stehen. Und dann vielleicht noch einen Schritt nach vorne machen. Und wenn sie redet, dann hebt sie ihre Hand und redet mit der Hand. Du, das sieht schön aus. Und ihre Stimme ist schön.
15 Ganz dunkel. Sie redet klar und weiß wohl immer, was sie sagen soll. Die Frau aus der 12. ist auch in einer Band, ich hab sie mal auf einem Konzert gesehen. Und sie singt unglaublich. So wäre ich gerne. So schön. […]

Schreiben   EXTRA

> **Aus einem Zeitungsreport: Heidrun M.**
>
> […] Ich bin vierzehn Jahre alt und mag Sport wahnsinnig gern: Leichtathletik, rhythmische Sportgymnastik, und Fußball spiele ich auch. In meinem Zimmer hängen Gymnastikposter, Fotos von Freunden und ein Cats-Plakat. Ich lese gerne Krimis und Freundschaftsbücher und
> 5 höre an Musik alles gern, was gerade gut kommt. Erfreulich an mir finde ich, dass ich in der Schule klarkomme und beliebt bin, nicht abseits stehe. Nervig finde ich, wenn andere von mir abschreiben wollen. Mein größter Wunsch ist eine Weltreise.
> In der Schule schaffe ich vielleicht noch meinen Realabschluss, aber eigentlich
> 10 lich will ich später Blindenlehrerin werden, weil mein Bruder blind ist. Ob ich das noch schaffe, steht in den Sternen. So schnell gebe ich jedoch nicht auf. […]

Online-Link
Hörverstehen
313275-0137

1 Lies die drei Textausschnitte. Bearbeite danach folgende Aufgaben:

1. Wähle einen der drei Texte aus. Notiere die im Text genannten äußeren Merkmale der vorgestellten Person und deren Eigenschaften/Verhaltensweisen. Vergleiche dein Ergebnis mit dem eines Partners/einer Partnerin.
2. Ordne die folgenden Begriffe den drei Texten zu: *Sicherheit – Unsicherheit – Zufriedenheit – Unzufriedenheit – Wunschvorstellung – Wunschtraum – Zukunftspläne.* Begründe deine Entscheidung.
3. Prüfe nach, in welchem Text die äußere Beschreibung der Person besonders ausführlich ist.
4. Welcher Text konzentriert sich besonders auf die Eigenschaften/Verhaltensweisen einer Person?

2 Stelle dich einer unbekannten Person so vor, wie es dir angenehm ist:

1. Schreibe stichwortartig auf, was die Person interessieren könnte, z. B.:
   – dein Äußeres (Gesicht, Frisur, Figur, Typ, Gang, …),
   – deine besonderen Interessen, schulischen Leistungen (Lieblingsfächer), Hobbys und Freizeitbeschäftigungen,
   – deine Beziehung zu anderen (so sehe ich mich, so sehen mich andere),
   – deine Wünsche und Zukunftsvorstellungen, deine Meinungen, Einstellungen, Gefühle und Verhaltensweisen, …
2. Verfasse jetzt deine Vorstellung. Schreibe so, dass die unbekannte Person einen umfassenden Eindruck von dir bekommt.

TIPP!
Vergleiche deine eigene Darstellung mit der von deinem Mitschüler/deiner Mitschülerin (siehe Seite 135, Aufgabe 5).

3 Überprüft eure Online-Profile. Überlegt gemeinsam, welche Angaben ihr machen und welche ihr besser verbergen solltet.

Sachorientiertes Darstellen: Personen beschreiben und charakterisieren

Das ist typisch

1 Suche dir einen Spieler aus. Beschreibe ihn kurz, aber eindeutig. Wie viele Wörter brauchst du dafür mindestens?

2 Anne erzählt ihrer Freundin Xenia von ihren Ferien und zeigt Fotos. Lies, was sie dazu erzählt:

„Das ist Nils, der Junge mit dem roten Sweatshirt. Der andere heißt Anton."
„Und welcher von den beiden Jungen ist auf diesem Bild Nils?", fragt Xenia und zeigt auf das zweite Foto.

3 Beschreibe Nils oder Anton. Verwende möglichst viele Attribute. Du kannst die folgenden Wortgruppen nutzen.

freundlicher Junge – Nils'/Antons Freund – viele Interessen – Sportler mit großem Talent – auf seinem Fahrrad nicht zu bremsen – nettes Lächeln – glatte/lockige Haare – schlanke, sportliche Figur

Rechtschreibung, Grammatik, Sprachbetrachtung

4 Lies den Text. Stelle fest, durch welche Attribute die unterstrichenen Nomen genauer bezeichnet werden, z. B.:

der Mann ➙ der kleine, dicke Mann.

Eine seltsame Person

Im Hotel fiel mir der kleine, dicke Mann an der Rezeption besonders auf. Auf einem kurzen Hals saß ein kugelrunder Kopf. Seine roten Haare verdeckten die Stirn bis zu den Augen, die wie Knöpfe aussahen. Auf der roten Nase befand sich eine riesige Brille mit einem dicken Hornrand. Er hatte
5 einen freundlichen Gesichtsausdruck. Doch ganz besonders fiel seine Kleidung auf. Er trug eine kurze Hose mit roten und gelben Punkten und ein blau gestreiftes Hemd mit dem Spruch „Talent lässt sich nicht verbergen".

5 Übernimm die Tabelle in dein Heft und trage die Angaben wie im Beispiel ein:

Artikel	vorangestelltes Attribut	Nomen	nachgestelltes Attribut
der	kleine, dicke	Mann	an der Rezeption
…	…	…	…

> **Merke**
>
> Mit **Attributen/Beifügungen** kann man die Bedeutung eines Nomens genauer bestimmen (*Der kleinste Spieler hat das Tor geschossen.*).
> Attribute sind selbst keine Satzglieder, sondern **Teile von Satzgliedern.** Sie ergänzen ein Nomen, das in jedem Satzglied stehen kann. Attribute stehen entweder **vor** oder **nach dem Bezugswort** (*die erfolgreichen Spieler; die Spieler der Mannschaft*).
> Man erfragt Attribute mit der Frage *Was für ein/eine?* oder *Welcher/welche/welches?*
> Attribute können auftreten als
> – Adjektive (*die besten Spieler*),
> – Nomen im Genitiv (*die Spieler des Vereins*),
> – Nomen mit Präposition (*der Spieler mit dem Ball*),
> – Adverbien (*der Spieler dort*),
> – Pronomen (*unsere Spieler*),
> – Zahlwörter (*vier Spieler*),
> – Attributsätze/Relativsätze (*die Spieler, die eingesetzt waren, …*),
> – Infinitivgruppen (*beim Versuch, ihn zu überholen, …*).

➙ **Seite 224,** Attribute

Wiederholung und Vertiefung: Attribute

10 Das bin ich, so sind andere

Wer schreibt mir?

Wenn man Freunde im Internet sucht, stellt man sich mit seinen Interessen und Eigenschaften in einem Online-Profil vor.

1 Lies die Online-Profile und stelle fest, welche Attribute Laura und Viktor für ihre Beschreibung verwendet haben.

Ich bin ein romantisches Mädchen, das gerne Musik hört, und suche nette Brieffreundinnen aus ganz Deutschland, die mir meine Langeweile mit lieben Briefen vertreiben. Ich bin 15 Jahre alt, und ihr solltet etwa im gleichen Alter sein.
laura@gmx.de

Hi Fans! Ich heiße Viktor und bin ein sportlicher Typ, der am liebsten Fußball spielt. Ich habe blaue Augen, braune Haare und einen Körper mit kräftigen Muckis. Wenn ihr coole Girls seid, die nicht schreibfaul sind, dann schickt mir einen Brief mit eurem Bild.
Viktor@aol.com

2 Trage alle Attribute aus den beiden Texten in eine Tabelle ein, z. B.:

Artikel	vorangestelltes Attribut	Nomen	nachgestelltes Attribut
ein	romantisches	Mädchen	…, das gerne Musik hört, …

3 Erfinde selbst ein Online-Profil, mit dem du dich vorstellst. Unterstreiche in deinem Text alle Attribute.

→ Seite 139, Nomen mit Präposition als Attribut

4 Bilde Wortgruppen. Nutze dazu die folgenden Angaben, z. B.:
die Frau mit dem lockigen Haar; der Mann mit …

der Mann		
die Frau	mit dem … Haar	dünn, fein, glatt, kraus, lockig, strähnig, schütter, voll, abstehend, spitz, lang, kurz, riesig, gerötet, groß, klein, glänzend, leuchtend, strahlend, sanft, traurig, blutunterlaufen, tiefliegend, tränend
die Unbekannte	mit den … Ohren mit der … Nase mit den … Augen	

5 Frage nach den Personen und beantworte die Fragen. Markiere in deinen Antwortsätzen die Nomen und die Attribute, z. B.:
Welche Frau meinst du? → *Ich meine die Frau mit dem lockigen Haar.*

Rechtschreibung, Grammatik, Sprachbetrachtung

TRAINING

6 Bilde Wortgruppen, z. B.:
ihre <u>geschickten</u> Hände, sein <u>rundliches</u> Gesicht, …

ihr/ihre sein/seine	Gesicht Hände	geschickt, flink, grob, feucht, kalt, gepflegt, hübsch, schmal, rundlich, markant, ausdrucksvoll, mürrisch, freundlich, fein

7 Was für Personen sind das? Erkläre mithilfe der Wortgruppen im gelben Kasten, z. B.: 1. Eine Person, die die Nase hoch trägt, ist eingebildet.

1. Eine Person, die die Nase hoch trägt, …
2. Eine Person, die lange Ohren macht, …
3. Eine Person, die auf den Ohren sitzt, …
4. Eine Person, die die Nase voll hat, …
5. Eine Person, die auf diesem Ohr taub ist, …
6. Eine Person, die Haare auf den Zähnen hat, …
7. Eine Person, die beide Augen zudrückt, …
8. Eine Person, die die Nase vorn hat, …
9. Eine Person, die keine Augen im Kopf hat, …
10. Personen, die sich in den Haaren liegen, …

> neugierig zuhören – nicht hören, dass jemand ruft – streitsüchtig sein – Fehler sehr nachsichtig behandeln – Streit miteinander haben – ~~eingebildet sein~~ – keine Lust mehr haben – gegenüber Konkurrenten erfolgreich sein – von dieser Sache nichts hören wollen – nicht aufpassen

8 Formuliere die unterstrichenen Attribute in bedeutungsgleiche Nebensätze um, z. B.:

→ **Seite 226,** Relativsätze/Attributsätze

1. Sie verzog ihre <u>kirschroten</u> Lippen. →
   Sie verzog ihre Lippen, <u>die kirschrot waren.</u> **oder** Sie verzog ihre Lippen, <u>die rot wie Kirschen waren.</u>

1. Sie verzog ihre <u>kirschroten</u> Lippen.
2. Die <u>grün gefärbten</u> Haare flatterten im Wind.
3. Das <u>mit einem grauen Bärtchen verzierte</u> Kinn zitterte beim Lachen.
4. Sie hatte ihre <u>wertvolle</u> Kette verloren.
5. Mit seinen <u>viel zu kurzen</u> krummen Beinen watschelte er wie eine Ente.
6. Ihr <u>ängstlicher</u> Blick verriet, was sie fühlte.
7. Voller Stolz zeigte er seinen <u>braun gebrannten</u> Körper.
8. Das <u>schönste</u> Mädchen wurde zur Weinkönigin gewählt.

Wiederholung und Vertiefung: Attribute

11 Wie wird so einer ein Mörder?

Online-Link
Hörverstehen
313275-0142

→ **Seite 241,**
Arbeitstechnik
„Sich schnell über den Inhalt eines Buches informieren"

So beginnt das Buch:
Wie wird einer ein Mörder?
Wie wird so einer ein Mörder?
Er hat es vorher nicht gewusst, noch Stunden vorher hat er nichts davon gewusst.
5 Er hat es nicht geplant: Er hat darüber geredet.
Eigentlich jeden Tag hat er darüber geredet.
Er hat es nicht geplant.

Und so endet es:
Marco sagt, so hat er es nicht gewollt.
Einen Denkzettel wollte er denen geben. Angst einjagen wollte er denen. Die sollten endlich mal wissen, hier sind sie nicht gern gesehen. Marco sagt, das finden doch
5 alle. Marco kann Namen nennen von Erwachsenen, die auch so reden. Nur haben die keinen Mut. Erwachsene reden. Erwachsene kneifen. Marco hat was getan. Marco versteht nicht, warum jetzt alle gegen ihn sind. Das Ganze war ein unglücklicher Zufall. Er hat denen schließlich nur ein bisschen Angst einjagen wollen. Damit sie zurückgehen in ihr Anatolien. Das wollen
10 doch schließlich alle. Aber die anderen reden ja nur. Es war ein unglücklicher Zufall, dass das Treppenhaus aus Holz und so morsch war. Es war ein unglücklicher Zufall, dass ausgerechnet an diesem Abend die Kinder in der oberen Wohnung allein waren, und die untere Wohnung war leer. Vielleicht sollten diese Türken mal häuslicher werden. Die Eltern sind jedenfalls
15 schuld. Es tut Marco leid, dass es ausgerechnet zwei Kinder erwischt hat. Die hätten in Anatolien vielleicht noch ein schönes Leben haben können. Wenn die in Anatolien geblieben wären, wäre ihnen überhaupt nichts passiert. Aber Marco versteht die Aufregung nicht. Nicht, dass alle jetzt so tun, als ob sie Türken lieben. Wenn er das Gesülze jetzt hört, wird ihm kotzübel. Die
20 haben vorher alle ganz anders geredet. Es ist natürlich Pech für die Kinder. Aber Marco hat jedenfalls eigentlich keine Schuld.

1 Was ist geschehen? Sprecht über eure Vermutungen.

2 Die Personen und die Handlung in dem Roman sind frei erfunden. Besprecht, warum die Handlung trotzdem etwas mit der aktuellen gesellschaftlichen Wirklichkeit zu tun hat.

Lesen und Literatur – Umgang mit Texten und Medien

3 Hier erfährst du, wie sich verschiedene Romanfiguren zu dem Fall Marco äußern. Notiere alle Aussagen, die darauf hinweisen, was zu Marcos Tat geführt hat.

Friedhelm K., 54, Bürgermeister

Wegen der Ausländer? Natürlich, sehen Sie, die waren wir bei uns ja gar nicht gewohnt. Das war in unserem Ort ja eher – Theorie, das wussten wir aus den Medien natürlich, aber mit uns hat das alles doch sehr wenig zu tun gehabt. Darum hat ja auch diese Zeitung dann – als wir plötzlich diese
5 Asylbewerber aufnehmen mussten, das war ja fast von einem Tag auf den anderen! –, das hat dann doch zunächst sehr viel Unruhe gebracht. Denn sehen Sie: Wo wollen Sie als kleiner Ort denn den Wohnraum schaffen? Da bleiben ja nur die kommunalen Einrichtungen zunächst, darüber ist dann ja auch laut nachgedacht worden: Schule, Sporthalle, Feuerwehr-
10 gerätehaus. Was glauben Sie denn, was so ein kleiner Ort an Wohnraum zur Verfügung hat von einem Tag zum anderen? Gar nichts, das ist nun mal so, darauf ist man ja nicht vorbereitet. Aber ich gebe gern zu, das hat viel böses Blut gegeben zunächst. Da haben sich natürlich Initiativen gebildet, nicht dass Sie das jetzt missverstehen: Aber es ist doch selbstver-
15 ständlich, dass die Eltern erregt sind beim Gedanken, da könnten nun auf einmal Schwarze einquartiert werden in der Schule ihrer Kinder. Nicht, weil es Schwarze sind, Gott bewahre – es ist mehr das Prinzip. Das pädagogische Prinzip, sozusagen, vielleicht sollten Sie darüber eher mit unserem Rektor sprechen, der ist ja zuständig. Der hat sich da sehr einge-
20 setzt. Ja, und die Sportvereine haben natürlich auch nicht gerade „Hurra" geschrien, wenn ich das mal so lax formulieren darf, als wir mit dem Gedanken an die Sporthalle gespielt haben. Sagen Sie nicht, das wäre Rassismus. Denen ging es verständlicherweise um Sport. Und die Feuerwehr ja, dass das Gerätehaus nicht in Frage kam, das ist uns dann doch
25 sehr schnell klar gewesen. Schon aus Sicherheitsgründen. Wieso nicht auf große Begeisterung gestoßen? Ja, was erwarten Sie denn von so einem kleinen Ort wie dem unseren? Zur Begeisterung haben wir da weiß Gott keinen Anlass gesehen. Aber das hatte die oben geschilderten Gründe. Ich bitte doch sehr, das zu berücksichtigen.
30 Mit Fremdenfeindlichkeit hatte das korrekterweise nichts zu tun. Wir haben uns dann also für die Container entschieden, das ging schnell und ist eine würdige Lösung. Wie? Zwölf Quadratmeter, immer vier Leute. Natürlich kannten die sich vorher nicht untereinander, aber die haben sich dann ja schnell kennen gelernt. Das können Sie auch sehen,
35 wenn die zum Einkaufen gehen, zum Beispiel: Die gehen immer zusammen. Also die haben sich dann doch sehr schnell angefreundet.

Online-Link
Hörverstehen
313275-0143

→ **Seite 240**, Arbeitstechnik „Einen literarischen Text genau lesen und verstehen"

11 Wie wird so einer ein Mörder?

Wieso, dieselbe Sprache. Also, das kann ich Ihnen jetzt wirklich nicht sagen, welche Sprache die sprechen, diese Leute werden uns ja zugewiesen. Da fragen Sie denn doch wohl am besten mal beim Sozialamt nach, die
40 können Ihnen das sagen. Schwarze sind jedenfalls dabei, Libanesen – fragen Sie beim Sozialamt. Jedenfalls war das deutlich die beste Lösung. Nein, es hat nicht – wieso Unruhe und Ablehnung? Vielleicht schalten Sie jetzt mal Ihr Mikro aus? Sehen Sie, ich stehe Ihnen hier Rede und Antwort seit geraumer Zeit, obwohl ich bis jetzt immer noch nicht einsehen kann,
45 was unser Ort mit dieser ganzen unglücklichen Geschichte zu tun haben soll. Ich stehe Ihnen hier Rede und Antwort, zwei Termine habe ich Ihretwegen verschoben. Aber dann kann ich doch wohl wenigstens erwarten, dass ich hier nicht auf der Anklagebank – doch, junger Mann, genau das tun Sie hier die ganze Zeit! Wenn natürlich auch nur indirekt, aber
50 genau das ist es doch, was hier jetzt passieren soll! Weil es Ihnen in Ihr Konzept passt, Ursachen und Versäumnisse beim Ort zu suchen. Anstatt da, wo sie wirklich liegen. Befragen Sie doch mal die Eltern!
Ja, das denke ich auch. Es ist wohl alles gesagt. Bitte sehr, gern geschehen. Guten Tag.

Sigurd J., 17, Freund
Ja, ich hab den Marco gekannt, mehr so flüchtig. Das kann jeder wissen. Das weiß auch jeder. Klar ist der zu unseren Treffen gekommen, da kann jeder kommen. Wir sind eine nationale Bewegung und die wächst. Sehen Sie ja selber. Aber solchen Scheiß, also was der Marco da gemacht
5 hat, das lehnen wir entschieden ab. Das lehnen wir aufs Entschiedenste ab, können Sie meinen Vater fragen. Klar wollen wir nicht so viele Ausländer, aber deshalb zünden wir sie noch lange nicht an. Das würde der Bewegung in der Öffentlichkeit erheblichen Schaden zufügen, wenn sie mit so was in Verbindung gebracht würde. Mein Vater hat also schon eine Erklärung
10 aufgesetzt, dass die Partei solche Ausschreitungen verurteilt. Sonst kauft doch kein Mensch mehr bei uns.
Ja, erstes Lehrjahr Einzelhandelskaufmann. Ich steh das auch durch bis zum Schluss, obwohl das öde ist, aber ich halte nichts von Arbeitslosen und Pennern.
15 Vernünftigen Beruf braucht der Mensch, und dann Frau und zwei Kinder, nette Nachbarschaft, so ungefähr. Nee, noch nicht jetzt, das würde mich ja wohl voll anöden. Aber später mal. Darum halte ich das jetzt auch durch. Die Drogerie, ja klar übernehm ich die, wenn es die dann überhaupt noch gibt. Drogerie hat ja keine Zukunft. Haben Sie mal in die Supermärkte
20 geguckt, die haben doch alles. Anderthalb, zwei Gänge, da können Sie das alles kriegen. Haarfärbe- und Waschmittel und Scheißhauspapier. Und das sind Preise, da kann mein Alter nicht mit. Da könnten wir gleich verhungern.

Wiederholung und Vertiefung: Jugendbücher erschließen; produktive Textarbeit

Lesen und Literatur – Umgang mit Texten und Medien

[…] Die Ausländer? Also logisch, hat das was damit zu tun, die kaufen
doch sowieso nur, wo's billig ist, am besten noch Flohmarkt. Qualität ist
für die doch ein Fremdwort, die kaufen jeden Scheiß, wenn der nur billig
ist. Da können sich qualitätsbewusste Läden eben nicht halten […] Also
die Kanaken machen uns kaputt.

Rüdiger Poffatz, 14, Freund
Nee, wir sollen nicht reden! Wir sollen nicht reden, hat der Anwalt gesagt.
Ist doch sowieso alles gelogen, was der Marco jetzt erzählt! […]
Mein Freund? Nee, also bestimmt nicht. […] Auf den Marco, da konnte
man sich echt nicht drauf verlassen, also der war höchstens mehr so ein
Kumpel. Vielleicht.
Wegen der Clique? Wir sollen da nicht drüber reden, hat der Anwalt
gesagt. Ich rede da auch nicht drüber. Ich hab da nichts mit zu tun. Wenn
der Türken abfackelt, der Marco, muss ich da noch lange nichts mit zu tun
haben. […]
Ich bin ja gar nicht dabei gewesen an dem Abend! Wenn der Marco das
jetzt sagt, das ist ja alles gelogen! Der will ja bloß, dass ich die Schuld
kriege, das hat der in der Schule auch immer so gemacht! Ich bin ja gar
nicht dabei gewesen!

4 In dem Roman befragt der Interviewer die einzelnen Personen zu dem Geschehen. Lies die Aussagen des Bürgermeisters auf Seite 143/144 genau. Notiere, welche Fragen ihm vermutlich gestellt wurden, z. B.:
Gab es in Ihrem Ort Probleme wegen der Ausländer?

5 Als sich der Bürgermeister und der Interviewer verabschieden, kommt es fast zum Streit (Zeile 42 ff.). Welche unterschiedlichen Meinungen haben die beiden? Vervollständige die Sätze.
1. Der Interviewer meint, dass …
2. Der Bürgermeister meint, dass …

6 Tragt alles zusammen, was ihr in dem Gespräch über Sigurd J. erfahrt. Tauscht euch in der Gruppe darüber aus, in welchem Zusammenhang seine Aussagen mit Marcos Tat stehen.

7 Lies die Aussagen von Marcos „Freund" Rüdiger Poffatz. Welche Hinweise auf den Tathergang werden darin angedeutet? Notiere.

8 EXTRA Stell dir vor, du hättest die Interviews geführt. Verfasse für eine Regionalzeitung einen Text über deine Gespräche, deine Eindrücke sowie deine Erkenntnisse und Vermutungen in Bezug auf Marcos Tat.

Wiederholung und Vertiefung: Jugendbücher erschließen; produktive Textarbeit

11 Wie wird so einer ein Mörder?

Fragen an Nachbarin und Klassenlehrer

1 Lies die folgenden Textauszüge und trage alle Aussagen zusammen, die darauf hinweisen, was zu Marcos Tat geführt hat.

Maren F., 32, Nachbarin

Also das muss ich jetzt doch zuerst mal – also steht das denn wirklich fest? Ich meine, das ist ja bekannt, das hört man doch immer wieder, dass einer – vor allem so ein junger Mensch, nicht? –, dass der dann durchdreht, alles gesteht, wenn die Polizei ihn nur fest genug in die Mangel nimmt. Das
5 hört man doch immer wieder, oder? Also für mich, also solange der nicht verurteilt ist, der Marco, so lange ist der für mich auch unschuldig. Das wollte ich also gleich vorneweg mal sagen. Weil ich mir das nämlich gar nicht vorstellen kann, dass der das getan haben soll, also so, wie ich den Marco kenne, da passt das überhaupt nicht zu ihm. Natürlich hat man da
10 mal was gehört, das können Sie sich ja vorstellen, dass da geredet wird in so einer Nachbarschaft, aber ich hab das nie so richtig geglaubt. Das hab ich auch immer gesagt, da leg ich auch Wert drauf.
Ja, woher ich ihn nun kenne – das hat sich einfach so ergeben. Sie sehen ja selbst, wir haben da den Kleinen, und das war also sozusagen – als wir
15 her zogen vor einem Jahr – da war das gleich sozusagen Liebe auf den ersten Blick. Der hat den Marco gesehen, gleich am ersten Tag, glaub ich, muss das gewesen sein, ich hatte ihn da vor die Tür geschickt – dazu zieht man ja schließlich ins Grüne, nicht? Dass die Kinder also ungefährdet draußen spielen können, und da hat er dann wohl den Marco gleich
20 getroffen. Und, wie gesagt, gleich sich verliebt in den, so haben wir das immer gesagt, mein Mann und ich, das fanden wir auch richtig witzig, wie der Kleine dann immer gebrüllt hat, „Marco, Marco", also da gab's für ihn nichts drüber.
Und der Marco, das fand ich eben auch so nett an ihm, der hat gleich ganz
25 viel mit dem Kleinen rumgekaspert. Nicht so wie manche Jugendliche, wo es immer nur darum geht, cool zu sein, so war der Marco eben nicht. Der hat den Kleinen gleich auf sein Fahrrad gehoben, richtig auf den Sattel, und dann hat er ihn geschoben, lauter solche Sachen eben.
Darum haben wir ihn dann auch gefragt, ob er für uns babysitten will,
30 ein-, zweimal im Monat, wir kannten ja hier sonst keinen. Natürlich haben wir zuerst auch überlegt, also normalerweise nimmt man für so was ja Mädchen, nicht? Aber dann haben wir uns gesagt, wenn der Kleine schon mal so auf den Marco abfährt – also den so mag, eben –, warum denn eigentlich nicht? Und er hat auch gleich ja gesagt, und dann hat er
35 das immer gemacht, zwanzig, dreißig Mark den Abend, je nachdem, wie lange es war. Cola haben wir ihm hingestellt jedesmal und Chips – was man so macht eben.

Online-Link
Hörverstehen
313275-0146

→ **Seite 240,**
Arbeitstechnik
„Einen literarischen Text genau lesen und verstehen"

Kein Bier, also das will ich jetzt doch auch noch mal sagen, unbedingt, und auch kein anderer Alkohol, und da hat er natürlich auch nicht danach
40 gefragt. Da war er ja noch viel zu jung. Und gefehlt hat hinterher auch bestimmt nichts, ich sag das nur, weil doch jetzt immer geredet wird, er hätte in betrunkenem Zustand – also wir kannten ihn so nicht. Wir waren sehr froh, ich will das noch mal sagen, dass wir so einen netten Nachbarsjungen hatten. Der Kleine fragt jetzt auch immer nach ihm, „Marco,
45 Marco", der fehlt ihm richtig. Und uns auch. Und darum können wir es auch gar nicht glauben. Und mein Mann auch nicht.

Hubert S., 42, Klassenlehrer
Ja, und dann ist das natürlich weitergegangen. Zuerst nur die Aufnäher, die Sprüche, aber dann eben auch die Farbbeutel.
Also, ich weiß das nicht ganz sicher, so was wird ja immer mehr unter der Decke gehalten hier in diesem Ort, aber jedenfalls hat es da Farbbeutel
5 gegen die Container gegeben. Und wer das dann getan hat, das ist niemals rausgekommen. Aber ich hatte da ja natürlich meinen Verdacht! Das hab ich auch dem Rektor gesagt, da muss jetzt was passieren, mit Augen zu löst man keine Probleme. Aber die haben ja alle so getan, als wäre nichts. Wie die kleinen Kinder, die sich die Hände vor die Augen halten und glauben,
10 nur weil sie sie nicht mehr sehen, ist die Wirklichkeit ganz weg. Da hab ich mich also doch sehr auf mich allein gestellt gefühlt, mit Unterstützung von den Kollegen war da nicht zu rechnen. Ich hab dann getan, was ich konnte. Aber einer alleine, das ist nicht genug. Wenn die anderen Kollegen da nichts getan haben, das muss doch für die Schüler so aus-
15 gesehen haben, als ob sie das gar nicht so schlimm finden. Vielleicht sogar, als ob sie stillschweigend ihre Meinung teilen. Für mich war das nicht einfach, glauben Sie mir. Ich hab da wirklich getan, was ich konnte. Ja, also dieser Tag, das ist vielleicht ein gutes Beispiel dafür. Da hat es ja wieder Auseinandersetzungen gegeben, so was haben sich die anderen
20 Kollegen gar nicht erst zugemutet. Das musste alles ich erledigen, stellvertretend.
Ich hatte da also diese Arbeit schreiben lassen, das war gar nicht dran im Stoff, also ich hab eigentlich immer damit gerechnet, dass mal irgendwer kommt und sich beschwert. Also Nationalsozialismus, und dann auch
25 noch so im Detail, das war gar nicht an der Reihe, aber ich hab keine andere Möglichkeit gesehen, als das dann durchzuziehen. Entgegen dem Lehrplan, also manchmal ist ein bisschen Zivilcourage schon nötig.
Ja, und wir haben dann also diese Arbeit geschrieben und eine Frage lautete auch zu den Konzentrationslagern. Die mussten sie also in eine Karte
30 eintragen, verschiedene Farben für Arbeitslager und Vernichtungslager und daneben immer die Zahlen der Ermordeten, das war mir wichtig. Dass wir gerade diesen Aspekt immer wieder betrachtet haben, das war

11 Wie wird so einer ein Mörder?

mir sehr wichtig. Damit sie sehen sollten, wohin das letztendlich führt, das ganze Gerede von „Deutschland den Deutschen" und „Ausländer
35 raus". Das endet doch dann mit Toten, das haben wir jetzt ja gesehen. Da bin ich ja bestätigt worden auf eine schreckliche Weise, ich wüsste wirklich gerne, was die Kollegen wohl dazu sagen.

Ja, und da hat er dann also – der Marco bei der Arbeit hatte das also einfach ganz durchgestrichen. Nichts farbig schraffiert, keine Zahlen.
40 Das Ganze einfach durchgestrichen. Ja, das waren dann schon mal – Sie können sich sicherlich vorstellen, wie erregt ich da war! –, das waren dann schon mal 28 Punkte weniger. Ich meine, es war ja klar, was er damit zum Ausdruck bringen wollte, Auschwitz-Lüge, da hatten wir uns nun wirklich genügend gestritten Tag für Tag, und so wollte er das jetzt also durch-
45 setzen. Und ich hab mir gedacht, so nicht, Freundchen, nicht mit mir! Ich hab dann also – Sie haben da ja als Lehrer immer einen gewissen Spielraum mit den Punkten, gewisse Möglichkeiten, und das war dann eben eine Fünf. Meine Güte, das hat er doch mal gebraucht! Damit er endlich mal diese Auffassung aufgeben sollte, damit er gesehen hat: Damit komme
50 ich nicht durch. Den Kürzeren ziehe ich selber.

Ja, und das hab ich dann tatsächlich erst hinterher gemerkt, dass es dann fast nur noch zu einer Zeugnis fünf reichen konnte in Geschichte und dass damit sein Abschluss flöten gewesen wäre. Das hab ich erst hinterher gemerkt, das war nicht beabsichtigt. Aber ich fand auch wieder, dass er
55 ruhig seine Konsequenzen tragen sollte. Wenn sonst schon keiner eingegriffen hat. Obwohl ich zugeben muss, dass ich mit der Reaktion absolut nicht gerechnet habe. Ich dachte, der nimmt das ganz cool. Der tut wenigstens so, das hatte ich erwartet. Dass der mir dann also fast an die Gurgel gegangen ist, dass er mich regulär gewürgt hätte fast – das hat mich
60 ehrlich überrascht. So hat der sich vorher nie aufgeführt.

Ja, ganz weiß ist er gewesen, als er die Fünf gesehen hat. Weiß wie ein Leintuch, er hat wohl gleich begriffen, was das hieß. Und dann ist er eben plötzlich explodiert, mir fast an die Gurgel, dann abgehauen.

In der Klasse sind tatsächlich einige gewesen, die haben gesagt, sie fänden
65 es nicht gut. Das war so mehr ein Gemurmel und es hat mich auch gewundert. Ich hatte nicht den Eindruck vorher, dass der Marco so besonders beliebt war. Aber das mit dem Abschluss fanden sie also wohl nicht gut. Jedenfalls hatten sie ziemlich eisige Gesichter, so kann man es nennen. Ich habe mir dann also überlegt, dass es für mich ja immer noch die
70 Möglichkeit gibt, es durch das Mündliche auszugleichen. Verstehen Sie, ich bin schließlich nicht nur an die schriftliche Note gebunden. Was ich da letztendlich aus dem Zusammenspiel von Schriftlichem und Mündlichem mache, das liegt ja ganz bei mir. Ich hab mir überlegt, dass ich es vielleicht doch noch für eine Vier reichen lasse. Wegen dem Abschluss.

Lesen und Literatur – Umgang mit Texten und Medien   EXTRA

75 Und der Marco hatte seinen Schock ja weg, verstehen Sie, darum ist es mir ja nur gegangen: dass der mal seinen Schock gekriegt hat. Ich hatte gehofft, dass er daraus lernt. Aber dafür stand ich wohl zu sehr allein auf weiter Flur. Da hätten die Kollegen wohl mitziehen müssen.

2 Marco hat bei den Nachbarn manchmal als Babysitter gearbeitet. Warum haben die Nachbarn gerade ihn darum gebeten (Seite 146, Zeile 13 ff.)? Notiere Gründe.

3 Marcos Klassenlehrer sagt: „Dass der mir dann also fast an die Gurgel gegangen ist, dass er mich regulär gewürgt hätte fast – das hat mich ehrlich überrascht. So hat der sich vorher nie aufgeführt." (Seite 148, Zeile 58 ff.)
Wie kommt es zu diesem Konflikt zwischen Marco und seinem Lehrer? Lies noch einmal nach und fasse zusammen:

1. Marcos Leistung in der Geschichtsarbeit (Seite 147, ab Zeile 22)
2. Die Reaktion von Herrn S. (Seite 148, ab Zeile 40)
3. Die Konsequenzen für Marco (Seite 148, ab Zeile 51)

4 Versuche, den Titel des Romans „Erwachsene reden. Marco hat was getan" zu erklären.

5 Verfasse einen Text. **Wähle A, B oder C:**

A: Ein Richter muss über Marcos Schuld befinden. Schreibe auf, wie du entscheiden und wie du deine Entscheidung begründen würdest.

B: Stell dir vor, Marco sei Schüler in deiner Klasse gewesen. Er ist zu einer Jugendstrafe verurteilt worden. Schreibe ihm einen Brief in die Vollzugsanstalt.

C: Auch einige Personen in Marcos Umgebung haben sich falsch verhalten. Wähle eine der Personen aus und schreibe ihr einen Brief. Schreibe darin, was du über ihr Verhalten denkst.

6 Bereite ein Kurzreferat zu der Autorin Kirsten Boie vor. Informiere deine Mitschülerinnen und Mitschüler unter anderem darüber, warum sie Schriftstellerin wurde, warum sie das Buch über Marco geschrieben hat und welche anderen Bücher von ihr bereits erschienen sind.

Online-Link
zu der Autorin
Kirsten Boie
313275-0149

→ **Seite 34 ff., 235,**
Arbeitstechnik
„Ein Referat halten"

11 Wie wird so einer ein Mörder?

Getrennt oder zusammen?

1 Stellt fest, worin der Jugendrichter die Gründe für das Ansteigen von Straftaten Jugendlicher sieht. Was meint ihr zu der Begründung?

Straftaten nehmen zu

Schlägereien, Autoaufbrüche, Drogenkonsum – seit Jahren <u>steigt</u> die Zahl der von Jugendlichen begangenen Straftaten <u>an</u>. Dabei <u>fällt</u> <u>auf</u>: Die Täter werden immer jünger und gewaltbereiter. Worauf ist das <u>zurückzuführen</u>? Das haben wir einen Jugendrichter gefragt.

Frage Herr Seiz, die Jugend von heute sei gewalttätig, <u>schütte</u> sich mit Drogen <u>zu</u> und sei schlechter als frühere Generationen. <u>Stimmen</u> Sie dieser Meinung <u>zu</u>?
Seiz Um es <u>richtigzustellen</u>, wir haben zwar mehr Fälle als früher zu bearbeiten, <u>stellen</u> aber <u>fest</u>, dass mehr Straftaten nicht automatisch auch mehr Straftäter bedeuten.
Frage Welche Delikte <u>treten</u> am häufigsten <u>auf</u>? Lässt sich dabei eine Entwicklung <u>ablesen</u>?
Seiz Insgesamt hat sicherlich der Gebrauch von Drogen <u>zugenommen</u>. Und der Anteil der Mädchen im Zusammenhang mit Gewaltdelikten ist <u>hochgeschnellt</u>. Das ist früher nicht in dem Maße <u>vorgekommen</u>.
Frage Worin sehen Sie die Gründe dafür?

Seiz Es <u>fällt</u> <u>schwer</u>, das eindeutig zu beantworten. Sicher <u>hängt</u> das mit der Arbeitslosigkeit der Eltern und den schlechten Zukunftsaussichten der Jugendlichen <u>zusammen</u>.
Frage Wie <u>schätzen</u> Sie die Wirkung von Strafen <u>ein</u>?
Seiz Vor der Haftstrafe hat der Gesetzgeber viele Möglichkeiten <u>vorgesehen</u>: gemeinnützige Arbeit, Täter-Opfer-Ausgleich, Bußgeld, Erfahrungskurse usw. In vielen Fällen ist es aber völlig gleichgültig, ob ich hart oder mild urteile. Für die, bei denen Straftaten nur eine Episode sind, ist es egal, weil die sowieso damit <u>aufhören</u>. Und bei denen, die mehrfach straffällig werden, nutzen meist weder harte noch milde Strafen etwas.

2 In dem Text wurden Verben unterstrichen. Schreibe sie im Infinitiv auf, z. B.: *ansteigen, auffallen, ...*

3 Bilde mit jedem Verb einen Satz im Präsens. Forme ihn anschließend ins Perfekt um, z. B.: *Die Zahl der Straftaten steigt an.* → *Die Zahl der Straftaten ist angestiegen.*
Stelle fest, welchen Unterschied es in der Schreibweise dieser Verben im Infinitiv, Präsens und Perfekt gibt.

Rechtschreibung, Grammatik, Sprachbetrachtung

4 Trennbar zusammengesetzt Bilde mit den folgenden Wörtern zusammengesetzte Verben. Schreibe mit ihnen je einen Satz im Präsens und im Perfekt, z. B.: heimzahlen ➔ Sie zahlt es ihm heim. Sie hat es ihm heimgezahlt.

1. Bestandteil	2. Bestandteil
heim teil stand statt irre	zahlen nehmen führen finden bringen halten
auf durch fort heraus hinauf vorbei zu zurück wieder	fahren laufen hören schicken kommen geben sprechen gehen

TIPP! Schlage in einem Wörterbuch nach, welche Bedeutung die zusammengesetzten Verben und die Wortgruppen jeweils haben.

5 Untrennbar zusammengesetzt Schreibe mit den folgenden Verben je einen Satz im Präsens und im Perfekt auf, z. B.:
Er langweilt sich ständig. Er hat sich ständig gelangweilt.

handhaben, maßregeln, schlussfolgern, langweilen, liebäugeln, vollbringen, vollenden, durchbrechen (Schallmauer), hintergehen, übersetzen (Text), umfahren (ein Hindernis), widersprechen

6 EXTRA Verwende die folgenden Wörter in Sätzen. Darin soll die unterschiedliche Bedeutung von zusammengesetzten Verben und die Bedeutung der getrennt geschriebenen Wortgruppen deutlich werden, z. B.:
In seinem Referat hat er frei gesprochen. Der Richter hat ihn freigesprochen.

frei sprechen – freisprechen, gut gehen – gutgehen, kalt stellen – kaltstellen, gut schreiben – gutschreiben, schwer fallen – schwerfallen, richtig stellen – richtigstellen

> **Merke**
>
> Verben können mit anderen Wörtern zusammengesetzt werden. Einige dieser Verben bilden trennbare, andere untrennbare Zusammensetzungen.
> – **Trennbar zusammengesetzte Verben** werden nur im Infinitiv, im Partizip und bei Endstellung im Nebensatz zusammengeschrieben (stattfinden; es hat stattgefunden; … wenn es stattfindet).
> – **Untrennbar zusammengesetzte Verben** werden in allen Verbformen zusammengeschrieben. **Verbzusammensetzungen** können gelegentlich aus denselben Wörtern bestehen wie **getrennt geschriebene Wortgruppen**. Hier liegen meist Bedeutungsunterschiede vor, z. B.: Er will ihn (den Wein) kalt stellen. Er will ihn (den Gangster) kaltstellen.

➔ **Seite 217 f.,** Übersicht über die Wortarten

➔ **Seite 219 ff.,** Verben

11 Wie wird so einer ein Mörder?

...richtigstellen oder richtig stellen?

TIPP!
Lies in einem Wörterbuch nach, welche Bedeutung die Wörter haben können. Von der Bedeutung hängt es ab, wie sie geschrieben werden müssen.

1 Setze das zusammengesetzte Verb in der richtigen Form ein, z. B.:
1. Warum bist du nicht <u>vorbeigekommen</u>?

1. Warum bist du nicht ✎ (vorbeikommen)?
2. Hast du da noch ✎ (durchblicken)?
3. Hast du den Brief schon ✎ (zurücksenden)?
4. Womit hast du die viele Zeit ✎ (totschlagen)?
5. Warum bist du nicht gleich ✎ (hingehen)?
6. Was habt ihr ✎ (zusammenstellen)?
7. Hast du denn nicht ✎ (hinhören)?
8. Wann seid ihr ✎ (fortlaufen)?

2 Setze die richtige Verbform ein, z. B.:
1. Ich habe mich wegen des Regens untergestellt.

1. **unterstellen**
a) Ich habe mich wegen des Regens ✎
b) Ich habe ihm nichts Böses ✎

2. **umfahren**
a) Er hat die Insel ✎
b) Er hat den Mann ✎

3. **übersetzen**
a) Er hat den Text ins Deutsche ✎
b) Er hat zum anderen Ufer ✎

4. **durchbrechen**
a) Ich habe den Stock ✎
b) Das Flugzeug hat die Schallmauer ✎

3 Verbzusammensetzung oder Wortgruppe? Schreibe auf und setze ein.

1. **schwerfallen** oder **schwer fallen**?
a) Das sollte dir nicht ✎
b) Vorsicht, dabei kannst du ✎

2. **freisprechen** oder **frei sprechen**?
a) Bei ihrem Vortrag muss sie ✎
b) Die Richterin muss den Angeklagten ✎

3. **dableiben** oder **da bleiben**?
a) Geht noch nicht, ihr sollt noch ein bisschen ✎
b) Ihr sollt ✎, wo ihr seid.

4. **gutgehen** oder **gut gehen**?
a) Lass es dir ✎
b) Nach dem Beinbruch kannst du doch schon wieder ✎

4 Verwende die folgenden Verben in Sätzen. Schreibe mit ihnen je einen Satz im Präsens und im Perfekt, z. B.:

kopfstehen → In diesem Chaos steht sie kopf.
→ In diesem Chaos hat sie kopfgestanden.

| kopfstehen | nottun | stattfinden |
| leidtun | standhalten | teilnehmen |

Wiederholung und Vertiefung: Getrennt- und Zusammenschreibung von Verben

5 ...zusammen tragen oder zusammentragen?

Bedeutung:
- zusammen tragen = gemeinsam, miteinander etwas tragen
- zusammentragen = etwas an eine Stelle tun, in eins tun

Entscheide, ob die Wörter in den folgenden Sätzen zusammengeschrieben oder getrennt geschrieben werden müssen, z. B.:

1. Wir haben beschlossen, demnächst in einem Team zusammen zu spielen. (miteinander)

1. Wir haben beschlossen, demnächst in einem Team ✎ (zusammen zu spielen/zusammenzuspielen).
2. Wir sind an diesem Ort ✎ (zusammen gekommen/zusammengekommen).
3. Der Ball ist weit fortgeflogen, wir wollen ihn ✎ (zusammen suchen/zusammensuchen).
4. Um dieses Problem zu klären, müssen wir uns demnächst einmal ✎ (zusammen setzen/zusammensetzen).
5. Wie konnten die Fahrzeuge ✎ (zusammen stoßen/zusammenstoßen)?
6. Lasst uns ein Lied ✎ (zusammen singen/zusammensingen).
7. Ihm wurde übel, plötzlich ist er ✎ (zusammen gesunken/zusammengesunken).

6 ...wieder bringen oder wiederbringen?
Entscheide, ob die Wörter in den folgenden Sätzen zusammengeschrieben oder getrennt geschrieben werden müssen. Leite die Bedeutung aus dem Textzusammenhang ab, z. B.:
- wieder bringen = etwas erneut, nochmals bringen
- wiederbringen = etwas zurückbringen

1. Ich kann dir das Geld morgen wiedergeben. (im Sinne von „zurückgeben")

1. Ich kann dir das Geld morgen ✎ (wiedergeben/wieder geben).
2. Wenn du jetzt gehst, brauchst du nicht ✎ (wieder kommen/wiederkommen).
3. Ich werde das nicht ✎ (wieder tun/wiedertun).
4. Der Artikel wurde ✎ (wieder gedruckt/wiedergedruckt).
5. Kann ich meinen Stift bitte ✎ (wieder haben/wiederhaben)?
6. Da ist es mir ✎ (wieder eingefallen/wiedereingefallen).

12 Sehnsucht – Liebe – Abschied

Xavier Naidoo
Sie sieht mich nicht

Wenn sie vorbeigeht
Dann scheint es wie ein Feuerwerk
Vor einem Himmel ist es sie die ich bemerk'
Ihrer Königlichkeit ist nur ein König wert'
5 Und ich bin wenig königlich
Sie sieht mich einfach nicht

Wenn sie tanzt dann tanzt alles
Ihre Hüften und Arme
Alles erhellt sich im Licht dieser Dame
10 Sie hat die Anmut und die Reinheit
Die die anderen nicht haben

Sie hat all das was ich
Nicht hab' – Sie sieht mich einfach nicht

Je mehr ich mich ihr näher' desto
15 Ungeschickter bin ich
Mein Körper meine Stimme mein Gesicht
Es gibt Grenzen die man trotz
  Millionen von Soldaten wegwischt
Aber unsere überwindet man nicht

20 Er hat Stil ist delikat bedient sich Gesten so zart
Das leichte Leben dieser Welt ist seine Art

Er ist so sehr auch das was er nicht zu
  Sein vermag
Doch die Frauen wissen nicht
25 Von diesen Dingen wenn er spricht

Sie sieht mich einfach nicht

Man kann so vieles ändern
Wenn man zu kämpfen bereit ist – Aber nicht
  diese Ungerechtigkeit

30 Wenn sie vorbeigeht dann scheint
Es wie ein Feuerwerk
Vor einem Himmel ist es sie die ich bemerk'
Ihrer Königlichkeit ist nur ein König wert

Ein anderer als ich
35 Ich bin wenig königlich
Sie sieht mich einfach nicht

Sie sieht mich einfach nicht
Sie sieht mich einfach nicht
Sieht mich einfach nicht

Texter: Jean-Jacques Goldmann.
Peter Pelham. © JRG/Pathe Renn Productions, Strictly Confidential
Germany GmbH & Budde, Berlin, Templar Music Germany Edition

Lesen und Literatur – Umgang mit Texten und Medien

Eugen Roth
Gezeiten der Liebe

Ein Mensch schreibt mitternächtig tief
An die Geliebte einen Brief,
Der schwül und voller Nachtgefühl.
Sie aber kriegt ihn morgenkühl,
5 Liest gähnend ihn und wirft ihn weg.
Man sieht, der Brief verfehlt den Zweck.
Der Mensch, der nichts mehr von ihr hört,
Ist seinerseits mit Recht empört
Und schreibt am hellen Tag, gekränkt
10 Und saugrob, was er von ihr denkt.
Die Liebste kriegt den Brief am Abend,
Soeben sich entschlossen habend,
Den Menschen dennoch zu erhören –
Der Brief muss diesen Vorsatz stören.
15 Nun schreibt, die Grobheit abzubitten,
Der Mensch noch einen zarten dritten
Und vierten, fünften, sechsten, siebten
Der herzlos schweigenden Geliebten.
Doch bleibt vergeblich alle Schrift,
20 Wenn man zuerst danebentrifft.

Heinz Erhardt
Der Einsame

Einsam irr' ich durch die Gassen,
durch den Regen, durch die Nacht.
Warum hast du mich verlassen,
warum hast du das gemacht?
5 Nichts bleibt mir als mich zu grämen!
Gestern sprang ich in den Bach,
um das Leben mir zu nehmen;
doch der Bach war viel zu flach.
10 Einsam irr' ich durch den Regen,
und ganz feucht ist mein Gesicht
nicht allein des Regens wegen,
nein, davon alleine nicht.
Wo bleibt Tod im schwarzen Kleide?
15 Wo bleibt Tod und tötet mich?
Oder besser noch: uns beide?
Oder besser: erst mal dich.

Online-Link
Hörverstehen
313275-0155

1 Notiere dir deine Gedanken zum Thema Sehnsucht-Liebe-Abschied.

2 Führt ein stummes Schreibgespräch in der Klasse dazu durch.

3 Lies die Gedichte oder höre sie dir an.

4 Welche Gedanken und Gefühle entwickelst du beim Lesen/Hören?
Tausche dich mit einem Partner/einer Partnerin aus.

5 Gebt eure ersten Eindrücke wieder:
– Um welches Thema geht es jeweils in den Gedichten?
– Worin ähneln sich die Gedichte?
– Wodurch unterscheiden sie sich?

6 Wie empfindet jeweils das lyrische Ich die Liebe?

7 Welche Gedichte gefallen dir, welche nicht?
Begründe deine Entscheidung.

→ **Seite 239,** Arbeitstechnik „Ein Gedicht wirkungsvoll vortragen"

→ **Seite 159, 239,** Arbeitstechnik „Ein Gedicht untersuchen und beschreiben"

→ **Seite 156,** „Lyrisches Ich"

Wiederholung und Vertiefung: Gedichte untersuchen und beschreiben

12 Sehnsucht – Liebe – Abschied

Online-Link
Hörverstehen
313275-0156

Genauer hinsehen

Marie Luise Kaschnitz

Am Strande

Heute sah ich wieder dich am Strand
Schaum der Wellen dir zu Füßen trieb
mit dem Finger grubst du in den Sand
Zeichen ein, von denen keines blieb.

5 Ganz versunken warst du in dein Spiel
mit der ewigen Vergänglichkeit,
Welle kam und Stern und Kreis zerfiel
Welle ging und du warst neu bereit.

Lachend hast du dich mir zugewandt
10 ahntest nicht den Schmerz, den ich erfuhr:
Denn die schönste Welle zog zum Strand
und sie löschte deiner Füße Spur.

1 Notiere dir deine Gedanken und Gefühle beim Lesen des Gedichts.

2 Erläutere deinem Lernpartner: Wer spricht zu wem? Wo spielt das Geschehen? Was geschieht in den einzelnen Strophen?

3 Untersuche die Form und Gestaltung des Gedichts (Reime, sprachliche Bilder, Vergleiche, Personifikationen).

4 Erkläre den Begriff „Vergänglichkeit" (Vers 6) im Zusammenhang mit dem Gedicht. Was bedeutet er für dich, wenn du an „Liebe" denkst?

5 Bereite das Gedicht für einen Vortrag vor.

→ **Seite 239,** Arbeitstechniken „Ein Gedicht wirkungsvoll vortragen" und „Ein Gedicht auswendig lernen"

Merke

1. In vielen lyrischen Texten wird die Ich-Form verwendet. Sie wird dann als **lyrisches Ich** bezeichnet. Dieses **lyrische Ich** ist nicht mit dem Autor identisch. Ein erwachsener Autor kann z. B. ein kindliches Ich sprechen lassen.
2. Von **Personifikation** spricht man, wenn Dinge oder Naturerscheinungen „vermenschlicht" werden, z. B. *die Sonne lacht*.
3. In Gedichten werden oft **sprachliche Bilder** „gezeichnet". Sie veranschaulichen Eigenschaften, z. B. steht ein *kaltes Herz* für *Gefühllosigkeit*.

Lesen und Literatur – Umgang mit Texten und Medien

Gib mir mein Herz zurück ...

Herbert Grönemeyer
Flugzeuge im Bauch

du hast 'n schatten im blick
dein lachen ist gemalt
deine gedanken sind nicht
    mehr bei mir
5 streichelst mich mechanisch
völlig steril
eiskalte hand, mir graut vor dir

fühl mich leer und verbraucht
alles tut weh
10 hab flugzeuge in meinem bauch
kann nichts mehr essen
kann dich nicht vergessen
aber auch das gelingt mir noch
gib mir mein herz zurück
15 du brauchst meine liebe nicht

gib mir mein herz zurück
bevor es auseinanderbricht

je eher du gehst
um so leichter wird's für mich
20 ich brauch niemand, der mich quält
niemand, der mich zerdrückt
niemand, der mich benutzt, wann
    er will
niemand, der mit mir redet nur aus
25   pflichtgefühl
der nur seine eitelkeit an mir stillt

niemand, der nie da ist
wenn man ihn am nötigsten hat
wenn man nach luft schnappt, auf
30   dem trocknen schwimmt
lass mich los, lass mich in ruhe
damit das ein ende nimmt

gib mir mein herz ...

© Grönland Musikverlag, Berlin

Online-Link
Hörverstehen
313275-0157

> **TIPP!**
> Die Zeile eines Gedichtes heißt **Vers**. Mehrere Verse bilden eine **Strophe**.
>
> Oft werden **Reime** – gleich klingende Wörter – verwendet; z. B. ein Paarreim (aabb), ein Kreuzreim (abab) oder ein umarmender Reim (abba).
>
> Jedes Gedicht hat seinen eigenen **Rhythmus**. Darunter versteht man das abwechselnde Sprechen von betonten und unbetonten Silben sowie gesetzte Pausen und die Satzmelodie.

→ **Seite 159, 239,** Arbeitstechnik „Ein Gedicht untersuchen und beschreiben"

1 Hör das Lied von Herbert Grönemeyer, von dem auch der Text stammt. Welche Bilder/Gefühle steigen in dir dabei auf?

2 Notiere alle Verse, in denen etwas über das „Ich" und das „Du" steht.

3 „Übersetze" die sprachlichen Bilder mithilfe einer Tabelle in die Alltagssprache, z. B.:

Sprachliche Bilder	Alltagssprache
Schatten im Blick	die Person schaut düster
dein lachen ist gemalt	das Lachen ist falsch
eiskalte Hand	...

4 Wie stehen die Personen zueinander? Belege deine Aussagen am Text.

5 Schreibe mithilfe deiner Erarbeitungen eine Gedichtuntersuchung. Verwende den Arbeitstechnik-Kasten von Seite 159 als Checkliste.

12 Sehnsucht – Liebe – Abschied

Ein Gedicht untersuchen und beschreiben

TIPP!
Orientiere dich am Merkkasten auf Seite 156 und am Arbeitstechnik-Kasten auf Seite 159.

Online-Link
Hörverstehen
313275-0158

1 Lies dir die Gedichte **A** und **B** auf dieser Doppelseite durch.

2 Entscheide dich für **A** oder **B**. Schreibe für dieses Gedicht eine Gedichtuntersuchung.

A:
Erich Kästner
Sachliche Romanze

Als sie einander acht Jahre kannten
(Und man darf sagen: sie kannten sich gut),
kam ihre Liebe plötzlich abhanden.
Wie andern Leuten ein Stock oder Hut.

5 Sie waren traurig, betrugen sich heiter,
versuchten Küsse, als ob nichts sei,
und sahen sich an und wussten nicht weiter.
Da weinte sie schließlich. Und er stand dabei.

Vom Fenster aus konnte man Schiffen winken.
10 Er sagte, es wäre schon Viertel nach vier
und Zeit, irgendwo Kaffee zu trinken.
Nebenan übte ein Mensch Klavier.

Sie gingen ins kleinste Café am Ort
und rührten in ihren Tassen.
15 Am Abend saßen sie immer noch dort.
Sie saßen allein, und sie sprachen kein Wort
und konnten es einfach nicht fassen.

158   Wiederholung und Vertiefung: Gedichte untersuchen und beschreiben

Lesen und Literatur – Umgang mit Texten und Medien

B:

Heinrich Heine
Dass du mich liebst …

Dass du mich liebst, das wusst ich,
Ich hatt es längst entdeckt;
Doch als du mir's gestanden,
Hat es mich tief erschreckt.

5 Ich stieg wohl auf die Berge
Und jubelte und sang;
Ich ging ans Meer und weinte
Beim Sonnenuntergang.

Mein Herz ist wie die Sonne
10 So flammend anzusehn
Und in ein Meer von Liebe
Versinkt es groß und schön.

Online-Link
Hörverstehen
313275-0159

Arbeitstechnik

Ein Gedicht untersuchen und beschreiben

1. Stelle fest, um welches Thema es geht. Notiere deine ersten Gedanken beim Lesen der Überschrift und der einzelnen Strophen.
2. Lies das Gedicht mehrmals, auch laut. Verwende unterschiedliche Betonungen.
3. Kläre unbekannte oder ungewöhnlich gebrauchte Wörter aus dem Textzusammenhang.
4. Fasse den Inhalt (Strophe für Strophe) zusammen.
5. Beschreibe die Form des Gedichts (Verse, Strophen, Reime und Rhythmus).
6. Untersuche die rhetorischen Mittel (Personifikationen, Vergleiche, Wiederholungen und sprachliche Bilder). Erschließe dabei jeweils den Bezug zum Inhalt, zur Aussage sowie die Wirkung des Gedichts.
7. Notiere, wie das Gedicht insgesamt wirkt und was damit beabsichtigt sein könnte.
8. Bewerte das Gedicht abschließend. Begründe dein Urteil.
9. Fasse deine Untersuchungsergebnisse schriftlich zusammen. Entwirf dafür zunächst eine Gliederung.

12 Sehnsucht – Liebe – Abschied

Vergleiche anstellen

Im Oktober 1770 lernte der 21-jährige Goethe die 18-jährige Friederike Brion kennen, Tochter eines Pfarrers in Sessenheim (Elsass), und verliebte sich in sie. Rasch gab sie seinem Werben nach, doch nach kurzen, heftigen Liebeswonnen begannen Goethes Gefühle zu erkalten und er verließ sie 1771, nicht ohne schlechtes Gewissen. Goethe verarbeitete dieses Erlebnis in dem Gedicht „Willkommen und Abschied". Vierzehn Jahre später überarbeitete er das Gedicht noch einmal.

Online-Link
zu Johann Wolfgang Goethe
313275-0160

Online-Link
Hörverstehen
313275-0160

Johann Wolfgang Goethe
Willkommen und Abschied
(Frühe Fassung, 1771)

Es schlug mein Herz. Geschwind, zu Pferde!
Und fort, wild wie ein Held zur Schlacht.
Der Abend wiegte schon die Erde,
Und an den Bergen hing die Nacht.
5 Schon stund im Nebelkleid die Eiche
Wie ein getürmter Riese da,
Wo Finsternis aus dem Gesträuche
Mit hundert schwarzen Augen sah.

Der Mond von einem Wolkenhügel
10 Sah schläfrig aus dem Duft hervor,
Die Winde schwangen leise Flügel,
Umsausten schauerlich mein Ohr.
Die Nacht schuf tausend Ungeheuer,
Doch tausendfacher war mein Mut,
15 Mein Geist war ein verzehrend Feuer,
Mein ganzes Herz zerfloss in Glut.

Ich sah dich, und die milde Freude
Floss aus dem süßen Blick auf mich.
Ganz war mein Herz an deiner Seite,
20 Und jeder Atemzug für dich.
Ein rosenfarbnes Frühlingswetter
Lag auf dem lieblichen Gesicht
Und Zärtlichkeit für mich, ihr Götter,
Ich hofft' es, ich verdient' es nicht.

25 Der Abschied, wie bedrängt, wie trübe!
Aus deinen Blicken sprach dein Herz.
In deinen Küssen welche Liebe,
O welche Wonne, welcher Schmerz!
Du gingst, ich stund und sah zur Erden
30 Und sah dir nach mit nassem Blick.
Und doch, welch Glück, geliebt zu werden,
Und lieben, Götter, welch ein Glück!

Lesen und Literatur – Umgang mit Texten und Medien

EXTRA

1 Lies die erste Fassung des Gedichts auf Seite 160. Fasse den Inhalt strophenweise zusammen.

2 Lies die zweite Fassung des Gedichts unten auf dieser Seite.

3 Vergleiche beide Fassungen. Notiere, welche Stellen J.W. Goethe verändert hat. Diskutiere in der Klasse, warum der Dichter diese Änderungen vorgenommen haben könnte.

4 Goethe schrieb viele Jahre später in seiner Autobiografie „Aus meinem Leben. Dichtung und Wahrheit" über die Begegnung mit Friederike Brion:

„In solchem Drang und Verwirrung konnte ich doch nicht lassen, Friederike noch einmal zu sehen. Es waren peinliche Tage, deren Erinnerung mir nicht geblieben ist. Als ich ihr die Hand noch vom Pferde reichte, standen ihr die Tränen in den Augen, und mir war sehr übel zu Mute."

5 Verfasse einen Brief, mit dem Friederike auf Goethes Abschied reagiert.

6 Schreibe zu Goethes „Willkommen und Abschied" ein Parallelgedicht. Das lyrische Ich ist dabei in einer Großstadt im 21. Jahrhundert unterwegs. „Modernisiere" zunächst wichtige Begriffe, z. B. Pferd → Fahrrad, Mofa; …

Online-Link
zu „Aus meinem Leben. Dichtung und Wahrheit"
313275-0161

TIPP!
Ein Parallelgedicht nimmt das Ursprungsgedicht als Grundlage für ein neues Gedicht. Dabei wird die äußere Struktur (Versanzahl, Reimschema, die Geschichte an sich) meist beibehalten. Einzelne andere Elemente aber werden verändert, sodass ein ganz neues Gedicht entsteht.

Johann Wolfgang Goethe
Willkommen und Abschied
(Spätere Fassung, etwa 1785)

Es schlug mein Herz. Geschwind, zu Pferde!
Es war getan fast eh gedacht.
Der Abend wiegte schon die Erde,
Und an den Bergen hing die Nacht;
5 Schon stund im Nebelkleid die Eiche
Ein aufgetürmter Riese, da,
Wo Finsternis aus dem Gesträuche
Mit hundert schwarzen Augen sah.

Der Mond von einem Wolkenhügel
10 Sah kläglich aus dem Duft hervor,
Die Winde schwangen leise Flügel,
Umsausten schauerlich mein Ohr;
Die Nacht schuf tausend Ungeheuer,
Doch frisch und fröhlich war mein Mut:
15 In meinen Adern welches Feuer!
In meinem Herzen welche Glut!

Dich sah ich, und die milde Freude
Floss von dem süßen Blick auf mich;
Ganz war mein Herz an deiner Seite
20 Und jeder Atemzug für dich.
Ein rosenfarbnes Frühlingswetter
Umgab das liebliche Gesicht,
Und Zärtlichkeit für mich – ihr Götter!
Ich hofft' es, ich verdient' es nicht!

25 Doch ach, schon mit der Morgensonne
verengt der Abschied mir das Herz:
In deinen Küssen welche Wonne!
In deinem Auge, welcher Schmerz!
Ich ging, du standst und sahst zur Erden
30 Und sahst mir nach mit nassem Blick:
Und doch, welch Glück, geliebt zu werden!
Und lieben, Götter, welch ein Glück!

12 Sehnsucht – Liebe – Abschied

Über berühmte Dichter

Johann Wolfgang Goethe

Johann Wolfgang Goethe wurde 1749 in Frankfurt am Main geboren. Er starb 1832 in Weimar. Goethe ist einer der bedeutendsten deutschen Dichter. Seine literarische Produktion ist sehr
5 umfangreich. Sie umfasst Gedichte, Dramen, erzählende Werke, autobiografische, kunst- und literaturtheoretische sowie naturwissenschaftliche Schriften. Auch sein Briefwechsel ist von großer literarischer Bedeutung.

Online-Link
zu Johann Wolfgang Goethe (Biografie)
313275-0162

1 Recherchiert zu Johann Wolfgang Goethe. Stellt eure Ergebnisse auf einem Lernplakat zusammen.

2 Bestimme in den Sätzen jeweils das Subjekt.

3 Untersuche in den Sätzen die Prädikate. Erkläre, aus welchen Bestandteilen sie jeweils bestehen.

4 EXTRA Analysiere, wie das Prädikat in diesen Sätzen gebildet ist.

1. Johann Wolfgang Goethe war einer der wichtigsten Vertreter der literarischen Epoche des „Sturm und Drang".
2. Durch seinen Roman „Die Leiden des jungen Werther" wurde er in ganz Europa berühmt.
3. Später wandte er sich den Idealen der Antike zu.
4. Ab den 1790er Jahren wurde er gemeinsam mit Friedrich Schiller zum wichtigsten Vertreter der Weimarer Klassik.
5. Sein berühmtestes Werk ist sein Drama „Faust".
6. Im Alter galt Goethe auch im Ausland als Repräsentant des geistigen Deutschlands.
7. Viele seiner Gedichte gehören heute zum Schulstoff.

> **Merke**
>
> **Prädikatsnomen**
> Bei einigen Verben (*bezeichnen, bleiben, gelten, heißen, sein, werden*) gehören auch Nomen, Pronomen, Adjektive, Adverbien oder Wortgruppen mit einer Präposition zum **Prädikat**, z. B. *Er ist mein Freund. Er bleibt es. Er ist klug. Er erscheint ängstlich. Sie ist bei ihrem Freund.*

Wiederholung und Vertiefung: Satzglieder

Rechtschreibung, Grammatik, Sprachbetrachtung

Heinrich Heine

Heinrich Heine wurde 1797 in Düsseldorf geboren. Er starb 1856 in Paris.
Heine gehört zu den bedeutendsten Lyrikern des 19. Jahrhunderts. Ihm verdanken wir viele
5 Gedichte, die zu den bekanntesten Werken der deutschen Literatur zählen. Aber auch als kritischer Journalist wirkte Heinrich Heine sehr erfolgreich. In seinen Schriften setzte er sich mit den gesellschaftlichen Verhältnissen in Deutsch-
10 land auseinander. Wegen seiner politischen Haltung waren Heines Schriften zu seinen Lebzeiten in Deutschland verboten.

1 Recherchiert zu Heinrich Heine. Stellt eure Ergebnisse auf einem Lernplakat zusammen.

Online-Link
zu Heinrich Heine
(Biografie)
313275-0163

2 Übernimm die folgende Tabelle in dein Heft. Schreibe die Fragen, mit denen man die Satzglieder erfragen kann, in die zweite Spalte. Trage dann als Beispiele Satzglieder aus dem Text ein.

Satzglied	Frage	Beispiel aus dem Text
Subjekt	Wer oder was?	Heinrich Heine
Objekte		
– Dativobjekt	…	…
– Akkusativobjekt	…	…
– Präpositionalobjekt		
Adverbialbestimmungen		
– Lokalbestimmung (Ort)	…	…
– Temporalbestimmung (Zeit)	…	…
– Modalbestimmung (Art und Weise)	…	…
– Kausalbestimmung (Grund)	…	…

→ **Seite 223 f.,** Satzglieder

3 EXTRA Schreibe aus dem Text alle Präpositionalobjekte und das entsprechende Verb heraus. Ergänze jeweils die passende Frage, z. B.:
(gehört) zu den bedeutendsten Lyrikern des 19. Jahrhunderts
→ Zu wem gehört Heine?

Wiederholung und Vertiefung: Satzglieder   163

12 Sehnsucht – Liebe – Abschied

Dichter, Daten und Geschichte

→ **Seite 223,** Umstellprobe

1 Wähle zwei Sätze aus und stelle sie so oft wie möglich um.

1. Heinrich Heine wurde 1797 in Düsseldorf als Sohn des Tuchhändlers Samson Heine geboren.

2. In seinen Schriften setzt sich Heinrich Heine mit den gesellschaftlichen Verhältnissen in Deutschland auseinander.

3. Wegen seiner politischen Haltung waren Heines Schriften zu seinen Lebzeiten in Deutschland verboten.

4. Weil er der Zensur in Deutschland überdrüssig war, zog er 1831 nach Paris, wo seine zweite Lebens- und Schaffensphase begann.

→ **Seite 223,** Präpositionalobjekt

2 Erfrage die unterstrichenen Satzglieder in folgenden Sätzen, z. B.:
1. Von wem mussten früher die Balladen Goethes und Schillers auswendig gelernt werden?

1. Die Balladen Goethes und Schillers mussten früher <u>von den Schülern</u> auswendig gelernt werden.
2. Johann Wolfgang Goethe verband eine enge Freundschaft <u>mit Friedrich Schiller</u>.
3. Heinrich Heine zählt <u>zu den meistübersetzten Dichtern deutscher Sprache</u>.
4. Erich Kästner (1899–1974) schrieb <u>für Kinder und Erwachsene</u>.
5. Wegen seines Wortwitzes wurde Eugen Roth (1895–1976) <u>von vielen Lesern</u> geliebt.
6. Xavier Naidoo (geb. 1971) entwickelte sich <u>zu einem der erfolgreichsten Pop-Soul-Sänger</u> in Deutschland.
7. Viele lyrische Texte Heines wurden <u>von bekannten Komponisten wie Robert Schumann und Franz Schubert vertont</u>.
8. Neue Vertonungen <u>von satirischen und nachdenklichen Versen</u> Erich Kästners bringen Kabarettisten <u>mit vielen aktuellen Anspielungen</u> auf die Bühne.

Rechtschreibung, Grammatik, Sprachbetrachtung

TRAINING

3 Erfrage die unterstrichenen Satzglieder auch in folgenden Sätzen, z. B.:
1. Viele Gedichte Heinrich Heines (1797–1856) gehören zu den bekanntesten Werken der deutschen Literatur. → 1. Wozu gehören viele Gedichte Heinrich Heines?

1. Viele Gedichte Heinrich Heines (1797–1856) gehören zu den bekanntesten Werken der deutschen Literatur.
2. Erich Kästner schrieb Gedichte, Glossen und Reportagen für verschiedene Tageszeitungen.
3. Durch seine witzigen Gedichte wurde Heinz Erhardt (1909–1979) zu einem der beliebtesten deutschen Humoristen.
4. Die Werke der Dichterin Marie Luise Kaschnitz (1901–1974) sind von einer humanistisch-christlichen Haltung geprägt.
5. Mit seinem Album „Bochum" gelang Herbert Grönemeyer (geb. 1956) der musikalische Durchbruch.
6. Mit seiner Gebrauchslyrik wurde Erich Kästner zum wichtigsten Vertreter einer neuen Richtung in der Literatur, die die „Neue Sachlichkeit" genannt wurde.
7. Goethe hat nicht nur Gedichte und Theaterstücke geschrieben. Er beschäftigte sich auch intensiv mit verschiedenen Wissenschaften.
8. Wegen seines schlechten Gesundheitszustandes musste Schiller 1791 sein Lehramt an der Universität in Jena aufgeben.

4 Erweitere die Sätze durch die in Klammern stehenden Adverbialbestimmungen, z. B.:
1. Friedrich Schiller wurde 1759 in Marbach am Neckar geboren.

1. Friedrich Schiller wurde 1759 geboren. (in Marbach am Neckar)
2. Er starb in Weimar. (1805)
3. Schiller siedelte nach Weimar über. (1799; um Goethe und dem Weimarer Theater näher zu sein)
4. Ihn verband eine Freundschaft mit Johann Wolfgang Goethe. (von 1794 bis zu seinem Tode)
5. Seine Balladen, z. B. „Der Handschuh", „Die Glocke" und „Die Bürgschaft" zählen zu den bedeutendsten deutschen Dichtungen. (noch heute)
6. Seine Theaterstücke, z. B. „Die Räuber" und „Wilhelm Tell", erfreuen sich großer Beliebtheit bei Alt und Jung. (auch in der Gegenwart)
7. Schiller gilt als einer der führenden Vertreter der deutschen Nationalliteratur. (unbestritten)
8. Schillers Wohnhaus in Weimar ist heute ein Museum. Es zieht Tausende Touristen an. (noch immer; jährlich)

13 Das hat mir gerade noch gefehlt!

Online-Link
Hörverstehen
313275-0166

→ **Seite 240,** Arbeitstechnik „Einen literarischen Text genau lesen und verstehen"

1 Lies den Text. Schreibe die Sätze heraus, die anders gemeint sind, als sie gesagt werden. Schreibe jeweils dazu, was sie eigentlich ausdrücken sollen.

Mein ganz normaler Alltag

Heute war nicht nur der ganz normale Wahnsinn los, sondern der Oberwahnsinn. Und das begann schon beim Aufstehen. – Ich war noch in meinen schönsten Träumen, als die liebliche Stimme meiner Mutter zu mir durchdrang: „Es ist gleich halb acht, du wirst deinen Bus verpassen!"
5 Pfeilschnell schoss ich in Hosen und Shirt, packte mit jeder Hand eine Socke und zog sie mir zum Bad hüpfend irgendwie über die Füße, um mit der Zahnbürste im Mund den Frühstückstisch zu erreichen. An Kämmen war nicht zu denken. Ich wurde mit den reizenden Worten meiner über alle Maßen geschätzten Schwester empfangen: „Du siehst ja heute wie-
10 der super aus!" Meine Mutter pflichtete ihr bei: „Du solltest immer diese schicke Frisur tragen." Der Appetit war mir bei so viel weiblichem Charme schlagartig vergangen. Ich entkam ihnen knapp, lief dann aber doch noch meinem Vater auf dem Flur über den Weg. Er blickte fragend an mir herunter, entdeckte die zwei verschiedenen Socken und kommentierte diesen
15 Tatbestand mit den Worten: „Eine interessante neue Mode." Dann wollte er noch wissen: „Hast du dich auf den Vokabeltest vorbereitet?" Als ich ihm die Antwort schuldig blieb, fügte er hinzu: „Ah, du hast die Vokabeln nur einmal durchgelesen? Eine echte Erfolgsgarantie!" Da half nur: Keine Diskussion darüber, sondern im Eiltempo zum Bus. Ich erreichte ihn
20 gerade so. Jetzt konnte ich erst mal relaxen, also Kopfhörer auf und volle Dröhnung. Da spürte ich ein Tippen auf meiner Schulter und ein Mädchen lächelte mich süßlich an und sagte: „Weißt du, diesen Song mag ich nicht so. Kannst du einen anderen nehmen?" Sie drehte sich weg und ihre Freundinnen kicherten. Wie hatte sie das denn gemeint? Egal, ich musste
25 jetzt aussteigen, in die Schule sprinten und schnell vor meiner Klassenlehrerin zur Tür reinhuschen ... Sie war wie immer super pünktlich und so kam ich abgehetzt und doch zu spät in den Klassenraum. Bitte nicht noch mehr Sprüche! „Guten Morgen, Sven", begrüßte sie mich freundlich. Na, also, es geht auch ohne Sprüche. Aber sie fuhr fort: „Könntest du dein Ma-
30 rathontraining in Zukunft vielleicht fünf Minuten früher beenden?", fragte sie strahlend. – Schon wieder waren die Lacher nicht auf meiner Seite.

Ironie erkennen und anwenden lernen

Lesen und Literatur – Umgang mit Texten und Medien

2 Lies den Text. Schreibe den Satz auf, der ironisch gemeint ist.

Eigentlich war mein Praktikum gar nicht so übel. Oft machte man mir Komplimente über meine ausgefallene Kleidung. Jeden Tag gab es ein sehr leckeres Frühstück. Natürlich war ich bereit, die Einkäufe dafür zu erledigen. Shoppen liegt mir. Auf dem Rückweg vom Supermarkt besuchte ich meistens noch meine Freundin auf ihrer Praktikumsstelle. Die Leute dort freuten sich immer, wenn sie mich sahen: „Hallo Susi, du hast uns aber schon lange nicht mehr besucht!" – Ob sie damit meinen, ich sollte auch nachmittags noch vorbeikommen?

3 Susi scheint die Ironie der Leute an der Praktikumsstelle ihrer Freundin nicht zu verstehen. Also müssen diese deutlicher werden. Was könnten sie ihr das nächste Mal – ironisch verpackt – sagen?

4 Susi hat ihr Praktikum beendet. Lies, was sie daraufhin macht.

Jedenfalls war meine Praktikumsstelle ganz in Ordnung. Ich werde da mal anrufen, ob ich für die Ausbildungsstelle überhaupt noch eine schriftliche Bewerbung schicken soll. Die kennen mich ja schon. Vielleicht nehmen sie mich einfach so mit Kusshand... Also nichts wie ans Telefon:
„Hallo, Hallöchen, wie wär's denn, wenn ich Ihr Azubi würde?"
„Guten Tag, wer spricht denn da bitte?"
„Ich, Susi, die Praktikantin. Sie haben mich immer zum Frühstückseinkauf geschickt. Wissen Sie nicht mehr?"
„Ja, ich erinnere mich. Es wäre natürlich traumhaft, wieder so eine begabte Mitarbeiterin zu haben."
„Kann ich denn bei Ihnen anfangen?"
„Nichts würde mich mehr freuen. Aber leider müssen alle den normalen Weg des Bewerbungsverfahrens gehen."
„Gut, dann schick ich mal was los! Tschüssi!"
„Auf Wiedersehen, ähm Tschüss."

5 Warum fällt es Susi so schwer, den Mann am Telefon zu verstehen? „Übersetze", was er ihr eigentlich sagen will.

6 EXTRA Verfasse Susis Bewerbungsschreiben, in dem sie den gleichen Ton anschlägt, wie bei ihrem Telefonat.

Ironie erkennen und anwenden lernen

13 Das hat mir gerade noch gefehlt!

So gesagt – anders gemeint

1 Lies den Text. Versuche zu ergründen, woher die ironisch gemeinte Äußerung ihre Kraft bezieht.

Ein Paar kommt vom Einkauf aus der nahe gelegenen Großstadt zurück. Die Frau trägt in jeder Hand mehrere Tragetaschen und kann kaum Schritt halten. Der Mann schlenkert eine offensichtlich sehr leichte Tüte hin und her, spielt mit seinem Handy und ist seiner Frau um einige Schritte vor-
5 aus. Dann wird es der Frau zu viel. Sie ruft mit freundlicher Stimme: „Du kannst mir ruhig deine Tragetasche auch noch geben, dann hast du wenigstens beide Hände frei."

2 Erfinde zu den folgenden Situationen eigene ironisch gemeinte Sätze.

Familie Rasmus ist bei Freunden zum Essen eingeladen. Beide haben vergessen, Blumen zu besorgen. Also fahren sie am Blumenladen im Bahnhof vorbei. Dort ist kurz vor Ladenschluss
5 nur noch ein einziger unansehnlicher Strauß zu haben. Bei der Begrüßung nimmt die Gastgeberin diesen mit den Worten in Empfang: „ …"

Beim gemeinsamen Fernsehen geht Özlem ihrem Freund Jack mächtig auf die Nerven: Ohne Unterbrechung zappt sie von einem Programm zum
10 nächsten. Er kommentiert das schließlich mit den Worten: „ …"

An der Supermarktkasse hat sich eine lange Schlange gebildet. Alle stehen geduldig an. Plötzlich drängelt sich jemand in die Schlange. Die Person dahinter reagiert sofort und sagt: „ …"

Im Kino sitzt ein Pärchen, das die ganz Zeit ununterbrochen quatscht.
15 Die beiden bemerken nicht, wie sehr sie die Anderen stören, bis schließlich jemand sagt: „ …"

3 EXTRA Schreibe ähnliche Szenen mit ironischen Äußerungen.

> **Merke**
>
> **Ironie** meint immer das Gegenteil von etwas. Offene Kritik wird dadurch vermieden und stattdessen verschlüsselt geäußert. Man sagt also das Gegenteil von dem, was man meint. Der Ausruf: *Heute bist du ja besonders pünktlich!* kann in Begleitung von bestimmten ironischen Signalen – wie der Betonung und dem Gesichtsausdruck – also nur bedeuten: *Heute bist du aber echt spät!*

Lesen und Literatur – Umgang mit Texten und Medien

Yvonnes Freiheitsdrang

1 In den Zeitungsartikel haben sich drei ironische Textpassagen eingeschlichen. Schreibe sie heraus.

Hurra, hurra, Yvonne ist wieder da

„Sie wurde der Einsamkeit wohl überdrüssig": Ausgebüxte[1] Kuh springt über den Zaun zu den Artgenossen

ZANGBERG · Die monatelange Odyssee[2] der in Oberbayern entlaufenen Kuh Yvonne ist zu Ende, Yvonne stellte sich gestern gewissermaßen selbst. Ein Landwirt habe die Kuh auf seiner Weide entdeckt, wo sie sich zu vier Kälbern gesellt habe, sagte Britta Freitag von der deutsch-
5 österreichischen Tierschutzinitiative Gut Aiderbichl. Anhand der Ohrmarke sei Yvonne von einem Tierarzt identifiziert[3] worden. Sie war seit Mai durch Wälder und Maisfelder gestreift. Man sollte den Freiheitsgefühlen der Kühe mehr entgegenkommen und alle Zäune niederreißen.
10 Das Landratsamt Mühldorf teilte mit, Yvonne habe sich durch einen Sprung über einen Zaun ihren Artgenossen angeschlossen. „Das Tier, das sich seit mehreren Wochen in einem Waldstück im Landkreis Mühldorf versteckt hielt und dadurch einen enormen[4] Medienrummel ausgelöst hatte, wurde der Einsamkeit scheinbar
15 überdrüssig[5]", mutmaßte die Behörde. Sie zeigte schon erste Anzeichen einer Depression und hätte bald einen Psychiater aufsuchen müssen. Yvonne grase gemeinsam mit den Kälbern in Unteralmsam bei Stefanskirchen auf einer Weide. Das Tier mache „einen gesunden und ruhigen Eindruck".
20 (…) In Deggendorf soll die Kuh dann auf ihren Sohn Friesi treffen, der ebenfalls auf das Gut gebracht werden sollte.
Die Gut-Aiderbichl-Initiative hatte die Kuh gekauft. Sie betreibt einen Gnadenhof[6], auf dem Yvonne zusammen mit ihrem Sohn ihren Lebensabend verbringen soll. Außer ihrem Sohn wird Yvonne
25 außerdem ihre Schwester Lucy, ihren Uronkel Andy und ihren Vetter dritten Grades Austi wiedertreffen. Insgesamt leben unter dem Schutz von Gut Aiderbichl rund 400 Rinder. (…)

[1] ausgebüxt: entlaufen

[2] Odyssee, die: eine lange, schwierige Reise

[3] identifiziert: erkannt

[4] enorm: außergewöhnlich groß

[5] überdrüssig werden: von etwas genug haben

[6] Gnadenhof, der: Hof, auf dem alte und schwache Nutztiere bis zu ihrem Tod versorgt werden

2 Erfinde eine eigene ironische Passage, die in den Zeitungsartikel eingefügt werden könnte.

3 Begründe, warum sich dieser Artikel für eine solche Einfügung gut eignet.

Ironie erkennen und anwenden lernen

13 Das hat mir gerade noch gefehlt!

Immer diese Kinder!

Satirische Texte zeichnen sich durch Spott, Übertreibung, Untertreibung und Ironie aus. Personen, Ereignisse oder Zustände werden auf diese Weise lächerlich gemacht und damit kritisiert. Häufig wird das, was eigentlich negativ ist, positiv dargestellt oder das Ärgerliche wird ins Lustige verkehrt. Was der Autor wirklich meint, muss der Leser selbst herausfinden.

Ephraim Kishon
Verschlüsselt

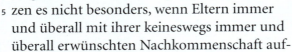

Zum Nachmittag kamen die Lustigs, die wir eingeladen hatten, und brachten ihren sechsjährigen Sohn Schragele mit, den wir nicht eingeladen hatten. Offen gesagt, wir schät-
5 zen es nicht besonders, wenn Eltern immer und überall mit ihrer keineswegs immer und überall erwünschten Nachkommenschaft auftreten. Indessen erwies sich Schragele als ein netter, wohlerzogener Knabe, obwohl er uns ein wenig enervierte[1], dass er sich pausenlos in sämtlichen
10 Räumen unseres Hauses rumtrieb.
Wir saßen mit seinen Eltern beim Tee und unterhielten uns über alles Mögliche, angefangen von den amerikanischen Mondflügen bis zur Krise des israelischen Theaters. Es waren keine sehr originellen Themen, und die Konversation plätscherte eher mühsam dahin.
15 Plötzlich hörten wir – ich möchte mich gerne klar ausdrücken, ohne den guten Ton zu verletzten – hörten wir also, dass Schragele, nun ja, die Wasserspülung unserer Toilette in Betrieb setzte.
An sich wäre das nichts Außergewöhnliches gewesen. Warum soll ein gesundes Kind im Laufe eines Nachmittags nicht das Bedürfnis verspü-
20 ren, auch einmal ... man versteht, was ich meine ... und warum soll es nach vollzogenem Bedürfnis nicht die Wasserspülung ... wie gesagt, das ist nichts Außergewöhnliches.
Außergewöhnlich wurde es erst durch das Verhalten der Eltern. Sie verstummten mitten im Satz, sie verfärbten sich, sie sprangen auf, sie schie-
25 nen von plötzlichen Krämpfen befallen zu sein, und als Schragele in der Türe erschien, brüllten sie beide gleichzeitig:
„Schragele, was war das?"
„Der Schlüssel zum Kleiderschrank vom Onkel", lautete die ruhig erteilte Antwort des Knaben.
30 Frau Lustig packte ihn an der Hand, zog ihn unter heftigen Vorwürfen in die entfernteste Zimmerecke und ließ ihn dort mit dem Gesicht zur Wand stehen.

Online-Link
Hörverstehen
313275-0170

→ Seite 240, Arbeitstechnik „Einen literarischen Text genau lesen und verstehen"

[1] enervieren: nerven, entkräften

Ironie erkennen und anwenden lernen

Lesen und Literatur – Umgang mit Texten und Medien EXTRA

„Wir sprechen nur ungern darüber." Herr Lustig konnte dennoch nicht umhin, sein bekümmertes Vaterherz mit gedämpfter Stimme zu erleichtern. „Schragele ist ein ganz normales Kind – bis auf diese eine merkwürdige Gewohnheit. Wenn er einen Schlüssel sieht, wird er von einem unwiderstehlichen Zwang befallen, ihn ... Sie wissen schon ... in die Muschel[2] zu werfen und hinunterzuspülen. Nur Schlüssel, nichts anderes. Immer nur Schlüssel. Alle unsere Versuche, ihm das abzugewöhnen, sind erfolglos geblieben. Wir wissen nicht mehr, was wir tun sollen. Freunde haben uns geraten, gar nichts zu unternehmen und das Kind einfach nicht zu beachten, dann würde es von selbst zur Vernunft kommen. Wir haben diesen Rat befolgt – mit dem Ergebnis, dass wir nach einiger Zeit keinen einzigen Schlüssel mehr im Haus hatten ..."

„Komm einmal her, Schragele!" Ich rief den kleinen Tunichtgut zu mir. „Nun sag doch: warum wirfst du alle Schlüssel ins Klo?" „Weiß nicht", antwortete Schragele achselzuckend. „Macht mir Freude."
Jetzt ergriff Frau Lustig das Wort:
„Wir haben sogar einen Psychiater konsultiert. Er verhörte Schragele zwei Stunden lang und bekam nichts aus ihm heraus. Dann fragte er uns, ob wir den Buben nicht vielleicht als Baby mit einem Schlüssel geschlagen hätten. Natürlich ein Blödsinn. Schon deshalb, weil ja ein Schlüssel für so was viel zu klein ist. Das sagten wir ihm auch. Er widersprach und es entwickelte sich eine ziemlich lebhafte Diskussion. Mittendrin hörten wir plötzlich die Wasserspülung ... also was soll ich Ihnen viel erzählen: Schragele hatte uns eingesperrt, und erst als nach stundenlangem Telefonieren ein Schlosser kam, konnten wir wieder heraus. Der Psychiater erlitt einen Nervenzusammenbruch und musste einen Psychiater aufsuchen."
In diesem Augenblick erklang abermals das ominöse[3] Geräusch. Unsere Nachforschungen ergaben, dass der Schlüssel zum Hauseingang fehlte.
„Wie tief ist es bis in den Garten?", erkundigten sich die Lustigs
„Höchstens anderthalb Meter", antwortete ich.
Die Lustigs verließen uns durch das Fenster und versprachen, einen Schlosser zu schicken.
Nachdenklich ging ich auf mein Zimmer. Nach einer Weile stand ich plötzlich auf, versperrte die Tür von außen, nahm den Schlüssel und spülte ihn die Klosettmuschel hinab.
Die Sache hat etwas für sich. Macht mir Freude.

[2] Muschel, die: gemeint ist das Toilettenbecken

[3] ominös: unheilvoll

1 Stelle fest, wo Über- oder Untertreibungen benutzt werden.

2 Benenne und erkläre die Textstellen, die ironisch gemeint sind.

3 Schreibe aus der Sicht des Autors einen kurzen Text, in dem er erläutert, wen er mit seinem Spott angreifen will.

Ironie erkennen und anwenden lernen

13 Das hat mir gerade noch gefehlt!

Wörter und Unwörter

Die Gesellschaft für deutsche Sprache beobachtet seit längerer Zeit, wie sich der Wortschatz in der deutschen Sprache verändert. In diesem Zusammenhang wird jedes Jahr das „Wort des Jahres" sowie das „Unwort des Jahres" ermittelt und in der Öffentlichkeit diskutiert.

1 Lies den Endlostext einer Partnerin oder einem Partner laut vor. Stellt fest, worum es darin geht.

→ Seite 227, Rechtschreibstrategie „Großschreibung von Wörtern"

„habseligkeiten" schlug im Jahr 2004 „geborgenheit"

diegesellschaftfürdeutschesprachewolltedasschönstedeutschewortermitteln,undmehrals20.000menschenbeteiligtensichandersuche.amendegewanndie„habseligkeiten".das„schönste"deutschewortwaralso„habseligkeiten": derbegriffundseinebegründungwurdenvonderjuryzumgewinnerdes
5 internationalenwettbewerbsgekürt.beiderwahlwarnichtentscheidend,wie ofteinwortgenanntwurde,sondernwiedieeinsenderihrewahlbegründeten. diejuryhattesichfür„habseligkeiten"entschieden,weilesdengegensatzdes menschlichenstrebensnachbesitzmitdem„unerreichbarenziel"derseligkeit vereine.„geborgenheit"landeteaufplatzzwei,gefolgtvon„lieben".
10 zum„coolsten"deutschenwortwurde„rhabarbermarmelade"gewählt. imwettbewerbum„dasschönstewortderkinder"siegtedie„libelle".die meistgenanntenwörterwaren:„gemütlichkeit",„sehnsucht"und„heimat".

TIPP!
Helft euch gegenseitig. Nutzt ein Wörterbuch, wenn ihr Wörter nicht versteht.

2 Schreibe den Text aus Aufgabe 1 richtig auf.

Rechtschreibung, Grammatik, Sprachbetrachtung

3 Suche aus dem Text von Aufgabe 1 alle Nomen heraus. Schreibe sie im Nominativ mit dem passenden Artikel auf, z. B.:
die Gesellschaft, die Habseligkeiten, die Geborgenheit, …

4 Lies den folgenden Text. Stelle fest, worum es darin geht. Erkläre dann die Groß- oder Kleinschreibung der unterstrichenen Wörter.

Stau

Bereits im 18. Jahrhundert kannte man das Substantiv *Stau* in der Bedeutung „angestautes, zum Stehen gebrachtes Wasser". Das Wort ist verwandt beispielsweise mit *stehen, Stadt, Stadel* und *Staude*. Sie
5 alle haben etwas zu tun mit dem Verharren auf einer Stelle.
Zum Jahrhundertwort wurde *Stau* in der allgemeineren Bedeutung „Hemmung, Stillstand von Fließendem, Bewegtem",
10 insbesondere im Straßenverkehr.
Eine unangenehme Begleiterscheinung der enorm gewachsenen Automobilproduktion sind seit Jahren kilometerlange Autoschlangen, die sich im Schritttempo oder überhaupt nicht mehr fortbewegen.
15 Nicht nur Unfälle sind Stauursache – bei hohem Verkehrsaufkommen kann oft auch der berüchtigte *Stau aus dem Nichts* entstehen. Seit 1982 sind auf deutschen Straßen Stauberater mit Motorrädern unterwegs, die den Stauteilnehmern mit Rat und Tat zur Seite stehen sollen. Zum Wort des Jahres 1997 wählte die Gesellschaft für deutsche Sprache z. B. einen Ausdruck, der eine der Hauptursachen für Politikverdrossenheit benennt: Reformstau.

5 Erkläre die Bedeutung folgender Wörter bzw. Wortgruppen: „Beförderungsstau", „Megastau", „Stau in den Köpfen".

6 Schreibt den Text von Aufgabe 4 je zur Hälfte als Partnerdiktat.

7 Lest Korrektur: Prüft gegenseitig, ob ihr in dem Diktat aus Aufgabe 6 alle Wörter richtig geschrieben habt.

8 EXTRA Schaut im Internet nach, welche Wörter die aktuellen „Wörter und Unwörter des Jahres" sind. Schreibt sie mit ihrer Bedeutung auf.

→ **Seite 228,** Rechtschreibregel „Korrektur lesen"

Online-Link
zu Wörtern/
Unwörtern des Jahres
313275-0173

Wiederholung und Vertiefung: Großschreibung

13 Das hat mir gerade noch gefehlt!

Groß oder klein?

1 Der folgende Text enthält 15 Fehler. Findet sie heraus, berichtigt sie und begründet die Groß- oder Kleinschreibung der Wörter.

Datenverarbeitung

Datenverarbeitung (DV) ist ein Wort vom anfang der sechziger des 20. Jahrhunderts. Es steht für bedeutende änderungen, denen die Informationsstrukturen in den Vergangenen Jahrzehnten unterworfen waren. Nicht ohne grund Schätzen wir uns Heute als Informationsgesellschaft ein. Die DV, d.h. das speichern, übermitteln, verändern von Daten, wird in unserer zeit mit Technischen Mitteln vorgenommen. Die Datenübertragung kann Überörtlich vor sich gehen, und so entstand ein Weltumspannendes Computernetzwerk, das internet.

→ Seite 217 f., Übersicht über die Wortarten

2 Schreibe den folgenden Text in der richtigen Groß- und Kleinschreibung auf und setze die Satzzeichen.

DIESPRACHEBESTEHTAUSWÖRTERNDIEWÖRTERWERDEN
ZUSÄTZENZUSAMMENGEFÜGTINDERSCHRIFTLÄSSTMAN
ZWISCHENDENWÖRTERNEINELÜCKEAMENDEEINESSATZES
SETZTMANEINSATZSCHLUSSZEICHENTEILSÄTZEWERDEN
DURCHEINKOMMAABGETRENNTSINDDIELÜCKENNICHT
VORHANDENUNDFEHLENDIESATZZEICHENDANNISTESNICHT
GERADEEINFACHDENSINNZUVERSTEHEN

3 Vervollständige die folgenden Sätze:

Der Text aus Aufgabe 1 besteht aus ✎ Sätzen und hat ✎ Wörter. Außer ✎ Punkten als Satzschlusszeichen muss man auch ✎ Kommas setzen, um Teilsätze voneinander abzutrennen.

→ Seite 227, Rechtschreibstrategie „Großschreibung von Wörtern"

4 Schreibe auch diesen Text in der richtigen Groß- und Kleinschreibung auf.

durch die großschreibung unterscheidet sich die deutsche schriftsprache von den meisten anderen sprachen. wörter, die mit großbuchstaben beginnen, fallen im text gleich auf und erleichtern sowohl das textverständnis als auch das sinnbetonende vorlesen eines unbekannten textes. es gibt mehrere bestimmungen, die die großschreibung regeln. so schreibt man zum beispiel das erste wort im satz und in einer überschrift immer groß.

5 Unterstreiche in deinem Text aus Aufgabe 4 alle Nomen.
Wie viele sind es?

Wiederholung und Vertiefung: Großschreibung

6 Der Text enthält sechs kleingeschriebene Nomen.
Suche sie heraus und schreibe sie mit dem Artikel richtig auf.

→ **Seite 227,** Rechtschreibstrategie „Großschreibung von Wörtern"

Das Wort des Jahres

Mit dem Wort des Jahres wird ein schlagwort bezeichnet, das für ein charakteristisches gesellschaftliches ereignis oder eine bezeichnende öffentliche diskussion des abgelaufenen Jahres steht und aus diesem grund besonders hervorgehoben wurde. Die Wörter des Jahres werden seit 1971 regelmäßig von der gesellschaft für deutsche Sprache in wiesbaden bestimmt und publiziert. So wurden in den letzten Jahren zum Beispiel folgende Wörter als *Wörter des Jahres* ausgewählt: *Teuro, Klimakatastrophe, Finanzkrise, Abwrackprämie.*

7 In diesem Text wurden sechs Wörter großgeschrieben, obwohl es sich nicht um Nomen handelt. Suche sie heraus und schreibe sie richtig auf. Bestimme die Wortart, z. B.: jährlich → Adjektiv, Adverb

→ **Seite 217 f.,** Übersicht über die Wortarten

Das Unwort des Jahres

Außer dem Wort des Jahres wird Jährlich von einer Jury an der Universität Frankfurt Am Main das Unwort des Jahres bestimmt. Als geeignet gelten Ausdrücke aus der Aktuellen öffentlichen Diskussion, Die nach Ansicht der Juroren sachlich grob unangemessen sind und möglicherweise sogar die Menschenwürde Verletzen. Solche Unwörter der letzten Jahre waren zum Beispiel *Rentnerschwemme, Diätenanpassung, Herdprämie* und *notleidende Banken*. Zusätzlich wurde von der Jury *Menschenmaterial* als Unwort Des 20. Jahrhunderts gewählt.

Wiederholung und Vertiefung: Großschreibung

14 Geistesgegenwärtig handeln

Die Polizei veröffentlicht jedes Jahr einen Bericht über die unterschiedlichen Straftaten, die im Vorjahr begangen wurden, über die Aufklärungsrate und über die Anzahl der Täter und Opfer. In diesem Bericht werden auch Straftaten gegen die sexuelle Selbstbestimmung aufgeführt.

TIPP!
Ihr könnt dazu den Online-Link nutzen.

Online-Link
zur Kriminalstatistik
313275-0176

→ Seite 240, Arbeitstechnik „Ein Diagramm auswerten und verstehen"

1 Überlegt gemeinsam, welche Verstöße es gegen die sexuelle Selbstbestimmung gibt. Was davon fällt eurer Meinung nach unter eine „Straftat"?

2 Fasst in wenigen Sätzen zusammen, welche Aussagen das Kreisdiagramm enthält. Stellt zwischen den Angaben sinnvolle Bezüge her.

Straftaten gegen die sexuelle Selbstbestimmung
(Verteilung der Opfer nach Altersgruppen)

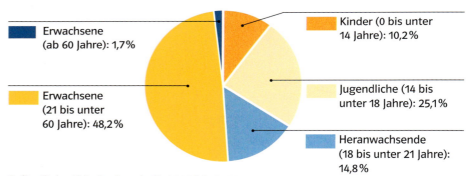

- Erwachsene (ab 60 Jahre): 1,7 %
- Erwachsene (21 bis unter 60 Jahre): 48,2 %
- Kinder (0 bis unter 14 Jahre): 10,2 %
- Jugendliche (14 bis unter 18 Jahre): 25,1 %
- Heranwachsende (18 bis unter 21 Jahre): 14,8 %

Polizeiliche Kriminalstatistik 2005 bis 2008

Straftaten gegen die sexuelle Selbstbestimmung	Opfer			Jugendliche 14 bis unter 18		
	insges.	männlich	weiblich	insges.	männlich	weiblich
2005	34.251	6.638	27.613	8.323	1.613	6.710
2006	26.758	3.719	23.039	6.194	861	5.333
2007	32.386	5.190	27.196	7.627	1.222	6.405
2008	30.795	4.742	26.053	6.544	1.008	5.536

3 Erklärt, welche Bezugsgrößen die Tabelle aufgreift. Welche zusätzlichen Informationen sind enthalten? Was fällt am Zahlenmaterial der Tabelle besonders auf?

Lesen und Literatur – Umgang mit Texten und Medien

4 Erschließe den folgenden Text. Gehe dabei so vor:
1. Überfliege den Text und sieh dir dabei Überschriften und Hervorhebungen an. Was wirst du vermutlich aus dem Text erfahren?
2. Lies die einzelnen Abschnitte kurz an. Verschaffe dir so einen Überblick über die wesentlichen Aussagen.
3. Lies Abschnitt für Abschnitt genau und erfasse den Inhalt. Notiere zu jedem Abschnitt die wesentliche Aussage (z. B. in Form einer Überschrift).
4. Kläre unbekannte Begriffe und schwierige Textstellen.
5. Gib den Inhalt des Textes mit eigenen Worten wieder.

TIPP!
Beim Klären unbekannter Begriffe: Textzusammenhang beachten, nachschlagen, eventuell den Text mehrmals laut lesen, sich Textstellen gegenseitig erklären.

Selbstverteidigungswaffen

Die zunehmende Gewalt in der Bundesrepublik Deutschland stellt viele Menschen vor die Frage, wie sie sich selbst wirksam vor direkten Angriffen schützen können. Besonders Frauen wird oft empfohlen, sich mit *Selbstverteidigungswaffen* gegen eine drohende
5 Vergewaltigung zu schützen. Hat man sich für den Kauf einer Selbstverteidigungswaffe entschieden, ist es trotzdem nicht leicht, die passende auszuwählen, weil der Handel viele unterschiedliche technische Hilfsmittel anbietet.

Welche Selbstverteidigungswaffen sind im Handel erhältlich?
10 – Gaspistolen,
– Gas in Spraydosen unterschiedlicher Größe,
– Elektroschockgeräte verschiedener Bauart mit unterschiedlicher Voltstärke,
– Schrillalarmgeräte,
15 – Rapel, ein künstliches Stinktiersekret.

Gegen alle diese *Selbstverteidigungswaffen* werden *starke Bedenken* geäußert. Sie gelten vor allem dann, wenn man im Umgang damit ungeübt ist.

Allen technischen Hilfsmitteln der Selbstverteidigung ist *gemein-*
20 *sam*, dass sie einen trügerischen Selbstschutz versprechen und der Trägerin/dem Träger Sicherheit vor gewalttätigen Übergriffen vortäuschen. Leider führt dies oft dazu, dass sich Selbstvertrauen und Selbstbewusstsein allein auf einem solchen Hilfsmittel aufbauen.

→ **Seite 241,** Arbeitstechnik „Wörter aus dem Zusammenhang erschließen"

5 Spricht sich der Autor für oder gegen den Einsatz von Selbstverteidigungswaffen aus? Belege deine Ansicht mit Textstellen.

6 Überlege, was mit dem Begriff „trügerischer Selbstschutz" (Zeile 20) gemeint sein könnte. Erkläre ihn mit eigenen Worten.

Wiederholung und Vertiefung: Sachtexte erschließen und zusammenfassen

14 Geistesgegenwärtig handeln

Waffenlose Selbstverteidigung

1 Erschließe den folgenden Text. Gehe dabei so vor:

1. Überfliege den Text. Beantworte danach für dich die Frage: Worüber informiert er?
2. Gliedere den Text in Abschnitte. Notiere zu jedem Abschnitt die wesentlichen Aussagen.

Unbewaffneter Widerstand

Vieles spricht dafür, der waffenlosen Selbstverteidigung den Vorzug unter allen anderen Möglichkeiten des Selbstschutzes zu geben. Das Hauptargument für eine solche Entscheidung liegt in der „Verhältnismäßigkeit der Mittel". Im Vergleich zu anderen Möglichkeiten
5 der Selbstverteidigung lässt die waffenlose Verteidigung eine angemessene, wirkungsvolle Handlungsweise zu. Die waffenlose Selbstverteidigung erfordert die kritische Auseinandersetzung mit dem Thema Gewalt. Sie verlangt, dass man sich die Täter-Opfer-Beziehung bewusst macht mit dem Ziel, ==präventive Verhaltensstrategien==
10 zu erlernen. Unbewaffneter Widerstand ist neben der körperlichen Abwehr besonders auch die ==geistige Abwehr.== Der unbewaffnete Widerstand setzt eine selbstsichere und selbstbewusste Verhaltens- und Handlungsweise voraus sowie ein Gespür für mögliche Gefahrenquellen. Darüber hinaus benötigt man zur Selbstverteidi-
15 gung ein ==Repertoire an Techniken,== das nur durch ein intensives und ausdauerndes Training zu erreichen ist. Unter fachkundiger Anleitung sollten Mittel und Wege eingeübt werden, die es ermöglichen, im Falle einer ==akuten Bedrohung== angemessen zu reagieren. Die Stärkung der Selbstsicherheit und des Selbstbewusstseins sowie das
20 Erlernen bestimmter Techniken bereiten Mühe und kosten Zeit und Ausdauer. Unbewaffneter Widerstand schöpft seine Kraft aus dem Willen, niemals aufzugeben und nach allen nur erdenklichen Möglichkeiten zu suchen und diese auszunutzen. Dazu gehören auch die zahlreichen Dinge des täglichen Bedarfs, die man mit sich trägt oder
25 die in greifbarer Nähe liegen. Sie alle eignen sich zum Stoßen oder Schlagen, um den Täter unmittelbar abzuwehren oder um ihn zu verunsichern und zu verwirren.

Online-Link
zu dem Begriff
„Selbstverteidigung"
313275-0178

2 Erkläre die Bedeutung der markierten Wortgruppen.

3 ᴱˣᵀᴿᴬ Gib den Inhalt des Textes mit eigenen Worten wieder.

Lesen und Literatur – Umgang mit Texten und Medien

Wann handelt man in Notwehr?

1 Überlegt gemeinsam: Wann ist es erlaubt, Notwehrtechniken anzuwenden, bei denen die Gefahr besteht, dass man den Angreifer verletzen könnte? Lest dazu auch den hier abgedruckten Gesetzestext.

> **Auszug aus dem Strafgesetzbuch**
>
> **§ 32 Notwehr**
> (1) Wer eine Tat begeht, die durch Notwehr geboten ist, handelt nicht rechtswidrig.
> (2) Notwehr ist die Verteidigung, die erforderlich ist, um einen gegenwärtigen rechtswidrigen Angriff von sich oder einem anderen abzuwenden.
>
> **§ 33 Überschreitung der Notwehr**
> Überschreitet der Täter die Grenzen der Notwehr aus Verwirrung, Furcht oder Schrecken, so wird er nicht bestraft.

2 Lest den Text noch einmal und klärt die folgenden Fragen:
1. Was bedeutet, dass der Angriff „gegenwärtig" sein muss (§ 32, 2)?
2. Was bedeutet, dass der Angriff „rechtswidrig" sein muss (§ 32, 2)?
3. Ist es nach diesem Gesetz möglich, eine Vergeltung zu einem späteren Zeitpunkt als „Notwehr" auszugeben (sich also später zu rächen)?
4. Was ist damit gemeint, dass jemand „die Grenzen der Notwehr" überschreitet (§ 33)?

3 Besprecht, ob es erlaubt ist,
- auf eine Beleidigung mit einem Fußtritt zu reagieren,
- dass ein Opfer einem Angreifer, der schon auf dem Boden liegt, einen Tritt ins Gesicht verpasst,
- dass eine Frau, die auf dem Nachhauseweg plötzlich von hinten an der Schulter gefasst wird und dadurch erschrickt, nach dem Unbekannten sticht und ihn dabei ins Auge trifft.

4 EXTRA Begründe, warum die folgende Warnung berechtigt ist.

> Notwehrtechniken zur Abwehr eines gewaltsamen Übergriffs können schwerste gesundheitliche Schädigungen hervorrufen.
> Wer diese Techniken einsetzt, muss besonders aufmerksam und verantwortungsbewusst sein. Sei deshalb immer rücksichtsvoll und wachsam und bedenke die möglichen Folgen deiner Handlungen.

Online-Link
zu dem Begriff
„Notwehr"
313275-0179

Wiederholung und Vertiefung: Sachtexte erschließen und zusammenfassen

14 Geistesgegenwärtig handeln

Nicht passiv, sondern aktiv sein!

TIPP! Nutze ein Wörterbuch.

→ **Seite 34 ff., 235,** Arbeitstechnik „Ein Referat halten"

→ **Seite 240,** Arbeitstechnik „Ein Diagramm auswerten und verstehen"

→ **Seite 240,** Arbeitstechnik „Einen Sachtext lesen und verstehen"

[1] Distanz, die: der Abstand zu einer Person oder Sache

Online-Link zu dem Begriff „Distanz" 313275-0180

Online-Link Hörverstehen 313275-0180

1 Erschließe den folgenden Text. Gehe dabei so vor:
1. Überfliege den Text. Beantworte danach für dich die Frage: Worüber informiert der Text?
2. Sieh dir das Schaubild zu Beginn des Textes genauer an, sodass du es mit eigenen Worten erklären kannst.
3. Bereite dich darauf vor, deine Mitschülerinnen und Mitschüler mithilfe eines Kurzreferats über den Inhalt des Textes zu informieren.

Die Angst überwinden – ihre Energie nutzen

Wir Menschen nehmen zu den Menschen, die uns umgeben, einen bestimmten Abstand ein. Diese Distanz[1] hängt davon ab, wie gut
5 wir diese Menschen kennen. Dabei leiten uns unsere erlernten Gefühle, aber auch kulturelle Einflüsse spielen eine Rolle. Tatsache ist: Jeder Mensch braucht seinen
10 persönlichen Schutzraum.
Der amerikanische Wissenschaftler Edward T. Hall, der sich mit Körpersprache beschäftigt, unterscheidet vier Distanzzonen:
15 1. die intime Distanz: Nahbereich (bis zu 0,6 Meter)
2. die persönliche Distanz: Nahbereich (0,4 bis 1,50 Meter)
3. die gesellschaftliche Distanz: Fernbereich (1,50 bis 4 Meter)
4. die öffentliche Distanz: Fernbereich (4 bis 8 Meter und mehr)
Werden diese Distanzen nicht eingehalten, fühlen wir uns unwohl
20 oder sogar bedroht. Im normalen Alltag können wir dem anderen mitteilen, dass er uns zu sehr auf die Pelle rückt. Dann reicht oft die Bitte: „Kannst du nicht etwas Abstand halten?" Anders verhält es sich in Situationen, in denen man ernsthaft bedrängt wird.
In solchen gefährlichen Situationen, sollte man für „Abkühlung"
25 sorgen. Den anderen zu beleidigen oder gar zu berühren, könnte ihn zu einem Angriff ermutigen. Es ist dann besser, auf Abstand zu gehen und eine eindeutige Körpersprache zu zeigen.

Natürlich sollte man einer solchen Situation aus dem Weg gehen. Wenn uns aber doch einmal Gefahr droht, meldet sich unsere innere
30 Alarmanlage: Wir bekommen Angst. Und darauf sollten wir hören.

Wiederholung und Vertiefung: Sachtexte erschließen und zusammenfassen

Lesen und Literatur – Umgang mit Texten und Medien

Denn die Angst hilft uns, einer Gefahr auszuweichen – indem wir z. B. die Straßenseite wechseln oder eine andere Richtung einschlagen.

35 Kritische Situationen lösen bei jedem Menschen Angst aus. Diese Angstreaktion sollte aber positiv gesehen werden, denn sie setzt Energien frei, um uns zu schützen und uns zu wehren. Nach dem ersten Schock, der „Schrecksekunde", stellt sich der Körper automatisch auf eine kurzfristige Höchstleistung ein. Er schüttet massiv Adrenalin aus – dadurch werden Herz, Kreislauf und Atmung
40 aktiviert. Wir können auch schneller denken, um zu entscheiden: kämpfen oder fliehen? Wir können die Beine in die Hand nehmen und davonlaufen. Oder wir stellen uns dem Gegenüber, was aber nicht bedeutet, gleich auf ihn einzuschlagen. Stattdessen können wir hoch konzentriert den Versuch wagen, die Situation zu lösen.

45 Täter sind an Opfern interessiert, mit denen sie es einfach haben. Deshalb sollte man zeigen, dass man friedlich ist, sich im Notfall aber wehren würde. Ein entschiedenes Auftreten, eine aufrechte
50 Körperhaltung und ein lautes „Stopp!", das von der ausgestreckten, erhobenen Hand unterstrichen wird, zeigen: Mit mir nicht! In Selbstverteidigungskursen werden solche Verhaltensweisen so lange trainiert, bis sie sich eingeschliffen haben, z. B. durch die
55 folgende Übung: Zunächst stehen die Jugendlichen in Zweier- oder Dreier-Gruppen, wenn ein Angreifer auf sie zugeht. Indem sie eine stabile, selbstsichere Körperhaltung zeigen, nicht zurückweichen und gemeinsam ein kräftiges „Hau ab!" rufen, verteidigen sie sich. Nach einigen Übungsdurchläufen gelingt es dann auch jedem
60 Einzelnen, den Angreifer durch Körperhaltung und Stimme zurückzuweisen. So kann in einer Notsituation die Schrecksekunde schnell überwunden werden und man bleibt handlungsfähig.

2 Führt in der Klasse die im Text beschriebene Übung zur Selbstverteidigung durch. Sprecht über eure Empfindungen.

3 Gestaltet ein Experiment, bei dem ihr jeweils die Distanzzone ermittelt, in der ihr euch wohl fühlt, ab der ihr euch unwohl, ab der ihr euch bedroht fühlt. Haltet eure Ergebnisse in einem Diagramm fest. Könnt ihr kulturelle Unterschiede innerhalb eurer Klasse feststellen?

14 Geistesgegenwärtig handeln

Online-Link
zu den Begriffen
„Yin-Yang" und „Tai Chi"
313275-0182

Siegen durch Nachgeben

Tai Chi Chuan – auch chinesisches Schattenboxen oder verkürzend nur Tai Chi – genannt, ist eine im alten Kaiserreich China entwickelte Kampfkunst.

Die Legende behauptet, dass ein taoistischer Mönch namens Chang San Feng den Tai-Chi-Stil begründet hat. Er soll bei der Beobachtung eines Kampfes zwischen einem Kranich und einer Schlange das Tai-Chi-Prinzip von Yin und Yang entdeckt haben. Vor allem die
5 Tatsache, dass der Kranich jedes Mal vor einem Angriff innehalten musste, während die Schlange so geschmeidig war, dass sie jedem Angriff ausweichen, aber im Ausweichen auch sofort angreifen konnte, faszinierte ihn. Natürlich gewann das vermeintlich schwächere Tier, die Schlange, den Kampf. Nachdem er diese Entdeckung gemacht
10 hatte, bemerkte Chang San Feng überall in der Natur dieses Prinzip des Nachgebens, z. B. wie Bäume einem starken Sturm standhalten, indem sie sich dem Wind beugen. So wurde Weichheit und Nachgeben zur Grundlage des Tai Chi.
So viel zur Legende. Öffentlich bekannt wurde Tai Chi in China
15 allerdings erst im 18. Jahrhundert. Vorher war es als Geheimnis nur an bestimmte Personen, meist innerhalb einer Familie, weitergegeben worden. Erst in den fünfziger Jahren dieses Jahrhunderts gelangte Tai Chi in den Westen.
Die taoistische Beschreibung für diese Art der Bewegung klingt für
20 westliche Ohren sicherlich ein wenig merkwürdig: In der Bewegung soll Ruhe sein, und jede Ruhe enthält Bewegung. Damit wird das sogenannte Yin-Yang-Prinzip angesprochen. Es bedeutet Passivität in der Aktivität und Aktivität in der Passivität. Dieser scheinbare Widerspruch lässt sich nicht erklären, sondern nur durch aktives
25 Üben des Tai Chi erfahren. Nach der traditionellen Überlieferung sind Ausdauer, volle Aufmerksamkeit und beständiges Üben beim Tai Chi von großer Bedeutung.
Das Erlernen einer vollständigen Bewegungsserie benötigt geraume Zeit. Es kann nämlich keine neue Bewegung dazugelernt werden,
30 solange nicht alle vorangehenden Bewegungen beherrscht werden. Eine vollständige Übungsreihe umfasst je nach Form zwischen 30 und 120 Einzelbewegungen. Die Solo-Form kann allein ausgeführt werden. Es gibt jedoch auch Partner- bzw. Paarformen.

TIPP!
Lies im Text nach, wenn du die Frage nicht beantworten kannst.

1 In den Bewegungsabläufen des Tai Chi sehen die Chinesen das Yin-Yang-Prinzip verwirklicht. Erkläre, was damit gemeint ist.

Lesen und Literatur – Umgang mit Texten und Medien

EXTRA

AIKIDO ist eine noch sehr „junge" BUDO[1]-Disziplin. In seiner heutigen Form wurde es in den 40er Jahren durch Morihei Uyeshiba entwickelt, der Elemente aus verschiedenen BUDO-Disziplinen (JUDO, JU-JUTSU) mit den Techniken des Schwertkampfes (KENJUTSU, KENDO) verband.

[1] Budo: Oberbegriff für alle japanischen Kampfkünste

2 Erschließe den folgenden Text.

Uyeshiba entschied sich damals gegen die in anderen BUDO-Arten allgegenwärtige Anwendung von Gewalt in Form aggressiver Angriffstechniken. Er schuf mit dem AIKIDO eine Art der Selbstverteidigung, die Rücksicht nimmt auf das Recht der körperlichen Unversehrtheit
5 eines jeden Menschen – auch auf die eines Angreifers!
Sowohl von der Zielsetzung her als auch in der Praxis des AIKIDO bestehen wesentliche Unterschiede zu anderen BUDO-Disziplinen. So werden im sportlichen AIKIDO keine Wettkämpfe durchgeführt; es gibt keine Gegner, die es zu besiegen gilt. Aikidokas sind immer Part-
10 ner, die einen gemeinsamen Weg beschreiten und sich dabei gegenseitig helfen. Auf diese Weise betrieben, wird AIKIDO zu einem Weg (DO), bei dem körperliche und geistige Kraft (KI) harmonisch (AI) zu einer Einheit zusammengeführt werden. Das AIKIDO wird oft auch als „Lehre des harmonischen Weges" oder „Kunst der gewaltlosen Selbst-
15 verteidigung" bezeichnet. Somit steht die Verteidigung von Körper und Geist und das Erlernen einer wirksamen und zugleich rücksichtsvollen Selbstverteidigung im Mittelpunkt des AIKIDO.
Das Grundprinzip des AIKIDO besteht in einer Form der Widerstandslosigkeit, die entgegengesetzt gerichtete Kräfte bei einem Angriff
20 harmonisch zusammenführt und in eine vom Verteidiger bestimmte Richtung führt. Ziel dabei ist es, den Partner so zu beherrschen, dass er durch verschiedene Wurf- und Hebeltechniken neutralisiert werden kann. Kennzeichnend für das AIKIDO sind dynamische Ausweichbewegungen, bei denen sich der Verteidiger an die Bewegungen des
25 angreifenden Partners anpasst.
Durch den Schwung des Angriffs, der kein Ziel findet, verliert der Partner sein Gleichgewicht und durch die sich unmittelbar anschließende Technik lässt er sich ohne Gewaltanwendung oder Kraftaufwand zu Boden bringen und dort mit einem Hebel festlegen. AIKIDO
30 ist – zusammengefasst – eine angemessene Form der Selbstverteidigung, bei der die in anderen Kampfsportarten geförderte Aggressivität fehlt. Sie ist für Frauen und Männer gleichermaßen geeignet.

3 Fasse stichwortartig zusammen, was du über AIKIDO erfahren hast. Konzentriere dich dabei auf das, was du für wichtig hältst.

Wiederholung und Vertiefung: Sachtexte erschließen und zusammenfassen

14 Geistesgegenwärtig handeln

Lebensrettende Sofortmaßnahmen

Um Opfern eines Überfalls oder eines Unfalls helfen oder gar das Leben retten zu können, muss man sich mit Erster Hilfe auskennen.

1 Besprecht, was ihr über Erste Hilfe wisst.
Lest den Artikel aus dem Strafgesetzbuch und diskutiert darüber.

> **§ 323c des Strafgesetzbuches:**
> Wer bei Unglücksfällen oder gemeiner Gefahr oder Not nicht Hilfe leistet, obwohl dies erforderlich und ihm den Umständen nach zuzumuten, insbesondere ohne erhebliche eigene Gefahr oder ohne Verletzung anderer wichtiger Pflichten möglich ist, wird mit Freiheitsstrafe bis zu einem Jahr oder mit Geldstrafe bestraft.

Online-Link
zu dem Begriff
„Erste Hilfe"
313275-0184

2 Wer wird in den folgenden Sätzen angesprochen oder zu etwas aufgefordert? Untersuche die unterschiedlichen Sprachformen.

❶ Bewusstlose Personen, bei denen Atmung festgestellt werden konnte, sind unverzüglich in die stabile Seitenlage zu bringen.

❷ Wenn du bei bewusstlosen Personen noch Atmung feststellst, so musst du – eventuell mithilfe von andern – diese unverzüglich in eine stabile Seitenlage bringen.

3 Welcher der beiden Texte stammt eurer Meinung nach aus einer Anleitung für das Verhalten bei Unfällen? Begründet.

→ **Seite 220 f.,**
Aktiv und Passiv

4 Untersuche den Gesetzestext am Anfang dieser Seite. Hier wurde die Passiv-Form *wird bestraft* verwendet. Warum?

> **Merke**
>
> Das **Passiv** kommt häufig in beschreibenden Texten vor, in denen z. B. ein Vorgang im Vordergrund steht:
>
> | Es | wird | |
> | Jemand | wird | gerettet. |
> | Sie | wird/werden | |

Rechtschreibung, Grammatik, Sprachbetrachtung

5 Lest den folgenden Text und versucht, die Anweisungen auszuführen.

Die stabile Seitenlage

1. Der dem Helfer zugewandte Arm des Patienten wird in Hüfthöhe unter dessen Körper geschoben.
2. Das dem Helfer abgewandte Bein wird angehoben und am Knie abgewinkelt.
3. Der dem Helfer abgewandte Arm wird angehoben und das Handgelenk auf das Knie gelegt. Dadurch entsteht ein stabiles Dreieck zwischen Schulter, Becken und Handgelenk/Knie.
4. Ohne Handgelenk und Knie loszulassen, wird der Patient umgedreht. Optimal wäre es, wenn von einem zweiten Helfer der Kopf gehalten und gleichmäßig mitgedreht würde.
5. Der Kopf wird vorsichtig nach hinten überstreckt.

Online-Link
Arbeitsblatt zu „Stabile Seitenlage"
313275-0185

6 Schreibe die Anweisung zur stabilen Seitenlage im Aktiv auf.
Entscheide dich für eine der folgenden Ansprachen:
1. unpersönliche Ansprache mit *man*: Man schiebt zunächst ... Nun muss man ...
2. persönliche Ansprache mit *du*: Du schiebst zunächst ... Nun musst du ...

7 EXTRA Formuliere die farbig markierten Anweisungen im Passiv, z. B.:
1. Zuerst wird der Unfallort abgesichert, ...

→ Seite 220 f., Aktiv und Passiv

Die goldenen Regeln der Ersten Hilfe

❶ Sicherheit:
Zuerst Unfallort absichern, um die Sicherheit des Ersthelfers zu gewährleisten!

❷ Ansprechbarkeit:
Dann Unfallopfer laut ansprechen oder fest rütteln, um zu prüfen, ob es bei Bewusstsein ist!

❸ Hiferuf:
Als Nächstes Hilfe herbeirufen und Rettungsdienst (112) verständigen.

❹ Atemwege kontrollieren:
Danach den Mund des Unfallopfers öffnen, um auszuschließen, dass sich Fremdkörper in der Mundhöhle befinden!

❺ Atmung prüfen:
Im Anschluss den Brustkorb des Opfers beobachten, um festzustellen, ob das Opfer bewusstlos (es atmet) oder leblos (es atmet nicht) ist!

❻ Erstversorgung:
Einen Bewusstlosen in die stabile Seitenlage bringen! Bei einem Leblosen sofort Herzdruckmassage durchführen!

❼ Beatmen:
Den Verunfallten gegebenenfalls künstlich in Mund oder Nase beatmen, bis dieser wieder ein Lebenszeichen von sich gibt oder bis der Notarzt eintrifft!

Wiederholung und Vertiefung: Aktiv und Passiv

14 Geistesgegenwärtig handeln

Rund um die Erste Hilfe

1 Lies den Text über die Wasserwacht. Beantworte die folgenden Fragen.
1. Wird die Arbeit der Wasserwachtler bezahlt?
2. Wo ist die Wasserwacht im Einsatz?
3. Warum wurde die Wasserwacht gegründet?
4. Welche Aufgaben hat sie heute?

Die Aufgaben der Wasserwacht
Über ganz Deutschland verteilt sind die Ehrenamtlichen der Wasserwacht im Einsatz. Ursprünglich wurde die Wasserwacht gegründet, um Menschen vor dem Ertrinken zu retten. Inzwischen wurde ihr Aufgabengebiet erheblich ausgebaut.

Die Wasserwachtler
1. retten Menschen vor dem Ertrinken,
2. bewachen die Wasserflächen auf großen Gewässern,
3. leisten Erste Hilfe für Verletzte,
4. bergen Verunglückte,
5. transportieren Verletzte in die Rettungsstationen,
6. bereiten Menschen auf Notsituationen vor,
7. bilden Schwimmer und Rettungsschwimmer aus,
8. führen Kurse zur Wasserrettung und Ersten Hilfe durch,
9. sammeln Unrat aus Gewässern,
10. pflegen geschützte Biotope.

→ Seite 220 f., Aktiv und Passiv

2 Schreibe aus dem ersten Abschnitt des Textes die beiden Passivformen heraus und bestimme jeweils die Zeitform.

3 Forme die Aktivsätze 1 bis 10 in Passivsätze um, z. B.:
1. Von den Wasserwachtlern werden Menschen vor dem Ertrinken gerettet.

Wiederholung und Vertiefung: Aktiv und Passiv

Rechtschreibung, Grammatik, Sprachbetrachtung

TRAINING

4 Tausche dich mit deinen Mitschülern darüber aus, was man unter Atemspende versteht und wozu diese Erste-Hilfe-Maßnahme dient.

> **Was wird durch die Atemspende bewirkt?**
> 1. Durch die Atemspende (wird/werden) alle Zellen des Körpers mit lebensnotwendigem Sauerstoff (versorgen).
> 2. Gleichzeitig (wird/werden) Kohlendioxid aus dem Körper (ausscheiden).
> 3. Durch das Atemzentrum (wird/werden) die Ein- und Ausatmung (steuern).
> 4. Bei der Einatmung (wird/werden) Sauerstoff mit der Einatmungsluft (aufnehmen), über den Kreislauf zu den Zellen (transportieren) und an diese (abgeben).
> 5. Teile des eingeatmeten Sauerstoffs (wird/werden) aber bei der Ausatmung wieder (ausatmen).
> 6. Durch den Sauerstoffanteil der Ausatmungsluft (wird/werden) andere bei der Atemspende mit Sauerstoff (versorgen) und (retten).

Formuliere im Passiv, was durch die Atemspende bewirkt wird, z. B.:
1. Durch die Atemspende <u>werden</u> alle Zellen des Körpers mit lebensnotwendigem Sauerstoff <u>versorgt</u>.

5 Setze in die Sätze die richtigen Verbformen ein, z. B.:
1. Wunden <u>können</u> durch Gewalt, Hitze, Kälte und chemische Stoffe <u>verursacht werden</u>.

Erste Hilfe bei Wunden

→ Seite 222, Modalverben

1. **verursachen:** Wunden ✎ durch Gewalt, Hitze, Kälte und chemische Stoffe ✎.
2. **zerstören:** Die Haut ✎ dabei teilweise oder vollständig ✎.
3. **aufheben:** Die Schutzfunktion der Haut ✎ dadurch ✎.
4. **hervorrufen:** Infektionen ✎ dadurch schnell ✎.
5. **mitverletzen:** Je nach Art der Wunden ✎ größere Blutgefäße sowie Nerven, Knochen, Muskeln und Organe ✎.

kann/ können

1. **lagern:** Die betroffene Person ✎ je nach Zustand liegend oder sitzend ✎.
2. **beobachten:** Der/Die Verletzte ✎ während der Wundversorgung ständig ✎.
3. **tragen:** Grundsätzlich ✎ vom Ersthelfer Handschuhe ✎.
4. **bedecken:** Alle Wunden ✎ vom Ersthelfer keimfrei ✎.
5. **impfen:** Man ✎ gegen Tetanuserreger ✎.

sollte/ sollten

Wiederholung und Vertiefung: Aktiv und Passiv

15 Vorsicht, Freiheit!

Online-Link
Hörverstehen
313275-0188

[1] Uri: Gründungskanton der Schweiz (Eidgenossenschaft, Schwur auf der Rütliwiese 1291)

→ **Seite 240,** Arbeitstechnik „Einen literarischen Text genau lesen und verstehen"

1 Lies die Sage aus der Schweiz aufmerksam durch. Verschaffe dir so einen ersten Überblick über das Geschehen.

Brüder Grimm
Die Sage von Wilhelm Tell

Es fügte sich, dass des Kaisers Landvogt, genannt der Geßler, gen Uri[1] fuhr. Als er da eine Zeit wohnte, ließ er eine Stange unter der Linde,
5 da jedermann vorbeigehen musste, stülpte einen Hut drauf und hatte einen Knecht zur Wacht dabeisitzen. Darauf gebot er durch öffentlichen Aufruf: Wer der wäre, der da vor-
10 überginge, sollte sich vor dem Hut verneigen, als ob der Herr selber zugegen sei; und übersähe es einer und täte es nicht, den wollte er mit schweren Bußen strafen.

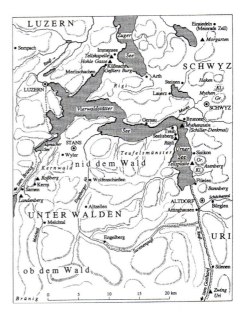

15 Nun war ein tapferer Mann im Lande, hieß Wilhelm Tell, der ging am Hut vorüber und verneigte sich nicht; da verklagte ihn der Knecht, der den Hut bewachte, bei dem Landvogt. Der ließ den Tell vor sich bringen und fragte, warum er sich vor dem Hut nicht verneige, wie doch geboten sei? Wilhelm Tell antwortete: „Lieber Herr, es ist aus Versehen geschehen; dachte nicht,
20 dass es Euer Gnad so streng nehmen würde." Nun war der Tell gar ein guter Schütze, wie man sonst keinen im Lande fand, hatte auch hübsche Kinder, die ihm lieb waren. Da sandte der Landvogt, ließ die Kinder holen, und als sie gekommen waren, fragte er Tell, welches Kind ihm das allerliebste wäre. „Sie sind mir alle gleich lieb." Da sprach der Herr: „Wilhelm, du bist ein
25 guter Schütz, und man findet nicht deinesgleichen; das wirst du mir jetzt beweisen; denn du sollst einem deiner Kinder einen Apfel vom Haupte schießen. Tust du das, so will ich dich für einen guten Schützen achten." Der gute Tell erschrak, flehte um Gnade und dass man ihm solches erließe, denn es wäre unnatürlich; was er ihm sonst befehle, wolle er gerne tun. Der
30 Vogt aber zwang ihn mit seinen Knechten und legte dem Kinde den Apfel selbst aufs Haupt. Nun sah Tell, dass er nicht ausweichen konnte, nahm den Pfeil und steckte ihn hinten in seinen Kragen, den andern Pfeil nahm er in

Lesen und Literatur – Umgang mit Texten und Medien

die Hand, spannte die Armbrust und bat Gott, dass er sein Kind behüte, zielte und schoss glücklich ohne Schaden den Apfel von des Kindes Haupt.
35 Da sprach der Herr, das wäre ein Meisterschuss: „Aber eines wirst du mir sagen: Was bedeutet, dass du den ersten Pfeil hinten in deinen Kragen stecktest?" Tell sprach: „Das ist so Schützengewohnheit." Der Landvogt ließ aber nicht ab und wollte es wissen; zuletzt sagte Tell, der sich fürchtete, wenn er die Wahrheit offenbarte: Wenn er ihm das Leben verspreche, wolle
40 er's sagen. Als das der Landvogt getan, sprach Tell: „Hätte ich den Apfel verfehlt und mein Kindlein erschossen, so hätte ich Euch mit dem andern Pfeil gewiss nicht verfehlt."
Da das der Landvogt vernahm, sprach er: „Dein Leben ist dir zwar zugesagt; aber an einen Ort will ich dich legen, da dich Sonne und Mond
45 nimmer bescheinen", ließ ihn fangen und binden [...].

2 Schreibe die durcheinandergeratenen Überschriften zu den einzelnen Textabschnitten in der richtigen Reihenfolge auf. Gib für jeden Abschnitt an, in welcher Zeile er beginnt und endet.
Die Überschriften für die fünf Textabschnitte lauten:
- Ein Pfeil für alle Fälle,
- Verneigung vor dem Hut,
- Eine unnatürliche Strafe,
- Die Willkür eines gnadenlosen Herrschers.
- Missachtung einer Vorschrift,

3 Formuliere fünf W-Fragen zum Text.

4 Stellt eure W-Fragen in der Klasse. Achtet darauf, dass sie richtig beantwortet werden.

5 „Übersetze" den ersten Abschnitt der Sage (Zeile 1–7) in eine moderne, zeitgemäße Sprache.

6 EXTRA Erläutere: Wie reagiert Wilhelm Tell auf den Befehl des Landvogts, einen Apfel vom Kopf seines Kindes zu schießen?
„Der gute Tell erschrak, flehte um Gnade und dass man ihm solches erließe, denn es wäre unnatürlich; was er ihm sonst befehle, wolle er gerne tun."
Beurteile Wilhelm Tells Reaktion.

7 EXTRA „Die Sage von Wilhelm Tell" ist mehr als nur die Geschichte eines meisterlichen Schützen. Entscheide, worum es in der Sage ebenfalls geht. Nutze dafür die untenstehenden Begriffe. Begründe deine Entscheidung.

| Schuld | Recht | Willkür | Gerechtigkeit | Gehorsam | Unrecht |
| Gnade | Macht | Verweigerung | Auflehnung | Freiheit | Ohnmacht |

Dramatische Texte erschließen

15 Vorsicht, Freiheit!

Platz dem Landvogt

1 Verschaffe dir zunächst einen Überblick über die Personen, die in dieser Szene vorkommen.

2 Lies den Auszug aus Schillers Drama „Wilhelm Tell".

Dritter Aufzug, dritte Szene
Wiese bei Altdorf. Im Vordergrund Bäume. Hinten der Hut auf einer Stange. Daneben die Knechte des Landvogts Frießhardt und Leuthold.

> **TIPP!**
> **Dramen** sind in **Akte** oder **Aufzüge** eingeteilt. Diese setzen sich aus mehreren **Szenen** oder **Auftritten** zusammen.

Die beteiligten Personen:

Landvogt Geßler

Gefolgsleute des Landvogts
Frießhardt
Leuthold
Rudolf der Harras

Wilhelm Tell und dessen Sohn Walter

Landleute aus Uri und Schwyz
Walter Fürst
Werner Stauffacher
Pfarrer Rösselmann
Bäuerin Armgard

Adlige des Landes
Berta von Bruneck
Ulrich von Rudenz

Rudolf der Harras Platz dem Landvogt!
Geßler Was läuft das Volk zusammen? *(zu Friesshart)* Was
5 hältst du diesen Mann?
Frießhardt Gestrenger Herr, ich bin dein Waffenknecht und wohlbestellter Wächter bei dem Hut. Diesen Mann
10 ergriff ich auf frischer Tat, wie er dem Hut den Ehrengruß versagte. Verhaften wollt ich ihn, wie du befahlst, und mit Gewalt will ihn das Volk entreißen.
Geßler *(nach einer Pause)* Verachtest du so deinen Kaiser, Tell, und mich,
15 der hier an seiner statt gebietet, dass du die Ehr' versagst dem Hut, den ich zur Prüfung des Gehorsams aufgehangen?
Tell Aus Unbedacht, nicht aus Verachtung ist's geschehn. Ich bitt um Gnad, es soll nicht mehr vorkommen.
Geßler *(nach einigem Stillschweigen)* Du bist ein Meister auf der Armbrust,
20 Tell, man sagt, du nimmst es auf mit jedem Schützen?
Walter Tell Und das muss wahr sein, Herr – 'nen Apfel schießt der Vater dir vom Baum auf hundert Schritte.
Geßler Ist das dein Knabe, Tell?
Tell Ja, Herr.
25 **Geßler** Nun, Tell! Weil du den Apfel triffst vom Baume auf hundert Schritte, so wirst du deine Kunst vor mir bewähren müssen. – Nimm die Armbrust. Und mach dich fertig, einen Apfel von des Knaben Kopf zu schießen. Doch will ich raten, ziele gut, dass du den Apfel treffest auf den ersten Schuss, denn fehlst du ihn, so ist dein Kopf verloren.
30 *(Alle geben Zeichen des Schreckens von sich.)*
Tell Herr – ich soll vom Haupte meines Kindes –
Geßler Du wirst den Apfel schießen von dem Kopf des Knaben. – Ich begehr's und will's.

Freilichtaufführung auf dem Rütli am Vierwaldstädter See

Dramatische Texte erschließen

Lesen und Literatur – Umgang mit Texten und Medien

Tell Ich soll mit meiner
35 Armbrust auf das liebe Haupt des eigenen Kindes zielen?
Geßler Du schießest oder stirbst mit deinem Knaben.
40 **Tell** Ich soll der Mörder werden meines Kindes!
Geßler Ei, Tell, du bist ja plötzlich so besonnen! Man sagte mir, dass du ein Träu-
45 mer seist und dich entfernst von andrer Menschen Weise. Du liebst das Seltsame. – Drum hab ich jetzt ein eigen Wagstück für dich ausgesucht.
Berta Scherzt nicht, o Herr, mit diesen armen Leuten!
50 **Geßler** Wer sagt Euch, dass ich scherze? – Hier ist der Apfel. Man mache Raum. – Er nehme seine Weite. Achtzig Schritte geb ich ihm – nicht weniger, noch mehr. – Er rühmte sich auf hundert seinen Mann zu treffen. – Jetzt, Schütze, triff und fehle nicht das Ziel.
Walter Fürst (*zu Melchtal, der unruhig wird*) Ich fleh Euch drum, bleibt
55 ruhig.
Berta (*zum Landvogt*) Unmenschlich ist's, mit eines Vaters Angst also zu spielen. Entlasst ihn ungekränkt in seine Hütte. Er hat Euch kennengelernt: Dieser Stunde wird er und seine Kindeskinder denken.
Geßler Frisch! Was zauderst du? Dein Leben ist verwirkt, ich kann dich
60 töten, und sieh, ich lege gnädig dein Geschick in deine eigne kunstgeübte Hand. Der kann nicht klagen über harten Spruch, den man zum Meister seines Schicksals macht.
Walter Fürst Herr Landvogt, wir erkennen Eure Hoheit, doch lasset Gnad' vor Recht ergehn. Dies Grässliche erlasset einem Vater!
65 **Walter Tell** Der Vater trifft den Vogel ja im Flug, er wird nicht fehlen auf das Herz des Kindes.
Stauffacher Herr Vogt, rührt Euch nicht des Kindes Unschuld?
Rösselmann O denk er, dass ein Gott im Himmel ist, dem Ihr müsst Rede stehn für Eure Taten.
70 **Geßler** (*zeigt auf den Knaben*) Man bind ihn an die Stange dort.
Walter Tell Ich will nicht gebunden sein. Ich will stillhalten wie ein Lamm und auch nicht atmen.
Rudolf der Harras Die Augen nur lass dir verbinden, Knabe.
Walter Tell Denket Ihr, ich fürchte den Pfeil von Vaters Hand? Ich will ihn
75 fest erwarten und nicht zucken mit den Wimpern.
(*Er geht an die Stange, man legt ihm den Apfel auf.*)

Freilichtaufführung auf dem Rütli am Vierwaldstädter See

15 Vorsicht, Freiheit!

Freilichtaufführung auf dem Rütli am Vierwaldstädter See

Geßler *(zu Tell)* Ans Werk! Man führt die Waffen nicht vergebens. Gefährlich ist's, ein Mordgewehr zu tragen, und auf den Schützen springt der Pfeil zurück. Gewaffnet sei niemand, als wer gebietet.
Tell *(spannt die Armbrust und legt den Pfeil auf)* Mir schwimmt es vor den Augen!
Armgard Gott im Himmel.
Tell *(zum Landvogt)* Erlasset mir den Schuss. Hier ist mein Herz! *(Er reißt die Brust auf.)* Ruft Eure Knechte und stoßt mich nieder.
Geßler Ich will dein Leben nicht, ich will den Schuss. – Du kannst ja alles, Tell, an nichts verzagst du. Jetzt, Retter, hilf dir selbst – du rettest alle!
(Tell steht in fürchterlichem Kampf, die Augen bald auf den Landvogt, bald zum Himmel gerichtet. – Plötzlich nimmt er einen zweiten Pfeil und steckt ihn in seinen Jackenkragen. Der Landvogt bemerkt diese Bewegungen.)
Walter Tell Vater, schieß zu, ich fürcht mich nicht.
Tell Es muss! *(Er rafft sich zusammen und legt an.)*
Rudenz *(der die ganze Zeit mit Gewalt an sich gehalten, tritt hervor)* Herr Landvogt, weiter werdet Ihr's nicht treiben. Ihr werdet nicht – es war nur eine Prüfung – den Zweck habt Ihr erreicht – zu weit getrieben verfehlt die Strenge ihres weisen Zwecks, und allzu straff gespannt zerspringt der Bogen.
Geßler Ihr schweigt, bis man Euch aufruft.
Rudenz Ich w i l l reden, ich darf's. – Solche Grausamkeiten verdient mein Volk nicht, dazu habt Ihr keine Vollmacht. Länger schweigen wär' Verrat an meinem Vaterland.
Geßler Verwegner, diese Sprache deinem Herrn?
Rudenz Frei bin ich wie Ihr geboren. Und stündet Ihr hier nicht in Kaisers Namen, den ich verehre, selbst wo man ihn schändet, Ihr sollet nach ritterlichem Brauch mir Antwort geben. – Ja, winkt nur Euren Reisigen – ich stehe nicht wehrlos da wie die *(auf das Volk zeigend)*, und wer mir naht –
Stauffacher *(ruft)* Der Apfel ist gefallen!
(Während sich alle zu Geßler und Rudenz gewendet haben und Berta sich zwischen beide geworfen hat, hat Tell den Pfeil abgedrückt.)
Rösselmann Der Knabe lebt.
Armgard Der Apfel ist getroffen.
Geßler *(erstaunt)* Er hat geschossen!
Walter Tell *(kommt mit dem Apfel gesprungen)* Wusst' ich's ja, du würdest deinen Knaben nicht verletzen.

120 *(Tell eilt ihm mit ausgebreiteten Armen entgegen und hebt ihn mit heftiger Inbrunst zu seinem Herzen hinauf.)*
Leuthold Das war ein Schuss! Davon wird man noch reden in den spätsten Zeiten.
Rudolf der Harras Erzählen wird man von dem Schützen Tell, solang' die
125 Berge stehn auf ihrem Grunde.
Geßler Es war ein Meisterschuss, ich muss ihn loben.
Rösselmann Der Schuss war gut, doch wehe dem, der ihn dazu getrieben, dass er Gott versuchte.
Walter Fürst Kommt und bringt der Mutter ihren Sohn.
130 *(Sie wollen ihn wegführen.)*
Geßler Tell, du stecktest noch einen zweiten Pfeil zu dir, ich sah es wohl. Was es auch sei, dein Leben sicher ich dir.
Tell Mit diesem Pfeil durchschoss ich – Euch, wenn ich mein Kind getroffen hätte. Und Euer – wahrlich hätt' ich nicht gefehlt.
135 **Geßler** Wohl, Tell! Des Lebens hab ich dich gesichert. Ich gab mein Wort, das will ich halten. – Doch, damit ich sicher sei vor deinen Pfeilen, ergreift ihn, Knechte! Bindet ihn! *(Tell wird gebunden.)*
Stauffacher Herr? So könntet Ihr an einem Manne handeln, an dem sich Gottes Hand sichtbar verkündigt?
140 **Geßler** Man bring' ihn auf mein Schiff. Ich selbst will ihn in den Kerker führen.

3 Beantworte die folgenden Fragen schriftlich in jeweils ein bis zwei Sätzen. Schreibe dazu die passenden Textstellen als Beleg heraus.
1. Wie lautet die Anordnung des Landvogts Geßler im Zusammenhang mit dem Hut?
2. Mit welchem Argument versucht Ulrich von Rudenz den Landvogt Geßler davon abzuhalten, Wilhelm Tell auf den Apfel zielen zu lassen?
3. Was ordnet der Landvogt an, als er erfährt, dass bei einem Fehlschuss der zweite Pfeil für ihn gedacht war?

4 Lest nun die Szene mit verteilten Rollen. Bringt dabei die Gefühle der Personen und die Dramatik der Handlung zum Ausdruck.

5 Suche die Stelle, in der Geßler erklärt, warum er den Hut aufhängen ließ. Begründe die Maßnahme aus seiner Sicht.

6 Hut oder Apfel? – Welche der beiden Anordnungen Geßlers lassen die Wogen der Empörung höherschlagen? Begründe deine Entscheidung und stelle sie in der Klasse vor.

7 Finde für die gesamte Szene eine passende Überschrift.

15 Vorsicht, Freiheit!

Online-Link
Hörverstehen
313275-0194

→ **Seite 240,**
Arbeitstechnik
„Einen Sachtext
lesen und verstehen"

Der Rütli-Schwur

1 Sagen beziehen sich in ihrem Kern auf geschichtliche Ereignisse. Lies folgenden Text aufmerksam durch. Notiere alle historischen Bezüge.

„Wir wollen sein ein einig Volk von Brüdern"

Kein anderer Schweizer ist so bekannt wie Wilhelm Tell, der Nationalheld der Schweiz. Ein Bild von ihm findet sich auf der Rückseite jedes 5-Franken-Stücks der Schweizer Währung.
Für die meisten Europäer ist er ein Symbol der schweizerischen Un-
5 abhängigkeit und Freiheit und das vor allem dank Friedrich Schiller (1759–1805), der den Sagenstoff für das Theater bearbeitet hat. In seinem Drama „Wilhelm Tell" greift Schiller sein Lieblingsmotiv „Freiheit" auf. Friedrich Schiller wollte eigentlich Pfarrer werden. Im absolutistischen Staat des Landesfürsten, Herzog Carl Eugen von Württemberg, wurde aber
10 jedem Untertanen diejenige Laufbahn zugewiesen, mit der er dem Ansehen und Nutzen des Staates nach dem Plan des Fürsten am besten dienen würde. So musste Schiller zuerst Recht, später Medizin studieren. Anschließend wurde ihm befohlen, Regimentsarzt zu werden, obwohl er selbst nur Dichter sein wollte. Nachdem der Herzog ihm 1782 das Schreiben von
15 Theaterstücken verboten hatte, floh Schiller aus Stuttgart ins „Ausland" nach Mannheim, um endlich in Freiheit schreiben zu können.
In seinen frühen Werken kommen seine Wut und sein Freiheitsdrang noch direkter und ungestümer zum Ausdruck als in seinem letzten Drama „Wilhelm Tell".
20 Im „Wilhelm Tell" bezieht sich Schiller auf die Zeit nach 1273 und auf die Gebiete der heutigen Schweiz. Die Kantone Uri, Schwyz und Unterwalden gehörten zu dieser Zeit zum Heiligen Römischen Reich Deutscher Nation. Als Rudolf von Habsburg König wurde, wollte er diese Kantone, die eine verkehrspolitische Schlüsselstellung hatten, zur Einnahme und Ablieferung
25 von Zöllen zwingen. Er setzte Landvögte ein, die brutal und herrisch regierten. Die Empörung über die Willkür dieser habsburgischen Besatzungsmacht wird im Drama „Wilhelm Tell" geschildert.
Im ersten Teil wird erzählt, wie es zu dem Rütli-Schwur der Eidgenossen aus den drei Urkantonen Uri, Schwyz und Unterwalden kam:
30 „Wir wollen sein ein einig Volk von Brüdern, in keiner Not uns trennen und Gefahr.
Wir wollen frei sein wie die Väter waren, eher den Tod, als in der Knechtschaft leben. Wir wollen trauen auf den höchsten Gott und uns nicht fürchten vor der Macht der Menschen."

35 Im weiteren Verlauf des Dramas stehen dann das Handeln und der Gewissenskonflikt Tells im Mittelpunkt. Er weigert sich, den aufgesteckten Hut

Lesen und Literatur – Umgang mit Texten und Medien

des Reichsvogtes Hermann Geßler zu grüßen. Geßler zwingt ihn daraufhin, einen Apfel vom Kopf des eigenen Kindes zu schießen, und verspricht, Tell dann freizulassen. Tell gelingt der Schuss, doch er gesteht, dass sein nächster Pfeil Geßler gegolten hätte, wenn er seinen Sohn getroffen hätte. Geßler bricht sein Wort und führt Tell als Gefangenen auf einem Schiff fort. Während der Seeüberfahrt zieht ein Sturm auf und Tells Häscher kommen in Bedrängnis. Sie überlassen ihm das Steuer und er kann schließlich mit einem Sprung ans Ufer entkommen. Nun beschließt Tell, Geßler zu töten. In der hohlen Gasse bei Küssnacht lauert er ihm auf, tötet ihn durch einen meisterlichen Pfeilschuss und verhilft so den Bewohnern der Schweiz zu neuer Freiheit.

Gemälde von Moritz Retzsch (1779–1857): Tell wird von den Wachen angehalten, weil er den Hut des Herrschers nicht grüßen will; Aquarell, Schiller Nationalmuseum, Marbach

2 Informiere dich mithilfe des Online-Links über das Leben Friedrich Schillers. Suche Verbindungen zwischen dem Leben Schillers und dem Stoff, den er in seinem Drama „Wilhelm Tell" verarbeitet hat. Stelle in einem kurzen Text diesen Zusammenhang dar.

Online-Link
zur Biografie Schillers
313275-0195

3 Bearbeite **A** oder **B**.

A: Wilhelm Tell gelingt die Flucht. Er wartet in einem Hinterhalt auf den tyrannischen[1] Landvogt und will ihn töten.
Schreibe als inneren Monolog auf, was ihm während des Wartens durch den Kopf geht.

[1] tyrannisch: herrschsüchtig, gewalttätig, selbstherrlich

B: Wilhelm Tell – ein Mörder?
Fälle ein Urteil über Tell und schreibe eine Urteilsbegründung.

4 EXTRA Vergleiche das Gemälde auf dieser Seite mit den Fotografien der Freilichtaufführung auf den Seiten 190–192 und auf Seite 197.

15 Vorsicht, Freiheit!

Tells Geschoss

1 In der folgenden Szene reitet Geßler nach Küssnacht. Lies, was weiter geschieht.

Vierter Aufzug, dritte Szene.
Die hohle Gasse bei Küssnacht. Man steigt von hinten zwischen Felsen herunter und die Wanderer werden, ehe sie auf der Szene erscheinen, schon von der Höhe gesehen. Felsen umschließen die ganze Szene, auf einem der vordersten
5 *ist ein Vorsprung mit Gesträuch bewachsen. Geßler und Rudolf der Harras zu Pferd.*

Geßler Sagt, was Ihr wollt, ich bin des Kaisers Diener und muss drauf denken, wie ich ihm gefalle. Er hat mich nicht ins Land geschickt, dem Volk zu schmeicheln und ihm sanft zu tun – Gehorsam erwartet er, der Streit ist,
10 ob der Bauer soll Herr sein in dem Lande oder der Kaiser.
Armgard[1] Jetzt ist der Augenblick! Jetzt bring ich's an! ... Barmherzigkeit, Herr Landvogt! Gnade! Gnade!
Geßler Was dringt Ihr Euch auf offner Straße mir in Weg – Zurück!
Armgard Mein Mann liegt im Gefängnis, die armen Waisen schrein nach
15 Brot – habt Mitleid gestrenger Herr, mit unserm großen Elend. ...
Ein armer Wildheuer, guter Herr, vom Rigiberge, der überm Abgrund weg das freie Gras abmähet von den schroffen Felsenwänden, wohin das Vieh sich nicht getraut zu steigen –
Rudolf der Harras *zum Landvogt* Bei Gott, ein elend und erbärmlich Leben!
20 Ich bitt' Euch, gebt ihn los den armen Mann, was er auch Schweres mag verschuldet haben, Strafe genug ist sein entsetzlich Handwerk. *Zu der Frau* Euch soll Recht werden – drinnen auf der Burg nennt Eure Bitte – hier ist nicht der Ort.
Armgard Nein, nein, ich weiche nicht von diesem Platz, bis mir der Vogt
25 den Mann zurückgegeben! Schon in den sechsten Mond liegt er im Turm und harret auf den Richterspruch vergebens.
Geßler Weib, wollt Ihr mir Gewalt antun, hinweg.
Armgard Gerechtigkeit, Landvogt! Du bist der Richter im Lande an des Kaisers statt und Gottes. Tu deine Pflicht! So du Gerechtigkeit vom Him-
30 mel hoffest, so erzeig sie uns.
Geßler Fort, schafft das freche Volk mir aus den Augen.
Armgard *greift in die Zügel des Pferdes* Nein, nein, ich habe nichts mehr zu verlieren. – Du kommst nicht von der Stelle, Vogt, bis du mir Recht gesprochen – Falte deine Stirne, rolle die Augen, wie du willst – wir sind so
35 grenzenlos unglücklich, dass wir nichts nach deinem Zorn mehr fragen –
Geßler Weib, mach Platz, oder mein Ross geht über dich hinweg.
Armgard Lass es über mich dahingehn – da –
Sie reißt ihre Kinder zu Boden und wirft sich mit ihnen ihm in den Weg.

Online-Link
zu einer Filmsequenz dieser Szene
313275-0196

[1] Armgard ist die Frau eines armen Bauern, der ohne eine Verurteilung vom Landvogt eingekerkert wurde. Sie bittet ihn um dessen Freilassung.

Dramatische Texte erschließen

Lesen und Literatur – Umgang mit Texten und Medien **EXTRA**

Hier lieg ich mit meinen Kindern – lass die armen Waisen von deines Pferdes Huf zertreten werden, es ist das Ärgste nicht, was du getan –
Rudolf der Harras Weib, seid Ihr rasend?
Armgard *heftiger fortfahrend* Tratest du doch längst das Land des Kaisers unter deine Füße! – O, ich bin nur ein Weib! Wär' ich ein Mann, ich wüsste wohl was Besseres, als hier im Staub zu liegen –
Man hört die vorige Musik wieder auf der Höhe des Wegs, aber gedämpft.
Geßler Wo sind meine Knechte? Man reiße sie von hinnen oder ich vergesse mich und tue, was mich reut.
Rudolf der Harras Die Knechte können nicht hindurch, o Herr, der Hohlweg ist gesperrt durch eine Hochzeit.
Geßler Ein allzu milder Herrscher bin ich noch gegen dieses Volk – die Zungen sind noch frei, es ist noch nicht ganz, wie es soll, gebändigt – doch es soll anders werden, ich gelob' es, ich will ihn brechen, diesen starren Sinn, den kecken Geist der Freiheit will ich beugen. Ein neu Gesetz will ich in diesen Landen verkünden – ich will –
Ein Pfeil durchbohrt ihn, er fährt mit der Hand ans Herz und will sinken. Mit matter Stimme
Gott sei mir gnädig!
Rudolf der Harras Herr Landvogt – Gott was ist das? Woher kam das?
Armgard *auffahrend* Mord! Mord! Er taumelt, sinkt! Er ist getroffen!
Mitten ins Herz hat ihn der Pfeil getroffen!
Rudolf der Harras *springt vom Pferde* Welch grässliches Ereignis – Gott – Herr Ritter – ruft die Erbarmung Gottes an – Ihr seid ein Mann des Todes! –
Geßler Das ist Tells Geschoss.

Freilichtaufführung auf dem Rütli am Vierwaldstädter See

2 Schiller lässt an dieser Stelle Armgard mit ihren Kindern auftreten. Welche Wirkung erzielt er damit? Notiere deine Gedanken dazu.

3 Schreibe eine Inhaltsangabe zu dieser Szene.

→ **Seite 236,** Arbeitstechnik „Eine Inhaltsangabe schreiben"

Dramatische Texte erschließen

15 Vorsicht, Freiheit!

Sprachen in der Sprache

**Friedrich Schiller wurde 1759 in Marbach am Neckar geboren. Bei ihm zu Hause wurde schwäbisch gesprochen. Das Schwäbische ist eine der vielen Mundarten/Dialekte, die es in Deutschland gibt.
Seine Gedichte und Dramen hat Schiller jedoch in Hochdeutsch geschrieben.**

I sag scho emmer: Es kann dr Fremschde nedd em Friede läba, wenn's em beesa Nachber nedd gfelld. Hajo, so isch des.

Online-Link
zu Dialekten in Deutschland
313275-0198

1 Versucht, den Text in der Sprechblase ins Hochdeutsche zu übersetzen. Hierbei handelt es sich übrigens um ein Zitat aus Friedrich Schillers Drama „Wilhelm Tell".

2 Tragt zusammen, welche Mundarten/Dialekte ihr kennt.
Welche Mundart wird in eurer Heimatregion gesprochen? Welche könnt ihr selbst sprechen?

3 Bei welchen Gelegenheiten sprecht ihr Mundart und bei welchen Hochdeutsch? Tauscht euch darüber aus.

4 EXTRA Es gibt auch viele Sänger und Bands, die ihre Lieder in Mundart singen. Bringt Beispiele mit und hört sie euch gemeinsam an. Besprecht, wie sie auf euch wirken.

5 EXTRA Wie bewertest du die Tatsache, dass sich heute viele Menschen bemühen, die Mundarten/Dialekte wieder neu zu beleben?
Notiere deine Überlegungen.

Rechtschreibung, Grammatik, Sprachbetrachtung

6 Neben dem Hochdeutschen und den Mundarten gibt es weitere Sprachformen. Informiere dich darüber in der folgenden Übersicht.

Online-Link
zu dem Begriff
„Jugendsprache"
313275-0199

→ Seite 78 f.,
Portfolio zum Thema
„Das Rätsel der Sprache"

Standardsprache
Hochsprache; überregionale Sprachform, die in Grammatiken und Wörterbüchern geregelt ist. Sie kommt meist geschrieben, aber auch gesprochen vor, z. B. in den Medien und auf dem Theater.

Dialekt
Mundart; Sprachform, die nur in einem Ort oder in einer bestimmten Gegend verwendet und verstanden wird. Der Dialekt wird meist nicht geschrieben und oft im persönlichen Bereich verwendet, z. B. Obersächsisch, Pfälzisch, Nordbayerisch, Ripuarisch, Schwäbisch.

Umgangssprache
Sprachform des Alltags unter vertrauten Gesprächspartnern. Die Umgangssprache wird in einer bestimmten Region gesprochen, wird aber auch anderswo verstanden, z. B. „Da hab' ich keine Ahnung von. Da ham' wir den Salat!"

Fachsprache
Sprachform zur Verständigung unter Fachleuten in einem Beruf oder auf einem Fachgebiet. Fachsprachen haben einen besonderen Fachwortschatz, z. B. Fachsprachen der Bergleute, der Informatik, der Medizin.

Jugendsprache
Sprechweisen, die Jugendliche untereinander verwenden. Sie dienen oft der Verständigung und der Abgrenzung in Gruppen. Dabei bekommen die Wörter oft eine neue Bedeutung, z. B. *anbaggern* – „ein Mädchen/einen Jungen ansprechen".

gesprochene Sprache/ geschriebene Sprache
Sprachformen, die sich nicht nur durch den Übertragungskanal (akustisch/schriftlich) unterscheiden, sondern auch durch Aufbau und Ausdrucksweise. Die geschriebene Sprache folgt meist der Standardsprache.

7 Tausche dich mit deinen Mitschülern darüber aus, wo euch die aufgeführten Sprachformen begegnen und wann ihr sie verwendet.

8 EXTRA Überlege, wo man der folgenden Aussage begegnen könnte. Schreibe den Text weiter und übersetze ihn danach ins Hochdeutsche.

Der Gong zum Break! Das dämliche Mathe ist endlich over. Völlig zugetextet, macht sich die Posse auf in die Aula, um zehn Minuten zu chillen. …

Sprachformen/Sprachvarianten

16 Mensch unter Menschen

Im Rahmen einer Projektarbeit geht ihr in diesem Kapitel einer großen und alten Frage nach: Was macht den Mensch unter Menschen zu einem Fremden, einem Anderen, einem Ausgegrenzten?
In einer Themenmappe tragt ihr eure Ergebnisse zusammen.

1 Betrachtet das Plakat. Wo könnte es hängen? Wie wird hier „anders sein" oder „Ausgrenzung" dargestellt?

2 Lege ein Wörternetz zum Begriff „anders sein" an.

3 Beschreibe, wann ein Mensch für dich „anders" ist.

4 Einigt euch in der Klasse auf eine gemeinsame Definition des Begriffes. Schreibt diese Definition auf.

→ Seite 241, Arbeitstechnik „Regeln für Projektarbeit"

5 Plant die Arbeit an euren Themenmappen. Verschafft euch zunächst einen Überblick über die Arbeitsblätter auf den Seiten 201–207. Entscheidet, wie ihr arbeiten wollt:
- **Einzelarbeit:** Jeder bearbeitet für sich die Arbeitsblätter.
- **Partnerarbeit:** Ihr bearbeitet die Arbeitsblätter zu zweit.
- **Gruppenarbeit:** Ihr arbeitet als Gruppe und teilt die Arbeitsblätter untereinander auf.

Schreiben

Arbeitsblatt 1

Auszug aus der Resolution 217 A(III):
**Allgemeine Erklärung der Menschenrechte[1]
PRÄAMBEL[2]**

Artikel 1: Alle Menschen sind frei und gleich an Würde und Rechten geboren. Sie sind mit Vernunft und Gewissen begabt und sollen einander im Geiste der Brüderlichkeit begegnen.

Artikel 2: Jeder hat Anspruch auf alle in dieser Erklärung verkündeten Rechte und Freiheiten, ohne irgendeinen Unterschied, etwa nach Rasse, Hautfarbe, Geschlecht, Sprache, Religion, politischer oder sonstiger Anschauung, nationaler oder sozialer Herkunft, Vermögen, Geburt oder sonstigem Stand.

[1] Die „Allgemeine Erklärung der Menschenrechte" (auch: UN-Menschenrechtscharta) ist das Bekenntnis der Vereinten Nationen (UNO) zu den Menschenrechten. Sie wurde am 10. Dezember 1948 in Paris von der Generalversammlung der Vereinten Nationen genehmigt und verkündet.

[2] Präambel, die: Einleitung zu einer Urkunde/einem Staatsvertrag

1 Beschaffe dir Informationen über die UNO (die Vereinten Nationen). Beantworte, wann und warum sie gegründet wurde, welche Aufgaben sie hat, wie sie organisiert ist.

2 Fasse mit deinen eigenen Worten zusammen: Was sagt die Präambel über das Anderssein eines Menschen aus?

3 Sicher erscheinen in deinem Wörternetz (siehe Aufgabe 2, Seite 200) auch „Menschen mit Behinderung". Stelle dar, wie diese Menschen im Bundessozialhilfegesetz beschrieben werden.

→ **Seite 241,** Arbeitstechnik „Wörter aus dem Zusammenhang erschließen"

Behinderte Menschen sind nach dem Bundessozialhilfegesetz solche Personen, die körperlich, geistig oder seelisch so schwer geschädigt sind, dass ihre Erwerbsfähigkeit dauernd und nicht nur vorübergehend als vermindert anzusehen ist.
Als behindert gelten Personen, welche so weit beeinträchtigt sind, dass ihre unmittelbaren Lebensverrichtungen oder die Teilnahme am Leben der Gesellschaft erschwert werden.
Im deutschen Sprachraum wird der Begriff Behinderung in folgende Untergruppen aufgeteilt: geistige Behinderung, Hörschädigung (Gehörlosigkeit und Schwerhörigkeit), Körperbehinderung, Lernbehinderung, Mehrfachbehinderung, Schwerbehinderung, Schwerstbehinderung, Sehschädigung (Blindheit und Sehbehinderung), Sprachbehinderung und Verhaltensstörung.

Projektarbeit: Informationen sammeln, auswerten und weitergeben

16 Mensch unter Menschen

Arbeitsblatt 2

→ **Seite 240,** Arbeitstechnik „Einen Sachtext lesen und verstehen"

→ **Seite 241,** Arbeitstechnik „Wörter aus dem Zusammenhang erschließen"

Inklusion

Inklusion versteht die Verschiedenheit (Heterogenität) von Menschen als bereichernde Vielfalt und versucht, sie aktiv zu nutzen. Das
5 Konzept der Inklusion verzichtet (im Gegensatz zu Integration) auf jegliches Etikettieren bestimmter Gruppen und geht von der Heterogenität als Normalzustand in menschlichen Gemeinschaften aus. Inklusion hat den Anspruch,
10 alle Dimensionen menschlicher Eigenschaften einzubeziehen, z. B. unterschiedliche Fähigkeiten, Geschlechterrollen, Sprachen, soziale Milieus, Religionen, körperliche und geistige Bedingungen … Mindeststandards für eine Beteiligung darf es nicht geben, da jeder Mensch als vollwertig gilt und im Gemeinwesen willkommen ge-
15 heißen wird.

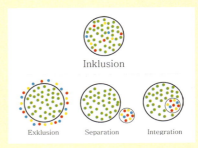

Gemeinsames Lernen

Es ist das Ziel der nordrhein-westfälischen Landesregierung, das gemeinsame Lernen von Kindern und Jugendlichen mit und ohne Behinderungen in den Schulen des Landes auszubauen. Die Förderung auch von Schülerinnen und Schülern mit unterschiedlichen
5 Behinderungen soll in den allgemeinen Schulen der Regelfall werden, der Unterricht in Förderschulen auf Wunsch der Eltern aber weiterhin möglich bleiben. Zahlreiche Erfahrungen der vergangenen Jahre haben gezeigt, dass dieses gemeinsame Lernen sowohl Vorteile für die Lernentwicklung der Kinder und Jugendlichen mit Behinde-
10 rungen als auch der Schülerinnen und Schüler ohne Behinderungen hat. Das gilt nicht nur für den Bereich des sozialen Miteinanders, sondern auch für die fachliche Entwicklung.

1 Erkläre mithilfe der Texte und des Schaubildes den Begriff *Inklusion*.

2 Fertige zum Begriff *Inklusion* ein Plakat an. Ergänze die Fakten um eigene Skizzen und Überlegungen.

3 Welche Maßnahmen zur Inklusion gibt es an deiner Schule?

Arbeitsblatt 3

Was ist Barrierefreiheit?

„Barrierefreiheit" bedeutet einen umfassenden Zugang und uneingeschränkte Nutzungschancen aller gestalteten Lebensbereiche. Barrierefreiheit ist keine Speziallösung für Menschen mit Behinderungen, ist aber für gleichberechtigte Teilhabe am gesellschaft-
5 lichen Leben unverzichtbar. „Barrierefrei sind bauliche und sonstige Anlagen, Verkehrsmittel, technische Gebrauchsgegenstände, Systeme der Informationsverarbeitung, akustische und visuelle Informationsquellen und Kommunikationseinrichtungen sowie andere gestaltete Lebensbereiche, wenn sie für behinderte Menschen in der
10 allgemein üblichen Weise, ohne besondere Erschwernis und grundsätzlich ohne fremde Hilfe zugänglich und nutzbar sind."

Gestaltete Lebensbereiche
Alles, was von Menschen gestaltet wird, sollte auf Barrierefreiheit ausgerichtet sein. So sollte es Menschen mit Behinderung nicht nur
15 möglich sein, z. B. problemlos alle Gebäude und Wege zu benutzen, sondern z. B. auch Automaten, Handys oder Internetseiten.

Zugänglich und nutzbar
Eine Einrichtung muss nicht nur (z. B. stufenlos mit dem Rollstuhl) erreicht werden, sondern auch sinnvoll genutzt werden können (z. B.
20 indem Informationen auch für sinnesbeeinträchtigte Menschen verfügbar sind).

Ohne besondere Erschwernis
Zugang und Nutzung sollen für behinderte Menschen ohne komplizierte Vorkehrungen möglich sein, z. B. ohne langwierige vorherige
25 Anmeldung oder Beantragung.

Grundsätzlich ohne fremde Hilfe
Es ist immer die Lösung zu wählen, mit der möglichst viele behinderte Menschen eine Einrichtung allein nutzen können.

1 Stelle in einer Mind-Map dar, was Barrierefreiheit ist.

2 Geh aufmerksam durch deine Schule. Untersuche, wo deine Schule barrierefrei ist und wo nicht. Trage deine Erkenntnisse in eine Tabelle ein.

3 Gib in einem Brief Hinweise an die Schulleitung, wie in eurer Schule die Barrierefreiheit ausgebaut werden kann.

16 Mensch unter Menschen

Arbeitsblatt 4

Selbstversuch: Fußball mit der Dunkelbrille

Ich stehe auf dem brandneuen Kunstrasenplatz[1], auf dem sonst Blindenfußball auf Bundesliganiveau gespielt wird.

Ich trage eine Dunkel-Brille. Es ist schwarz. Ich sehe nichts. Ich höre nur. Ich fühle mich hilflos und unsicher. […] Wo befinde ich mich
5 jetzt genau auf dem Platz? Wo ist denn jetzt das Tor? Wo wohl die Seitenlinien und Banden? Wo gehe ich gerade hin? Wo ist mein Gegner? „Der Ball kommt", ruft Hasan[2], und ich höre ein Rascheln, das langsam auf mich zukommt. Das runde Sportgerät ist nämlich eine Spezialanfertigung und mit Metallplättchen gefüllt. Als das Geräusch
10 direkt rechts von mir ist, strecke ich das Bein aus. Und ein Wunder geschieht: der Ball berührt meinen Fuß. Ganz langsam und mühsam lege ich mir den Ball zurecht.

„Zurück, rechts, jetzt nach links. Ein Stück nach vorne", so Ute Reinelt, die als Ruferin beim Integrationssportclub für Blinde agiert.
15 Ich befolge die Anweisungen und irre durchs tiefe Schwarz. […] Ich will die „Pocke" in Richtung Tor dreschen. Ich hole aus und trete vorbei. Beim zweiten Mal treffe ich. „Oh, doch nicht in Richtung Seitenlinie", rufen Hasan und Ute.

Blindenfußball als nicht Sehender auszuprobieren, ist ganz am An-
20 fang ungefähr so wie Skifahren ohne Bindung. […] Doch nach zehn Minuten fange ich an, mich leicht an die Dunkelheit zu gewöhnen und mein Gehör ein wenig bewusster einzusetzen. […] Doch die Orientierung auf dem Platz fehlt noch nahezu komplett. Wo stehe ich wohl jetzt gerade? Das frage ich mich nach zwanzig Minuten
25 Spielzeit. […] Ich nehme die Dunkelbrille ab und stehe direkt neben dem Tor auf der Torauslinie. Da sagt Hasan: „Da kannst du gleich ins Tor gehen. Die Torhüter sind nämlich auch Sehende."

Thilo Kortmann (12.5.2011)

[1] Das Spielfeld ist 42 Meter lang und 22 Meter breit. Die Seitenlinien bestehen aus etwa einen Meter hohen Banden, die ins Spiel einbezogen werden. Die Tore haben die Maße eines Handballtores.

[2] Hasan Caglikalp, 1. Vorsitzender des ISC Viktoria Kirchderne

Online-Link
zu „Blindenfußball"
313275-0204

1 Vergleiche mithilfe einer Tabelle den Blindenfußball mit dem allgemeinen Fußball.

2 Finde weitere Beispiele, wie Menschen mit Behinderung bei Sport, Kultur, Reisen selbst aktiv werden.

3 Im „Deutschen Hygienemuseum" in Dresden gibt es ein Alterungsexperiment: Mithilfe einiger Gegenstände soll Altsein erfahrbar gemacht werden. Beschreibe, wie dieses Experiment ablaufen könnte.

Schreiben

Arbeitsblatt 5 A

1 Lies den Text über die Gebärdensprache und beantworte die folgenden Fragen:
- Was erfährt man über die Entwicklung der Gebärdensprache?
- Welchen Problemen sahen sich Gehörlose früher ausgesetzt?
- Welche Sichtweise haben wir heute?

Gebärdensprache

Unter Gebärdensprache versteht man eine systematische, zeichenhafte Verwendung von Gestik und Mimik, die von Menschen anstelle einer gesprochenen Sprache benutzt wird. Diese
5 Menschen besitzen entweder keine gemeinsame Sprachgrundlage oder sind körperlich nicht in der Lage zu hören. Eine einheitliche Gebärdensprache gibt es weltweit nicht, sondern z. B. die deutsche (DGS), amerikanische (ASL) oder chinesische (CSL). Man unterscheidet in der Gebärdensprache natürliche Zeichen (Darstellung
10 von Objekten oder Vorstellungen) und systematische Zeichen (Fingeralphabet). Als wichtiger Beitrag zur Entwicklung der Gebärdensprache gilt die Gründung der ersten Gehörlosenschule der Welt im Jahre 1760 in Paris. 1775 führte Charles Michel l'Epee die Gebärdensprache in der Schule ein. Der Abbé hatte die Gebärden von den Gehörlosen
15 gelernt. L'Epees System wurde in vielen Ländern übernommen. Wer nicht hören bzw. sprechen konnte, hatte in der Gesellschaft schon seit alters her mit Vorurteilen zu rechnen. [...] Unter dem Nazi-Regime galten Gehörlose als „lebensunwert" und wurden nach Beendigung der Schule oft als „Erbkranke" zwangssterilisiert. Viele wurden auch als
20 „Schwachsinnige" im Rahmen des „Euthanasie-Programms"[1] umgebracht. In den letzten Jahrzehnten hat sich dieses Bild grundlegend gewandelt. Aber auch in Bezug auf die Gebärdensprache: Es besteht kein Zweifel mehr, dass sie eine vollwertige Sprache ist, denn sie erfüllt alle Kriterien – nur werden ihre Elemente eben mit Händen, Mimik und
25 Körper ausgedrückt und nicht mit Mund, Kehlkopf und Nasenrachenraum. Die Deutsche Gebärdensprache ist aber nicht nur eine Sprache, und Gehörlosigkeit bedeutet nach wie vor mehr als nur ein Leben ohne Hören. Weil die Kommunikation in einer hörenden Mehrheit fast ausschließlich über gesprochene Worte abläuft, werden Gehörlose
30 oft ausgeschlossen, auch wenn dies unabsichtlich geschieht. Gehörlose suchen daher oft den Kontakt zu ihresgleichen, wo sie ungehindert losgebärden können und auch alles mitbekommen.

[1] Das sogenannte „Euthanasie-Programm" war ein Programm zur systematischen Tötung „unwerten Lebens", das ab 1938 offen von der nationalsozialistischen Regierung in Deutschland propagiert wurde.

Projektarbeit: Informationen sammeln, auswerten und weitergeben

Arbeitsblatt 5 B

Sich vorstellen

Gebärdensprache ist mehr als eine Sammlung von Zeichen, die man mit den Händen macht. Mit der Mimik des Gesichtes kann dir ein Erzähler klarmachen, ob er etwas mag oder nicht. Die Handbewegungen sind gleich, den Unterschied machen Augen, Mund und die Stirn. „Wie heißen
5 Sie?" und „Mein Name ist…" sind oft die ersten Sätze, die man in einer neuen Sprache erlernt. „Was heißt du?", fragen die Dänen, „Wie ruft man dich?", möchten die Russen wissen. Die Franzosen antworten: „Ich mich rufe…"

„Du Name was?", fragt man in der Gebärdensprache:

Du
Mit dem Zeigefinger auf den Gesprächspartner zeigen. Mit dem Mund das Wort „Du" formen.

Bewegungsbahn/
Bewegungsrichtung

Wiederholung der
Bewegung

Drehpunkt der
Bewegung

Name
Mit Zeige- und Mittelfinger zweimal an der Wange (auf Mundhöhe) auf- und abstreichen. Der Mund sollte das Wort „Name" formen.

Was?
Das Fragewort „was" wird mit offenen Händen gebärdet. Die Handflächen zeigen nach oben. Die Hände schwingen ein bisschen hin und her. Der Mund bildet „was"; das Ganze wird mimisch unterstrichen: Augenbrauen nach oben und weit geöffnete Augen!

Schreiben

Arbeitsblatt 5 C

Die Antwort lautet:
„Ich Name ..."

Online-Link
zum Thema
„Gebärdensprache"
313275-0207

Auch Gehörlosen „fehlen" manchmal die Worte bzw. die Gebärden. In solchen Fällen buchstabieren sie mit dem *Fingeralphabet*.

Online-Link
Arbeitsblatt
„Gebärdensprache
(Fingeralphabet)"
313275-0207

TIPP!
Im Internet findest du weitere Informationen, z. B. auch die Adresse eines Gehörlosenvereins in der Nähe deines Wohnorts.
Nutze den Online-Link. Über Chats lernst du schnell Gehörlose kennen, von denen du einiges über ihr Leben erfahren kannst.

2 Mit welchem Namen antwortet die Frau auf den Fotos?

3 Übe, wie du dich einer gehörlosen Person vorstellen und sie nach ihrem Namen fragen kannst.

4 Bereite ein Referat zum Thema „Gebärdensprache" vor:
- Stelle kurz die geschichtlichen Hintergründe dar,
- weise auf Probleme im Leben von Gehörlosen hin,
- erläutere die Grundlagen der Gebärdensprache,
- zeige den Zuhörern, wie man sich vorstellt,
- fordere sie auf, sich dir in Gebärdensprache vorzustellen.

→ **Seite 235,**
Arbeitstechnik
„Ein Referat halten"

Projektarbeit: Informationen sammeln, auswerten und weitergeben

Teste dich!

Unterschiedliche Zukunftsvorstellungen

Hier findest du einen Ausschnitt aus der autobiografischen Erzählung „Abschied von den Eltern". Darin schreibt der Schriftsteller Peter Weiss (1916–1982) über Erfahrungen aus seiner Jugendzeit.

Peter Weiss
Der Ernst des Lebens

[…]

In der lethargischen[1] Stunde zwischen zwei und drei lag ich auf dem Sofa im Wohnzimmer, die Hände unterm Kopf verschränkt, hinüberstarrend auf den Farbdruck an der Wand. […]
Schon wollte ich aufstehen, da stand meine Mutter vor mir, nie merkte ich,
5 wie sie ins Zimmer kam, immer erschien sie plötzlich mitten im Zimmer, wie aus dem Boden emporgewachsen, den Raum mit ihrer Allmacht beherrschend. Hast du deine Hausaufgaben gemacht, fragte sie und ich sank zurück in meine Müdigkeit. Noch einmal fragte sie, bist du schon fertig mit deinen Aufgaben? Aus meiner dumpfen Lage heraus antwortete ich,
10 ich mache sie später. Sie aber rief, du machst sie jetzt. Ich mache sie nachher, sagte ich, in einem schwachen Versuch des Widerspruchs. Da hob sie, wie in einem Wappenschild, die Faust und rief ihren Wappenspruch: Ich dulde keinen Widerspruch. Dicht trat sie an mich heran, und ihre Worte fielen wie Steine auf mich herab, du musst büffeln und wieder büffeln, du
15 hast noch ein paar Jahre, dann wirst du ins Leben hinaustreten, und dazu musst du etwas können, sonst gehst du zugrunde. Sie zog mich an meinen Schreibtisch zu den Schulbüchern. Du darfst mir keine Schande machen, sagte sie. Ich leide schlaflose Nächte deinetwegen, ich bin verantwortlich für dich, wenn du nichts kannst, dann fällt das auf mich zurück, leben
20 heißt arbeiten, arbeiten und arbeiten und immer wieder arbeiten. Dann ließ sie mich allein. Neben mir auf einem Brett stand das Modell einer Stadt, das ich mir aus Papier und Zellophan, aus Drähten und Stäbchen erbaut hatte. Nach meinen zerstörerischen Spielen war dies der erste konstruktive[2] Versuch. Es war eine Zukunftsstadt, eine utopische[3] Metropole[4],
25 doch sie war unvollendet, skeletthaft, ich wusste plötzlich, dass ich nicht daran weiterbauen würde, ich sah nur noch zerknittertes, leimdurchbröckeltes Papier, und alles war verbogen und zerbrechlich, man konnte es in einem Atemzug umblasen. Ich musste nach anderen Mitteln des Ausdrucks suchen.
30 Während ich über meinem Tagebuch brütete, öffnete sich die Tür, und mein Vater trat ein. Er sah mich am Schreibtisch hocken, bei irgendwelchen Beschäftigungen, an denen er nie teilhaben durfte, er sah, wie hastig etwas in der Schublade verschwand. Was treibst du denn da, fragte er.

[1] lethargisch: untätig, teilnahmslos
[2] konstruktiv: folgerichtig
[3] utopisch: nur in der Vorstellung existierend
[4] Metropole: die große Stadt, Weltstadt

Kannst du deine Vorstellungen von deinem Berufsleben darstellen?

Ich mache meine Schulaufgaben, sagte ich. Ja, darüber wollte ich gern mit dir sprechen, sagte er. Eine peinliche Spannung trat ein, wie immer bei solchen Gesprächen.

Du bist jetzt alt genug, sagte er, dass ich einmal mit dir über Berufsfragen sprechen muss. Wie denkst du dir eigentlich deine Zukunft? Ich konnte auf diese quälende Frage nichts antworten. Mit einer Stimme, die verständnisvoll sein wollte und die etwas von einem Gespräch von Mann zu Mann hatte, sagte er, ich schlage vor, dass du in die Handelsschule eintrittst und dann in mein Kontor⁵ kommst.

Ich murmelte etwas davon, dass ich erst noch die Schule absolvieren wollte, damit konnte ich immerhin Zeit gewinnen. Mein Vater sagte, jetzt mit wachsender Ungeduld, dazu scheinst du doch kaum zu taugen, ich glaube nicht, dass du begabt genug dazu bist, und zum Studieren fehlt dir jede Ausdauer, du gehörst ins praktische Berufsleben. Sein Gesicht war grau und vergrämt. Wenn man vom Leben sprach, musste man grau und vergrämt sein.

Leben war Ernst, Mühe, Verantwortung. Mein Gesicht, das Gesicht eines Nichtskönners und Tagediebs, verzog sich zu einem verlegenen, stereotypen⁶ Grinsen. Gekränkt sagte mein Vater, du brauchst gar nicht zu lachen, das Leben ist kein Spaß, es wird Zeit, dass du einmal wirklich arbeiten lernst. Vielleicht spürte er eine Regung von Zärtlichkeit für mich, doch als er meinen schiefen, feindlichen Blick sah, musste er sich hart machen und seinen festen Willen zeigen. Mit der flachen Hand schlug er auf den Tisch und rief, wenn dieses Schuljahr zu Ende ist, dann ist es Schluss mit den Träumereien, dann wirst du dich endlich der Realität des Daseins widmen. [...]

⁵ Kontor, das: Geschäft, Niederlassung

⁶ stereotyp: gleich bleibend

1 Notiere, welches Thema in diesem Text aufgegriffen wird.

2 Beschreibe mit eigenen Worten, was Vater und Mutter unter dem „Ernst des Lebens" verstehen.

3 Welche Sichtweise vermutest du bei dem Jungen? Begründe deine Meinung.

4 Stell dir vor, du wärst zu einem Vorstellungsgespräch in einem Unternehmen eingeladen. Beantworte die Fragen des Personalleiters:

1. Worin sehen Sie Ihre Stärken und worin Ihre Schwächen?
2. Warum haben Sie sich für diese Ausbildung und diesen Beruf entschieden? (Begründe deine Berufswahl.)
3. Wie stellen Sie sich Ihr Berufsleben vor?
4. Welche Fragen haben Sie an uns? (Formuliere drei Fragen.)

Lernbereich: Sprechen, Zuhören, Spielen

Teste dich!

Fühlen und Denken – Bilder und Texte

In Prüfungen wird oft verlangt, dass man seine Gedanken und Gefühle zu einem Bild äußert oder dass man seine Meinung zu einem Problem oder zu einem Sachverhalt darlegt.

Wähle A oder B:

A: Du schreibst einen Text zu einem der drei Bilder.

1 Sieh dir die Bilder genau an. Wähle ein Bild aus und schreibe einen Text dazu. Drücke darin deine Gedanken und Gefühle sowie Erinnerungen und Vorstellungen aus.

2 Gib dem Bild auch eine Überschrift.

Lernbereich: Schreiben

Kannst du Gefühle beschreiben und Meinungen darstellen?

B: Du betrachtest ein Problem von mehreren Seiten und legst deine Meinung dazu dar.

1 Lies den Text und bearbeite dann die Aufgaben 2 bis 4.

In einer Zeitung wurde Folgendes berichtet:

Schulleitung greift durch – bauchfreie Shirts verboten

Nach dem Willen einer niedersächsischen Gesamtschule sollen die Schüler in Zukunft nicht mehr mit bauchfreien T-Shirts, tiefen Dekolletees oder kurzen Röcken und Hosen zum Unterricht erscheinen. Diese Kleidung lenke vom Lernen ab. Manche Schülerinnen und Schüler legten es sogar
5 darauf an. In verschiedenen Schulen gebe es sehr gute Erfahrungen mit einheitlichen Pullovern oder T-Shirts.
In einem Brief an Schüler und Eltern forderte die Schulleitung, auf eine „angemessene Kleidung" der Kinder zu achten. „Wir möchten nicht, dass Mädchen oder Jungen während der Schulzeit mit Strand- oder Disko-
10 bekleidung auftreten", schrieb man. Zur Begründung hieß es: „Wir sind der Auffassung, dass dies die Lernsituation beeinträchtigt." Deshalb seien bauch- und rückenfreie T-Shirts oder zu kurze Röcke und Shorts in der Schule nicht angebracht.
Nun ist ein Streit um den freien Nabel ausgebrochen: Die meisten Schüler
15 der Schule seien gegen die neue Kleiderordnung, berichtet die Zeitung. Auch einige Eltern protestierten. Man sehe sich in seiner persönlichen Freiheit eingeschränkt, das zu tragen, was modern ist und was gefällt. Außerdem fragten sie sich, wer darüber befinden sollte, was angemessen sei und wie kurz die Hosen und Röcke sein dürften, was von wem zu
20 tragen sei.
Die Situation sei völlig übertrieben dargestellt. Es sei kein einziger Fall bekannt, dass Schüler in Badebekleidung in die Schule gekommen wären. Einheitliche Schulkleidung sei das Letzte, was man wolle. Wer sollte festlegen, wie diese aussehen dürfe?

2 Fasse den Inhalt des Artikels kurz mit eigenen Worten zusammen.

3 Trage deine eigenen Argumente zum Thema zusammen. Stelle dafür in einer Tabelle die Behauptungen aus dem Text deinen eigenen Fragen, Bemerkungen, Argumenten und Gegenargumenten gegenüber.

4 Nimm Stellung zu dem Vorhaben, in der Schule eine neue Kleiderordnung einzuführen.

Teste dich!

Kinder und Eltern

Reiner Kunze
Fünfzehn[1]

[1] Aus lizenzrechtlichen Gründen ist dieser Text nicht in reformierter Rechtschreibung gedruckt.

Sie trägt einen Rock, den kann man nicht beschreiben, denn schon ein einziges Wort wäre zu lang. Ihr Schal dagegen ähnelt einer Doppelschleppe: Lässig um den Hals geworfen, fällt er in ganzer Breite über Schienbein und Wade. (Am liebsten hätte sie einen Schal, an dem mindestens drei Groß-
5 mütter zweieinhalb Jahre gestrickt haben – eine Art Niagara-Fall aus Wolle. Ich glaube, von einem solchen Schal würde sie behaupten, daß er genau ihrem Lebensgefühl entspricht. Doch wer hat vor zweieinhalb Jahren wissen können, daß solche Schals heute Mode sein würden.) Zum Schal trägt sie Tennisschuhe, auf denen jeder ihrer Freunde und jede ihrer Freundin-
10 nen unterschrieben haben. Sie ist fünfzehn Jahre alt und gibt nichts auf die Meinung uralter Leute – das sind alle Leute über dreißig.
Könnte einer von ihnen sie verstehen, selbst wenn er sich bemühen würde? Ich bin über dreißig.
Wenn sie Musik hört, vibrieren noch im übernächsten Zimmer die Tür-
15 füllungen. Ich weiß, diese Lautstärke bedeutet für sie Lustgewinn. Teil-befriedigung ihres Bedürfnisses nach Protest. Überschallverdrängung unangenehmer logischer Schlüsse. Trance. Dennoch ertappe ich mich immer wieder bei einer Kurzschlußreaktion: Ich spüre plötzlich den Drang in mir, sie zu bitten, das Radio leiser zu stellen. Wie also könnte ich sie
20 verstehen – bei diesem Nervensystem?
Noch hinderlicher ist die Neigung, allzu hochragende Gedanken erden zu wollen.
Auf den Möbeln ihres Zimmers flockt der Staub. Unter ihrem Bett wallt er. Dazwischen liegen Haarklemmen, ein Taschenspiegel, Knautschlack-
25 lederreste. Schnellhefter, Apfelstiele, ein Plastikbeutel mit der Aufschrift „Der Duft der großen weiten Welt", angelesene und übereinandergestülpte Bücher (Hesse, Karl May, Hölderlin). Jeans mit in sich gekehrten Hosenbeinen, halb und dreiviertel gewendete Pullover, Strumpfhosen, Nylon und benutzte Taschentücher. (Die Ausläufer dieser Hügellandschaft
30 erstrecken sich bis ins Bad und in die Küche.) Ich weiß: Sie will sich nicht den Nichtigkeiten des Lebens ausliefern. Sie fürchtet die Einengung des Blicks, des Geistes. Sie fürchtet die Abstumpfung der Seele durch Wiederholung! Außerdem wägt sie die Tätigkeiten gegeneinander ab nach dem Maß an Unlustgefühlen, das mit ihnen verbunden sein könnte, und
35 betrachtet es als Ausdruck persönlicher Freiheit, die unlustintensiveren zu ignorieren.
Doch nicht nur, daß ich ab und zu heimlich ihr Zimmer wische, um ihre Mutter vor Herzkrämpfen zu bewahren – ich muß mich auch der Versu-

Kannst du einen literarischen Text erschließen?

chung erwehren, diese Nichtigkeiten ins Blickfeld zu rücken und auf die
40 Ausbildung innerer Zwänge hinzuwirken.
Einmal bin ich dieser Versuchung erlegen.
Sie ekelt sich schrecklich vor Spinnen. Also sagte ich: „Unter deinem Bett waren zwei Spinnennester."
Ihre mit lila Augentusche nachgedunkelten Lider verschwanden hinter den
45 hervortretenden Augäpfeln, und sie begann „Iix! Äax! Uh!" zu rufen, so daß ihre Englischlehrerin, wäre sie zugegen gewesen, von soviel Kehlkopf- knacklauten – englisch „glottal stops" – ohnmächtig geworden wäre. „Und warum bauen die ihre Nester gerade bei mir unterm Bett?"
„Dort werden sie nicht oft gestört." Direkter wollte ich nicht werden, und
50 sie ist intelligent.
Am Abend hatte sie ihr inneres Gleichgewicht wiedergewonnen. Im Bett liegend, machte sie einen fast überlegenen Eindruck. Ihre Hausschuhe standen auf dem Klavier.
„Die stelle ich jetzt immer dorthin", sagte sie. „Damit keine Spinnen hin-
55 einkriechen können."

1 Lies die Kurzgeschichte von Reiner Kunze und bearbeite die Aufgaben:

1. Schreibe, wo und wann die Handlung spielt und aus wessen Sicht erzählt wird.
2. Von welchen Personen ist in der Kurzgeschichte die Rede? Stelle diese kurz vor.
3. Die 15-jährige Tochter provoziert[1] ihre Eltern. Nenne Beispiele, worin sich das zeigt. Gib jeweils die Textstellen (Zeilen) an.
4. Der Vater hat Verständnis für seine Tochter. Beschreibe, woran man das erkennen kann.
5. Was will der Vater mit der Spinnengeschichte erreichen? Schreibe deine Vermutungen auf.
6. Als Leser erhält man eine lebendige Vorstellung von dem Zustand des Zimmers und vom Ordnungssinn der Tochter. Nenne mindestens fünf Details, die genannt werden. Gib die Textstellen (Zeilen) jeweils an.
7. Gib mit eigenen Worten wieder, was mit dem Satz, Zeile 34 ff., „… und (sie) betrachtet es als Ausdruck persönlicher Freiheit, die unlustintensiveren (Tätigkeiten) zu ignorieren" gemeint ist.
8. Deute die Überschrift der Kurzgeschichte.

[1] provozieren: herausfordern

2 Wähle eine der folgenden Aufgaben und bearbeite sie:

1. Schreibe eine Inhaltsangabe.
2. Beschreibe in einem Text, wie ein verständnisloser Vater auf das Verhalten seiner Tochter reagieren würde.
3. Charakterisiere die Tochter und den Vater.

Lernbereich: Lesen und Literatur – Umgang mit Texten und Medien

Teste dich!

Generationen

1 Lies das Märchen der Brüder Grimm und bearbeite anschließend die zehn Aufgaben.

Brüder Grimm
Der alte Großvater und der Enkel

Es war einmal ein steinalter Mann, dem waren die Augen trüb geworden, die Ohren taub, und die Knie zitterten ihm. Wenn er nun bei Tische saß und den Löffel kaum halten konnte, schüttete er Suppe auf das Tischtuch, und es floss ihm auch etwas wieder aus dem Mund. Sein Sohn und
5 dessen Frau ekelten sich davor, und deswegen musste sich der alte Großvater endlich hinter den Ofen in die Ecke setzen, und sie gaben ihm sein Essen in ein irdenes Schüsselchen und noch dazu nicht einmal satt; da sah er betrübt nach dem Tisch, und die Augen wurden ihm nass. Einmal auch konnten seine zitterigen Hände das Schüsselchen nicht festhalten,
10 es fiel zur Erde und zerbrach. Die junge Frau schalt, er sagte aber nichts und seufzte nur. Da kaufte sie ihm ein hölzernes Schüsselchen für ein paar Heller, daraus musste er nun essen. Wie sie da so sitzen, so trägt der kleine Enkel von vier Jahren auf der Erde kleine Brettlein zusammen. „Was machst du da?", fragte der Vater. „Ich mache ein Tröglein", ant-
15 wortete das Kind, „daraus sollen Vater und Mutter essen, wenn ich groß bin."
Da sahen sich Mann und Frau eine Weile an, fingen endlich an zu weinen, holten alsofort den alten Großvater an den Tisch und ließen ihn von nun an immer mitessen, sagten auch nichts, wenn er ein wenig
20 verschüttete.

1. Welches Wort kann in dem Satz „Die junge Frau schalt, er sagte aber nichts und seufzte nur" (Zeile 10 f.) das Wort „schalt" am besten ersetzen?

   a) tadelte   b) kritisierte   c) fluchte   d) schimpfte

2. Welches der folgenden Wörter kann in dem Gesamtzusammenhang des Textes das Wort „irdenes" („ein irdenes Schüsselchen" – Zeile 7) auf keinen Fall ersetzen?

   a) gläsernes   b) hölzernes   c) tönernes   d) metallenes

3. Setze den Satz sinnvoll fort.

   Der Großvater war ein steinalter Mann, der …

Kannst du dein sprachliches Wissen anwenden?

4. Welches Wort ist nicht nach dem Muster der anderen drei Wörter gebildet?

   a) zerbrechen   b) festhalten   c) zusammentragen   d) mitessen

   Begründe deine Entscheidung.

5. Wie lauten die fehlenden Verbformen? Übernimm die Tabelle in dein Heft und fülle sie aus.

Infinitiv/Grundform	Präsens	Präteritum	Partizip II
setzen	setzt	...	...
...	...	fiel	–
...	zerbricht	...	...
...	...	...	geflossen
sitzen	...	...	...
...	...	ließ	...
...	läuft	...	...
...	...	trank	...

6. Wie lauten diese Sätze, wenn die direkte/wörtliche Rede als indirekte Rede wiedergegeben wird?

   Der Vater fragte das Kind: „Was machst du da?"
   „Ich mache ein Tröglein", antwortete das Kind.

7. Wie lautet dieser Satz, wenn das Verb im Passiv gebraucht wird?

   Sie holten den alten Großvater an den Tisch.

8. Welche grammatische Funktion hat der unterstrichene Ausdruck in dem Satz (Zeile 2 ff.) „Wenn er nun bei Tische saß und ..." ?

   a) Präpositionalobjekt   b) Temporalbestimmung
   c) Lokalbestimmung

9. Welche drei verschiedenen Modalverben kommen in dem Text auf Seite 214 vor?

10. Ergänze zu den folgenden Nomen je ein sinnvolles Attribut: *Enkel*, *Großvater*, *Eltern*.

Lernbereich: Rechtschreibung, Grammatik, Sprachbetrachtung

Schlaue Seiten

Grammatik, Rechtschreibung und Sprachbetrachtung

Wörter

→ Seite 27

Woraus bestehen Wörter? (Wortbildung)

- Wörter bestehen aus Sprachlauten. Man unterscheidet Vokale (*Selbstlaute: a, ä, e, i, …*) und Konsonanten (*Mitlaute: b, c, d, f, g, h, …*).
- Wörter bestehen aus Sprechsilben (*Bü - cher - schrän - ke, Klei - dun - gen, le - sen, schö - ner*).
- Wörter bestehen aus einem oder mehreren Wortbausteinen. Man unterscheidet zwischen den Wortstämmen (*schön + er, Kleid + ung + en, ich les + e*), den Vorbausteinen (*ver + stehen, be + stehen, ent + stehen*), den Endbausteinen (*Kleid + ung, Krank + heit, ess + bar*) und verschiedenen Endungen (*ich les + e, schön + er, Kleid + ung + en*).

Die beiden wichtigsten Verfahren der Wortbildung sind die **Zusammensetzung** und die **Ableitung**. Bei der Zusammensetzung werden zwei oder mehrere Wörter zu einer Einheit verbunden.

- Zusammengesetzte Nomen bestehen aus einem Grundwort (*Berufs**schule**, Bücher**tasche**, Fuß**ball***) und einem Bestimmungswort (***Berufs**schule, **Bücher**tasche, **Fuß**ball*).

→ Seite 151 ff.

- Zusammengesetzte Verben bestehen aus einem vorangestellten Wortbaustein und dem Verb; sie können trennbar (*herkommen – du kommst her; weitersprechen – du sprichst weiter; abschreiben – du schreibst ab*) oder nicht trennbar sein (*übersetzen – du übersetzt; vollbringen – du vollbringst; wetteifern – du wetteiferst*).
- Bei der Ableitung wird ein Wortstamm mit Vorbausteinen oder/und Endbausteinen verbunden (*unverständlich:* Vorbausteine *un-, ver-;* Endbaustein *-lich*). Der letzte Endbaustein bestimmt die Wortart.

→ Seite 28 f.

Wortfamilien – Wortfelder

- Wörter, die denselben Wortstamm enthalten, gehören zur selben Wortfamilie (*lehren, Lehrer, Lehre, lehrhaft, Lehrling, Lehrbuch, …*).
- Wörter mit ähnlicher Bedeutung bilden ein Wortfeld (*gehen, laufen, rennen, schlendern, spazieren, schleichen, …*).
- Die einzelnen Wörter eines Wortfeldes gehören in der Regel ein und derselben Wortart an.

- Der übergeordnete Begriff eines Wortfeldes heißt **Oberbegriff** (z. B. Obst), die darunter stehenden Begriffe heißen **Unterbegriffe** (z. B. Äpfel, Birnen, Pflaumen …).
- Synonyme sind Wörter mit gleicher (oder ähnlicher) Bedeutung (z. B. Apfelsine – Orange).
- Antonyme sind Wörter mit gegensätzlicher Bedeutung (z. B. sprechen – schweigen, arm – reich).

Wortarten

Die wichtigsten Wortarten sind Nomen, Verb, Adjektiv, Adverb, Artikel, Pronomen, Präposition und Konjunktion.
Sie sind einzeln in der Tabelle auf den folgenden zwei Seiten erläutert.

→ Seite 26 ff., 97 ff., 110, 139, 151, 174 f.

Wortarten	Beispiele	Merkmale

Nomen	Kind, Hund, Tisch, Feuer, Beginn, Idee, Rechnung, Freude, Energie	– bezeichnen Lebewesen, Dinge, Gedanken, Zustände
		– stehen im Singular (Einzahl) → *Hund* oder im Plural (Mehrzahl) → *Hunde*
		– werden im Satz oft von Artikeln begleitet (*der Hund, ein Hund*)
		– haben ein Genus (grammatisches Geschlecht):
		  maskulin (männlich) → *der Hund*; feminin (weiblich) → *die Rechnung*; neutral (sächlich) → *das Feuer*
		– stehen im Satz in einem bestimmten Kasus (Fall):
		  Nominativ (erster Fall) → *der Tisch*; Genitiv (zweiter Fall) → *des Tisches*; Dativ (dritter Fall) → *dem Tisch*; Akkusativ (vierter Fall) → *den Tisch*
		– können von einem Adjektiv begleitet werden (*der neue Tisch, ein kleines Kind*)

Verben	lachen, schwimmen, regnen, liegen, lassen, vergessen, können, haben	– bezeichnen Tätigkeiten, Vorgänge oder Zustände
		– Hilfsverben (*haben, sein, werden*) und Modalverben (*wollen, sollen, können, müssen, dürfen, mögen*) treten überwiegend in Verbindung mit Vollverben (*geben, helfen, sehen* usw.) auf
		– werden konjugiert (gebeugt):
		  ich lache, du lachst, er/sie/es lacht, wir lachen, ihr lacht, sie lachen
		– können verschiedene Zeitformen bilden:
		  ich lache, ich lachte, ich habe gelacht, ich hatte gelacht, ich werde lachen
		– viele Verben können Aktiv- und Passivformen bilden
		– man unterscheidet zwischen Indikativ-, Konjunktiv- und Imperativformen

Adjektive	süß, ängstlich, spät, afrikanisch, heiter, rot, quadratisch, essbar	– bezeichnen Eigenschaften oder Merkmale – können zwischen Artikel und Nomen stehen: *der süße Apfel, ein heiterer Film* – haben Beugungsendungen: *der süße Apfel, ein heiterer Film* – können meist gesteigert werden: Grundform/Positiv: *klein*; erste Vergleichsform/Komparativ: *kleiner*; zweite Vergleichsform/Superlativ: *der kleinste (Baum), am kleinsten*

Schlaue Seiten

Wortarten	Beispiele	Merkmale
Adverbien	heute, immer, dort, gestern, einmal, gern, mittwochs, darauf	– sind nicht veränderbar – können an den Anfang eines Satzes gestellt werden: *Sie kommt heute.* ➜ *Heute kommt sie.* – können mit einem W-Fragewort erfragt werden: *Wann kommt sie? Sie kommt heute.*
Artikel	der, die, das, dem, den, ein, eine, einen, einem	– begleiten ein Nomen: *der* Hund, *einem* Hund – können bestimmt (*der, die, das*) oder unbestimmt sein (*ein, eine* …) – passen sich dem Geschlecht, der Zahl und dem Fall des Nomens an
Pronomen	ich, du, mein, alle, man, Wer? Was? Welcher?	**Es gibt verschiedene Arten von Pronomen.** Manche Pronomen stehen für ein Nomen: – Personalpronomen (*der Hund* ➜ *er*) – Anredepronomen (*Kommst du mit? Kommen Sie mit? Ist das Ihr Hund?*) – Fragepronomen (*der Hund* ➜ *Wer?*) – Relativpronomen (*der Hund, der dort bellt*; *der Hund, welcher dort bellt*) – Indefinitpronomen (unbestimmte Pronomen): *manche, alle, etwas, nichts* Manche Pronomen begleiten ein Nomen: – Demonstrativpronomen (hinweisendes Pronomen): *der, die, das, dieser, diese, dieses*; *dieser Hund, dieses Jahr, diese Straße* – Indefinitpronomen (unbestimmte Pronomen): *manche Kinder, alle Spieler, etwas Besonderes, nichts Neues* – Possessivpronomen (besitzanzeigende Pronomen): *mein Hund, unser Verein*
Präpositionen	in, auf, nach, von, mit, wegen, bis, statt	**Präpositionen** (Verhältniswörter) fordern einen bestimmten Kasus (Fall), vergleiche Seite 230 f. „Verben mit festen Präpositionen". Es gibt: – Präpositionen, die immer den Akkusativ fordern: *für die Klasse, durch das Gebäude, ohne seine Eltern, wider (gegen) das Vergessen, bis nächste Woche, um die Ecke* – Präpositionen, die immer den Dativ fordern: *aus der Stadt, bei meinem Freund, mit dem Fahrrad, nach dem Spiel, seit unserem Fest, von diesem Tag an, zu deinem Geburtstag* – Präpositionen, die mal den Akkusativ (Frage: „Wohin?"), mal den Dativ (Frage: „Wo?") fordern: **Akkusativ** ➜ *Ich gehe in unseren Jugendklub.* (Wohin gehe ich?) **Dativ** ➜ *Ich bin in unserem Jugendklub.* (Wo bin ich?) Ebenso: *an, auf, hinter, neben, über, unter, vor, zwischen*
Konjunktionen	und, aber, denn, sondern, weil, wenn, dass, damit, sodass, bevor	– **Die nebenordnenden Konjunktionen** können Hauptsätze oder gleichrangige Satzteile miteinander verbinden: *Ich suche ein Hemd und ein T-Shirt. Ich lerne Englisch und ich gehe in den Fußballverein.* – **Die unterordnenden Konjunktionen** können einen Hauptsatz und einen Nebensatz miteinander verbinden: *Unterbrechen Sie die Stromversorgung, bevor Sie die Rückwand öffnen.*

Zeitformen des Verbs

→ Seite 40 ff.

Verben haben verschiedene Formen:
- einen Infinitiv (eine Grundform): *fragen, springen, heimkommen*
- ein Partizip I und ein Partizip II: *fragend/gefragt; springend/gesprungen; heimkommend/heimgekommen*
- eine Personalform: *ich frage, du springst, er kam heim, …*

Verben bilden Zeitformen:

Präsens	Perfekt	Präteritum
ich frage du fragst …	ich habe gefragt du hast gefragt …	ich fragte du fragtest …
ich springe du springst …	ich bin gesprungen du bist gesprungen …	ich sprang du sprangst …
ich komme heim du kommst heim …	ich bin heimgekommen du bist heimgekommen …	ich kam heim du kamst heim …

Plusquamperfekt	Futur I
ich hatte gefragt du hattest gefragt …	ich werde fragen du wirst fragen …
ich war gesprungen du warst gesprungen …	ich werde springen du wirst springen …
ich war heimgekommen du warst heimgekommen …	ich werde heimkommen du wirst heimkommen …

Eine heute selten gebrauchte Zeitform ist das **Futur II**. Es wird verwendet, wenn man etwas ausdrücken möchte, das in der Zukunft erwartet wird und da schon abgeschlossen ist:
Ich werde das Referat dann schon ausgearbeitet haben.
Er wird am Ziel angekommen sein.

Schlaue Seiten

Im **Präsens** und **Präteritum** bilden die Verben einfache Formen:

(ich) frag-	e	(ich) frag-	te
`Verbstamm`	Endung	`Verbstamm`	Endung
(du) frag-	st	(du) frag-	test
`Verbstamm`	Endung	`Verbstamm`	Endung

Im **Perfekt**, **Plusquamperfekt** und **Futur** bilden die Verben zusammengesetzte Formen:

(ich) habe/bin   gefragt/gesprungen
`Präsens von haben/sein`   `Partizip II`
(ich) hatte/war   gefragt/gesprungen
`Präteritum von haben/sein`   `Partizip II`
(ich) werde   fragen/springen
`Präsens von werden`   `Infinitiv`

→ Seite 40 ff.

Zeitstufen

Man kann über Ereignisse auf den Zeitstufen Gegenwart, Zukunft und Vergangenheit sprechen:

Gegenwart:
– Manuel **kauft** gerade eine CD. (Präsens)
Zukunft:
– Manuel **kauft** morgen die CD. (Präsens)
– Manuel **wird** morgen die CD **kaufen**. (Futur I)
– Manuel **wird** morgen die CD **gekauft haben**. (Futur II)
Vergangenheit:
– Manuel **hat** gestern die CD **gekauft**. (Perfekt)
– Manuel **kaufte** gestern die CD. (Präteritum)
– Manuel **hatte** die gleiche CD, die Moritz ihm gestern zum Geburtstag schenken wollte, vorgestern schon **gekauft**. (Plusquamperfekt)

→ Seite 184 ff.

Aktiv und Passiv

Ereignisse und Vorgänge können im Aktiv und im Passiv ausgedrückt werden:

– Wenn man im **Passiv** formuliert, steht der Vorgang oder die Tätigkeit im Mittelpunkt.
– Wenn man im **Aktiv** formuliert, stehen die ausführenden Personen, Dinge oder Instanzen im Mittelpunkt.

Aktiv	Passiv
Die Kosmetikerin **reinigt** die Haut.	Die Haut **wird** von der Kosmetikerin **gereinigt**.
Die Kosmetikerin **reinigte** die Haut.	Die Haut **wurde** von der Kosmetikerin **gereinigt**.
Die Kosmetikerin **hat** die Haut **gereinigt**.	Die Haut **ist** von der Kosmetikerin **gereinigt worden**.
Man **reinigt** die Haut fachgerecht.	Die Haut **wird** fachgerecht **gereinigt**.

Indikativ und Konjunktiv

→ Seite 7, 12 ff., 59 ff.

Verbformen können im **Indikativ** (Wirklichkeitsform) und im **Konjunktiv** (Möglichkeitsform) gebildet werden. Indikativ und Konjunktiv sind **Aussageweisen** (Modi) des Verbs. Es gibt zwei verschiedene Konjunktivformen, den Konjunktiv I und den Konjunktiv II.

Indikativ	Konjunktiv		
	Konjunktiv I	Konjunktiv II	Man kann auch so formulieren:
er kommt	er komme	er käme	er würde kommen
er liest	er lese	er läse	er würde lesen
er sucht	er suche	er suchte	er würde suchen

Der **Konjunktiv I** wird vom Infinitivstamm des Verbs gebildet, z. B.:
er komm - e, werd - e, geh - e, wiss - e.
Der **Konjunktiv II** wird vom Präteritumstamm des Verbs gebildet, z. B.:
er kam → er käme, er ging → er ginge, er wusst - e → er wüsst - e.

So kann man Indikativ und Konjunktiv verwenden:
- *Er liest die Gebrauchsanweisung.* (Indikativ, Wirklichkeitsform)
- *Er sagt, er lese die Gebrauchsanweisung.* (Konjunktiv I, indirekte Rede)
- *Wenn ich sie fände, läse ich die Gebrauchsanweisung.* (Konjunktiv II, Möglichkeitsform, Bedingung)
- *Ich würde mal in der Gebrauchsanleitung nachlesen.* (Möglichkeit, Formulierung mit „würde")

Außer dem Indikativ und dem Konjunktiv gibt es noch eine dritte Aussageweise des Verbs, den **Imperativ** (Aufforderungsform/Befehlsform), z. B.: *Komm! Lies! Steht auf!*

Schlaue Seiten

→ **Seite 7, 12 ff., 15, 187**

Modalverben

Es gibt sechs Modalverben: *dürfen, können, mögen, müssen, sollen* und *wollen*. Das Modalverb *mögen* wird heute meist ohne Vollverb verwendet *(Ich mag dich.)*. Wenn ein Bedürfnis ausgedrückt werden soll, wird heute anstelle von *mögen* die Form *möchten* verwendet; *möchten* ist eigentlich Konjunktiv II von *mögen*, wird heute aber im Präsens als eigenständiges Modalverb (für die Vergangenheitsformen wird *wollen*) verwendet.
Modalverben verändern (modifizieren) den Inhalt eines Vollverbs, dabei wird das Vollverb im Infinitiv gebraucht, z. B.:
1. Du *kannst* ins Kino gehen. (Möglichkeit)
2. Ich *will* mit dir reden. (Bestreben)
3. Sie *sollen* nicht so viel Lärm machen. (Forderung)
4. Er *darf* nicht fehlen. Sie *darf* abends weggehen. (Verbot/Erlaubnis)
5. Ihr *mögt/möchtet* den Salat nicht essen? (Bedürfnis)
6. Wir *müssen* das diskutieren. (Verpflichtung)

→ **Seite 60 ff.**

Direkte/wörtliche Rede und indirekte Rede

Wenn man ausdrücken möchte, dass eine andere Person etwas meint oder gesagt hat, kann man wählen: direkte/wörtliche Rede oder indirekte Rede.

Direkte/wörtliche Rede: Die Fee sagt: „Du darfst dir etwas wünschen."

→ **Seite 60 f., 113**

Indirekte Rede:
Die Fee sagt, er dürfe sich etwas wünschen. (Konjunktiv I)
Die Fee sagt, er dürfte sich etwas wünschen. (Konjunktiv II)
Die Fee sagt, dass er sich etwas wünschen darf/dürfe/dürfte. (Nebensatz mit der Konjunktion *dass*)
Der Fee zufolge darf er sich etwas wünschen. (Formulierung mit Ausdrücken wie: der Fee zufolge, nach Meinung der Fee, wie die Fee sagt)

Bei der Umwandlung der direkten Rede in eine indirekte Rede werden die Pronomen sowie die Zeit- und Ortsangaben der Perspektive des Sprechers/Schreibers angepasst, z. B.: *Der Freund sagt: „Ich komme morgen zu dir."* → *Der Freund sagte gestern, er komme heute zu mir.*

→ **Seite 113**

Wenn man einen **Fragesatz** in die indirekte Rede umformt, leitet man den Satz entweder mit dem Fragewort ein *(„Was ist passiert?"* → *Sie fragte mich, **was** passiert sei.)* oder, bei Entscheidungsfragen, mit dem Wort *ob (Willst du mitkommen?"* → *Wir fragten, **ob** sie mitkommen wolle.)*.

Bei einem **Aufforderungssatz** kann man in der indirekten Rede eine Form des Modalverbs **sollen** verwenden *(Wir baten ihn: „Erzähl uns alles!"* → *Wir baten ihn, dass er uns alles erzählen **solle**. Wir baten ihn, er **solle** uns alles erzählen.)*.

Für die Zeichensetzung bei der direkten/wörtlichen Rede gelten folgende Regeln:

Satzglieder → Seite 163 f.

Die Wörter im Satz, die beim Umstellen zusammenbleiben, bilden ein Satzglied. Mithilfe der **Umstellprobe** kann man herausfinden, was alles zu einem Satzglied gehört. Danach kann man durch Fragen bestimmen, um welches Satzglied es sich handelt:

Der Kfz-Meister	erklärt	dem Praktikanten	dessen Aufgaben	am ersten Arbeitstag.
Subjekt	**Prädikat**	**Dativobjekt**	**Akkusativobjekt**	**Adverbialbestimmung**
Wer oder was?		Wem?	Wen oder was?	Wo? Wohin? Woher? Wann? Seit wann? Wie lange? Wie? Warum? Wozu?

Das Prädikat wird in der Regel durch ein Verb besetzt. Es kann daher auch mehrteilig sein:
Der Kfz-Meister hat dem Praktikanten dessen Aufgaben am ersten Arbeitstag erklärt. → Seite 162 ff.

Prädikatsnomen
Bei einigen Verben (*bezeichnen, bleiben, gelten, heißen, sein, werden*) gehören auch Nomen, Pronomen, Adjektive, Adverbien oder Wortgruppen mit einer Präposition zum **Prädikat**, z. B. *Er ist mein Freund. Er bleibt es. Er ist klug. Er erscheint ängstlich. Sie ist hier. Sie ist bei ihrem Freund.* Diese Bestandteile des Prädikats werden Prädikatsnomen genannt.

Objekte ergänzen das Prädikat. Dabei bestimmt das Verb die Art der Objekte. → Seite 163
Man unterscheidet:

- **Akkusativobjekt** – Objekt im 4. Fall (Wen oder was?), z. B.: *Er liest die Zeitungsanzeige.*
- **Dativobjekt** – Objekt im 3. Fall (Wem?), z. B.: *Sie antwortet dem Personalchef.*
- **Präpositionalobjekt** – Objekt mit Präposition (Zu wem? Wozu? Über wen? Worüber?), z. B.: *Er bewirbt sich um einen Praktikumsplatz.*

Schlaue Seiten

→ **Seite 163 ff.**   **Adverbialbestimmungen** erklären das Verb durch Angabe genauer Umstände näher. Man unterscheidet u. a.

- **Adverbialbestimmung des Ortes/Lokalbestimmung** (Wo? Woher? Wohin?), z. B.: *Ich möchte ein Praktikum in Ihrer Firma absolvieren.*
- **Adverbialbestimmung der Zeit/Temporalbestimmung** (Wann? Wie lange?), z. B.: *Heute begann unser Praktikum.*
- **Adverbialbestimmung des Grundes/Kausalbestimmung** (Warum? Wieso? Weshalb?), z. B.: *Wegen der Krankheit des Meisters durfte ich früher nach Hause gehen.*

→ **Seite 163**
- **Adverbialbestimmung der Art und Weise/Modalbestimmung** (Wie? Auf welche Art und Weise?), z. B.: *Geduldig erklärte sie mir alle Vorgänge.*

Adverbialbestimmungen können auch die Form von **Nebensätzen** (Adverbialsätzen) haben, z. B.: *Ich durfte früher nach Hause gehen, weil der Meister krank war.* (Kausalsatz)

Attribute

→ **Seite 139 ff.**   Mit **Attributen** (Beifügungen) kann man die Bedeutung eines Nomens genauer bestimmen: *Der kleinste Spieler hat das Tor geschossen.*
Attribute sind **Teile von Satzgliedern**. Sie ergänzen ein Nomen, das in jedem Satzglied stehen kann. Man erfragt sie mit der Frage *Was für ein/eine?* oder *Welcher/welche/welches?*

Attribute stehen entweder **vor** oder **nach** dem Bezugsnomen, z. B.:
*die erfolgreichen **Spieler**; die **Spieler** der Mannschaft*

Attribute können auftreten als
- Adjektive (*die besten Spieler*)
- Substantive/Nomen im Genitiv (*die Spieler des Vereins*)
- Substantive/Nomen mit Präposition (*der Spieler im blauen Shirt*)
- Adverbien (*der Spieler dort*)
- Pronomen (*unsere Spieler*)
- Zahlwörter (*vier Spieler*)
- Attributsätze/Relativsätze (*die Spieler, die eingesetzt waren, …*)
- Infinitivgruppen (*Beim Versuch, ihn zu überholen, stürzte er und verletzte sich am Knie. Er hatte keine Lust mehr, in dem Team mitzuspielen.*)

Zusammengesetzte Sätze

→ Seite 41, 108 ff., 113 ff.

Man unterscheidet **Satzreihen** und **Satzgefüge**.
Satzreihen bestehen aus zwei oder **mehreren Hauptsätzen**. Jeder Hauptsatz könnte auch für sich allein stehen, z. B.:
- *In den Sommermonaten werden die Vorräte an Blutkonserven oft knapp, das Rote Kreuz sucht dann intensiv nach Spendern.*
- *In den Sommermonaten werden die Vorräte an Blutkonserven oft knapp. Das Rote Kreuz sucht dann intensiv nach Spendern.*
- *In den Sommermonaten werden die Vorräte an Blutkonserven oft knapp und das Rote Kreuz sucht dann intensiv nach Spendern.*

Satzgefüge bestehen aus einem **Hauptsatz** und einem **Nebensatz** oder mehreren Nebensätzen.
Der Nebensatz könnte nicht für sich allein stehen, er ist unselbstständig, z. B.: *Das Rote Kreuz sucht intensiv nach Spendern, da die Vorräte an Blutkonserven knapp sind.*

Nebensätze beginnen meist mit einem Einleitewort. In eingeleiteten Nebensätzen steht am Ende die gebeugte (finite) Verbform. Eingeleitete Nebensätze können **Konjunktionalsätze** oder **Relativsätze** sein.

1. Konjunktionalsätze

→ Seite 110 ff.

Konjunktionalsätze werden durch Konjunktionen eingeleitet (dass, weil, ob, …). Konjunktionalsätze sind ein Satzglied des Hauptsatzes. Man nennt sie deshalb auch Gliedsätze. Es gibt Subjekt-, Objekt- und Adverbialsätze, z. B.:

NS , HS . **Subjektsatz** – Wer oder was?

→ Seite 108, Satzstrukturen, Zeichensetzung

Dass die Jugendmannschaft so erfolgreich war, hat zu Beginn der Saison den sportlichen Durchbruch bedeutet.

HS , NS . **Objektsatz** – Wen oder was?

Der Erfolg der Jugendmannschaft hat zu Beginn der Saison bedeutet, dass die Aufstiegschancen deutlich gestiegen sind.

HS , NS , HS . **Adverbialsatz** – Wann?

Der Erfolg der Jugendmannschaft hat, als die Saison begann, den sportlichen Durchbruch bedeutet.

Schlaue Seiten

→ Seite 111, 141

2. Relativsätze

Relativsätze werden durch Relativpronomen eingeleitet (welche, welcher, welches, welchen, der, die, das, dem, den, …). Vor dem Relativpronomen kann eine Präposition stehen. Relativsätze sind Teil eines Satzgliedes und bestimmen ein Nomen näher. Relativsätze sind **Attributsätze**, z. B.:

- *Die Biologin fand eine **Korallenschlange**, **welche** nicht besonders groß wird, und brachte sie ins Institut.*
- *Das **Gift** der Korallenschlange, **das** die Biologen erforschen, ist sehr gefährlich.*
- *Das Gift der **Korallenschlange**, **die** durch ihre auffällige Färbung gut zu erkennen ist, bedeutet eine tödliche Gefahr für das Opfer.*
- *Der **Biss** einer Korallenschlange, gegen **den** man sich durch festes Schuhwerk schützen kann, führt zu ernsten gesundheitlichen Problemen.*

→ Seite 113

3. Indirekte Fragesätze

Nebensätze, die durch ein Fragepronomen (wer, was, welcher, welche, welches), ein Fragewort (wo, wohin, wann, wie, warum) oder durch die Konjunktion *ob* eingeleitet werden, nennt man indirekte Fragesätze. Sie werden durch ein Komma vom Hauptsatz abgetrennt, z. B.:

- *Er erkundigte sich, wie man Schäden vermeiden kann.*
- *Die Verkäuferin wollte wissen, welches T-Shirt der Kunde kaufen wolle.*
- *Der Polizist fragte die Motorradfahrerin, ob sie das Verkehrsschild nicht gesehen hätte.*

→ Seite 112, 139

4. Infinitivgruppen

Infinitivgruppen werden vom Hauptsatz durch Komma getrennt,
- wenn sie mit ***um, ohne, statt, anstatt, außer, als*** eingeleitet werden,
- wenn sie von einem Nomen abhängig sind (*Mein Wunsch, dich zu sehen, ging in Erfüllung.*)
- wenn sie von einem Verweiswort abhängen (*Ich freue mich darauf, dich zu sehen.*)
- um Missverständnissen vorzubeugen.

Rechtschreibstrategien und Rechtschreibregeln

Beim Schreiben mitsprechen → Seite 80 ff.
1. Schreibe bewusst leserlich.
2. Sprich beim Schreiben Laut für Laut und Silbe für Silbe wie ein Roboter mit.
3. Lies nach jeder Silbe und nach jedem Wort, was da steht.
4. Berichtige Verschreibungen.

Ableiten → Seite 80 ff.
1. Am Wortende b – p?, d – t?, g – k? → verlängern:
   - Bei Nomen hilft: Plural bilden (*Kind – Kin der*, *Gruß – Grü ße*).
   - Bei Adjektiven hilft: durch ein e verlängern (*gelb – gel be*).
   - Bei Verben hilft: Grundform (Infinitiv) bilden (*du legst – lie gen*).
2. t-Signal beim Verb → Grundform bilden, in Silben sprechen (*kippt ←→ kippen*)
3. ä – e?, äu – eu? → im Wortstamm a/au suchen (*täglich – Tag; Bäume – Baum*)
4. h? → h am Silbenanfang hörbar machen (*zieh ← h → ziehen; dreh ← h → drehen*)

Großschreibung von Wörtern → Seite 82, 85, 97, 99, 172 ff.
So kann man testen, ob ein Wort großgeschrieben wird:
- Kann man es im Satzzusammenhang mit einem Artikel kombinieren?
- Endet das Wort auf *-heit, -keit, -ung, -schaft, -nis* oder *-tum*?
- Steht vor dem Wort eine Präposition (*auf* Biegen und Brechen)?
- Lässt sich direkt vor das Wort ein Adjektiv setzen, welches sich dabei verändert (*schöner* Baum, *langes* Leben)?
- Stehen vor dem Wort Wörter wie *alles, wenig, nichts, etwas, viel*?
- Ist das Wort ein Anredepronomen für eine Person, die mit „Sie" angesprochen wird? (Ich danke *Ihnen*.)

Eigennamen bezeichnen eine bestimmte Person oder eine bestimmte Sache, z. B.: Straßen, Gebäude, Flüsse, Institutionen (*Braunstraße, Fernsehturm, Elbe, Ruhr-Universität*). Wenn Adjektive und Präpositionen als Teile von Eigennamen verwendet werden, schreibt man sie groß (*Breite Straße, Vor dem Alten Tor, Grünes Gewölbe, Gasthof Zum Goldenen Löwen*).
Straßen- und Ortsnamen, die aus mehrteiligen Eigennamen zusammengesetzt sind, schreibt man mit Bindestrichen (*Friedrich-Ebert-Straße*).

Besondere Schreibungen einprägen → Seite 25, 83 f.
Für das Einprägen von schwierigen Schreibungen gibt es viele Möglichkeiten:
1. Lies die Wörter mehrmals aufmerksam, schreibe sie und überprüfe die Schreibung selbst. Schlage die Wörter im Wörterbuch nach.
2. Schreibe die Wörter in Schönschrift, gestalte sie.
3. Stelle Wörter mit ähnlicher Schreibung zusammen.
4. Schreibe die Wörter auf, unterstreiche oder markiere darin schwierige Stellen.

Schlaue Seiten

5. Schreibe die Wörter mit dem Finger in die Luft, auf den Tisch, ...
6. Lass dir die Wörter diktieren (Partnerdiktat).
7. Diktiere die Wörter selbst jemandem und korrigiere anschließend (Partnerdiktat).
8. „Robotersprache": Sprich die Wörter, wie man sie schreibt (z. B. *Ste-war-dess*).
9. Nimm die Wörter in deine Rechtschreibkartei auf. Unterstreiche die „Stolperstellen".
10. Suche möglichst viele Wörter aus der betreffenden Wortfamilie.
11. Suche möglichst viele Wörter mit derselben Rechtschreibbesonderheit (z. B. Wörter mit *dt* → *Stadt, Verwandte, Abgesandte*).

→ Seite 128 ff.

Das Schreiben von Fremdwörtern üben

1. Suche nach typischen Wortbausteinen und präge dir diese ein.
2. Merke dir außergewöhnliche Buchstabenfolgen. Schreibe sie in einem Selbstdiktat auf.
3. Markiere Rechtschreibbesonderheiten.
4. Bilde mit den Fremdwörtern Sätze.
5. Bilde Wortfamilien, diktiere sie einem Partner und korrigiere sofort.
6. Übe mit einem Partner die Bedeutung und die Aussprache.
7. Führe ein Partnerquiz durch.

→ Wiederholung aus Klasse 6 bis 8

Fehlerfrei abschreiben

1. Lies zuerst den ganzen Text, damit du den Inhalt verstehst.
2. Lies jetzt den ersten Satz, präge dir die erste Wortgruppe ein, decke sie ab und schreibe sie auswendig auf.
3. So schreibst du Wortgruppe für Wortgruppe auf. Achte auf besondere und schwierige Wörter sowie auf die Satzzeichen.
4. Vergleiche jeden Satz genau und prüfe, ob du Fehler gemacht hast.
5. Berichtige den Text.

→ Seite 69 ff., 91, 173

Korrektur lesen

1. Lies den Text langsam und aufmerksam durch, sodass du den Sinn verstehst. Ergänze fehlende Wörter und entferne Wörter, die zu viel sind. Berichtige Fehler, die du sofort erkennst.
2. Lies silbenweise Wort für Wort (beim letzten Wort des Textes beginnen). Lies nur das, was da steht. Berichtige falsche Buchstaben. Leite ab und verlängere, damit du in Zweifelsfällen den richtigen Buchstaben herausfindest.
3. Lies den Text noch einmal durch und achte auf
   – die Großschreibung,
   – die Zeichensetzung.

→ Seite 229

4. Schlage unbekannte Wörter in einem Wörterbuch nach. Nutze auch ein Wörterbuch bei Wörtern, bei denen du dir nicht ganz sicher bist.

Im Wörterbuch nachschlagen   → Wiederholung aus Klasse 6 bis 8

Erklärungen zu den verwendeten Zeichen und Abkürzungen findet man meist in den „Hinweisen für den Benutzer", z. B.:
- Ein senkrechter Strich dient zur Angabe der Silbentrennung (Amei|sen|hau|fen).
- Ein Strich unter einem Vokal kennzeichnet die lange, betonte Silbe (A̱meise).
- Ein Punkt unter einem Vokal kennzeichnet die kurze, betonte Silbe (A̤msel).

In vielen Wörterbüchern stehen schwierige konjugierte (gebeugte) Formen des Verbs bei dem dazugehörigen Infinitiv (Grundform), z. B.: *stram | peln* → *strampelst, strampelte, hat/ist gestrampelt*.

Worttrennung am Zeilenende   → Wiederholung aus Klasse 6 bis 8

- **Mehrsilbige Wörter** trennt man nach Sprechsilben, die sich beim langsamen Sprechen von selbst ergeben (*Re-gen-ton-ne, Ba-de-man-tel*).
- **Einzelne Buchstaben** am Wortanfang oder Wortende werden jedoch nicht abgetrennt (*Ü̱ber-see, O̱lym-pia-dorf*).
- **Zusammengesetzte Wörter** werden nach ihren sprachlichen Bestandteilen getrennt (*Schluss-szene, Glas-auge, Trenn-übung, See-elefant, Druck-erzeugnis*).
- Getrennt werden: **pf** und **st** (*Ap-fel, Kis-te*).
- Nicht getrennt werden: **ch** (*ko-chen*), **ck** (*ba-cken*), **sch** (*Ti-sche*), **ph** (*Pro-phet*), **th** (*ka-tholisch*).

Getrennt- und Zusammenschreibung von Verben   → Seite 150 ff.

Verben können mit anderen Wörtern zusammengesetzt werden. Einige dieser Verben bilden trennbare, andere untrennbare Zusammensetzungen.
- Trennbar zusammengesetzte Verben werden nur im Infinitiv, im Partizip und bei Endstellung im Nebensatz zusammengeschrieben (*teilnehmen, er hat teilgenommen, ..., wenn er teilnimmt*).
- Untrennbar zusammengesetzte Verben werden in allen Verbformen zusammengeschrieben.
- Verbzusammensetzungen können gelegentlich aus denselben Wörtern bestehen wie getrennt geschriebene Wortgruppen. Hier liegen meist Bedeutungsunterschiede vor, z. B.: *Er will ihn (den Wein) kalt stellen. Er will ihn (den Gangster) kaltstellen.*

Komma bei Aufzählungen   → Seite 115

1. Die einzelnen Glieder (Wörter oder Wortgruppen) einer Aufzählung werden durch **Kommas** voneinander getrennt (*Im Zirkus gab es Affen, Pinguine, Lamas, Elefanten, Zebras, Löwen. Im Zirkus gab es lustige Affen, niedliche Pinguine, spuckende Lamas, Elefanten mit großen Ohren, eine Gruppe Zebras, mehrere Löwen.*).
2. Ein **und** oder **oder** ersetzt das Komma (*Lösche deinen Durst mit Wasser, Tee* **oder** *Fruchtsäften.*).

Methodencurriculum

Unregelmäßige Verben

Grundform	Präsens	Präteritum	Perfekt
befehlen	du befiehlst	ich befahl	ich habe befohlen
beißen	du beißt	ich biss	ich habe gebissen
biegen	du biegst	ich bog	ich habe gebogen
binden	du bindest	ich band	ich habe gebunden
bitten	du bittest	ich bat	ich habe gebeten
blasen	du bläst	ich blies	ich habe geblasen
bleiben	du bleibst	ich blieb	ich bin geblieben
brechen	du brichst	ich brach	ich habe gebrochen
bringen	du bringst	ich brachte	ich habe gebracht
denken	du denkst	ich dachte	ich habe gedacht
dürfen	du darfst	ich durfte	ich habe gedurft
empfehlen	du empfiehlst	ich empfahl	ich habe empfohlen
essen	du isst	ich aß	ich habe gegessen
fahren	du fährst	ich fuhr	ich bin gefahren
fallen	du fällst	ich fiel	ich bin gefallen
fangen	du fängst	ich fing	ich habe gefangen
finden	du findest	ich fand	ich habe gefunden
fliegen	du fliegst	ich flog	ich bin geflogen
fliehen	du fliehst	ich floh	ich bin geflohen
fließen	es fließt	es floss	es ist geflossen
fressen	es frisst	es fraß	es hat gefressen
frieren	du frierst	ich fror	ich habe gefroren
geben	du gibst	ich gab	ich habe gegeben
gehen	du gehst	ich ging	ich bin gegangen
geschehen	es geschieht	es geschah	es ist geschehen
gewinnen	du gewinnst	ich gewann	ich habe gewonnen
gießen	du gießt	ich goss	ich habe gegossen
graben	du gräbst	ich grub	ich habe gegraben
greifen	du greifst	ich griff	ich habe gegriffen
haben	du hast	ich hatte	ich habe gehabt
halten	du hältst	ich hielt	ich habe gehalten
hauen	du haust	ich haute	ich habe gehauen
heißen	du heißt	ich hieß	ich habe geheißen
helfen	du hilfst	ich half	ich habe geholfen
kennen	du kennst	ich kannte	ich habe gekannt
klingen	es klingt	es klang	es hat geklungen
kommen	du kommst	ich kam	ich bin gekommen
können	du kannst	ich konnte	ich habe gekonnt
kriechen	du kriechst	ich kroch	ich bin gekrochen
lassen	du lässt	ich ließ	ich habe gelassen
laufen	du läufst	ich lief	ich bin gelaufen
lesen	du liest	ich las	ich habe gelesen
liegen	du liegst	ich lag	ich habe gelegen
lügen	du lügst	ich log	ich habe gelogen
messen	du misst	ich maß	ich habe gemessen
mögen	du magst	ich mochte	ich habe gemocht
müssen	du musst	ich musste	ich habe gemusst

Grundform	Präsens	Präteritum	Perfekt
nehmen	du nimmst	ich nahm	ich habe genommen
pfeifen	du pfeifst	ich pfiff	ich habe gepfiffen
raten	du rätst	ich riet	ich habe geraten
reißen	du reißt	ich riss	ich habe gerissen
reiten	du reitest	ich ritt	ich bin geritten
rennen	du rennst	ich rannte	ich bin gerannt
riechen	du riechst	ich roch	ich habe gerochen
rufen	du rufst	ich rief	ich habe gerufen
schieben	du schiebst	ich schob	ich habe geschoben
schießen	du schießt	ich schoss	ich habe geschossen
schlafen	du schläfst	ich schlief	ich habe geschlafen
schlagen	du schlägst	ich schlug	ich habe geschlagen
schleichen	du schleichst	ich schlich	ich bin geschlichen
schließen	du schließt	ich schloss	ich habe geschlossen
schneiden	du schneidest	ich schnitt	ich habe geschnitten
schreiben	du schreibst	ich schrieb	ich habe geschrieben
schreien	du schreist	ich schrie	ich habe geschrien
schweigen	du schweigst	ich schwieg	ich habe geschwiegen
schwimmen	du schwimmst	ich schwamm	ich bin geschwommen
sehen	du siehst	ich sah	ich habe gesehen
sein	du bist	ich war	ich bin gewesen
singen	du singst	ich sang	ich habe gesungen
sinken	du sinkst	ich sank	ich bin gesunken
sitzen	du sitzt	ich saß	ich habe gesessen
sprechen	du sprichst	ich sprach	ich habe gesprochen
springen	du springst	ich sprang	ich bin gesprungen
stechen	du stichst	ich stach	ich habe gestochen
stehen	du stehst	ich stand	ich habe gestanden
stehlen	du stiehlst	ich stahl	ich habe gestohlen
steigen	du steigst	ich stieg	ich bin gestiegen
sterben	er stirbt	er starb	er ist gestorben
stinken	es stinkt	es stank	es hat gestunken
stoßen	du stößt	ich stieß	ich habe gestoßen
streichen	du streichst	ich strich	ich habe gestrichen
streiten	du streitest	ich stritt	ich habe gestritten
tragen	du trägst	ich trug	ich habe getragen
treffen	du triffst	ich traf	ich habe getroffen
trinken	du trinkst	ich trank	ich habe getrunken
tun	du tust	ich tat	ich habe getan
vergessen	du vergisst	ich vergaß	ich habe vergessen
verlieren	du verlierst	ich verlor	ich habe verloren
verzeihen	du verzeihst	ich verzieh	ich habe verziehen
wachsen	du wächst	ich wuchs	ich bin gewachsen
waschen	du wäschst	ich wusch	ich habe gewaschen
werden	du wirst	ich wurde	ich bin geworden
werfen	du wirfst	ich warf	ich habe geworfen
wissen	du weißt	ich wusste	ich habe gewusst
ziehen	du ziehst	ich zog	ich habe gezogen
zwingen	du zwingst	ich zwang	ich habe gezwungen

Verben mit festen Präpositionen

Verb	Präposition		Beispiel
abhängen	von	+ Dativ	„Gehst du mit zum Baden?" – „Das hängt von der Witterung ab."
achten	auf	+ Akkusativ	Wir achten auf eine lesbare Handschrift.
anfangen	mit	+ Dativ	Sie wollen mit der Diskussion anfangen.
ankommen	auf	+ Akkusativ	Es kommt auf jeden Schüler an.
antworten	auf	+ Akkusativ	Antwortet auf jede Frage.
sich ärgern	über	+ Akkusativ	Ich habe mich sehr über ihn geärgert.
aufhören	mit	+ Dativ	Hört endlich mit dem Streiten auf!
aufpassen	auf	+ Akkusativ	Pass auf deine Sachen auf!
sich aufregen	über	+ Akkusativ	Warum regst du dich über ihn auf?
ausgeben	für	+ Akkusativ	Er gibt sein ganzes Geld für seine Klamotten aus.
sich bedanken	bei für	+ Dativ + Akkusativ	Sie bedankte sich bei ihren Eltern für die Hilfe.
sich bemühen	um	+ Akkusativ	Bemüht euch um eine deutliche Aussprache!
berichten	über	+ Akkusativ	Die Zeitung berichtete über den Vorgang.
sich beschweren	bei über	+ Dativ + Akkusativ	Sie hat sich bei meiner Mutter über mich beschwert.
bestehen	aus	+ Dativ	Die Prüfung besteht aus einem Aufsatz und einem Referat.
sich beteiligen	an	+ Dativ	Alle beteiligen sich an dem Wettkampf.
sich bewerben	um	+ Akkusativ	Sie bewerben sich um einen Praktikumsplatz.
bitten	um	+ Akkusativ	Er bat alle um einen Beitrag.
denken	an	+ Akkusativ	Hast du an mich gedacht?
diskutieren	über	+ Akkusativ	Wir diskutieren oft über die Schule.
einladen	zu	+ Dativ	Ich möchte dich zur Geburtstagsfeier einladen.
sich entscheiden	für	+ Akkusativ	Für welches Thema entscheidet ihr euch?
sich entschließen	zu	+ Dativ	Sie entschlossen sich zu einer Winterwanderung.
sich entschuldigen	bei für	+ Dativ + Akkusativ	Er muss sich bei ihm für sein Verhalten entschuldigen.
erfahren	von	+ Dativ	Warum erfahre ich erst heute von dieser Sache?
sich erholen	von	+ Dativ	Hier kann man sich von den Anstrengungen erholen.
sich erinnern	an	+ Akkusativ	Erinnerst du dich an mich?
erkennen	an	+ Dativ	Die Fans erkennt man an den roten Mützen.
sich erkundigen	nach	+ Dativ	Sie hat sich nach dir erkundigt.
erschrecken	über	+ Akkusativ	Erschrick nicht über meine Haarfarbe!
erzählen	über von	+ Akkusativ + Dativ	Sie erzählen viel über ihren Urlaub. Sie erzählen viel von ihrem Urlaub.
fragen	nach	+ Dativ	Er fragt nie nach den Hausaufgaben.
sich freuen	auf über	+ Akkusativ + Akkusativ	Wir freuen uns auf die Ferien. Ich habe mich sehr über deine Karte gefreut.
gehören	zu	+ Dativ	Welche Länder gehören zur Europäischen Union?
gewöhnen	an	+ Akkusativ	Sie muss sich erst an die Familie gewöhnen.
gratulieren	zu	+ Dativ	Wir gratulieren dir zu deinem Erfolg.
sich handeln	um	+ Akkusativ	Es handelt sich um eine vertrauliche Sache.
handeln	von	+ Dativ	Das Buch handelt von einem kleinen Mädchen.
helfen	bei	+ Dativ	Wer hat dir bei den Hausaufgaben geholfen?
hindern	an	+ Dativ	Die Musik hindert mich an der Arbeit.
hoffen	auf	+ Akkusativ	Ich hoffe auf einen Zufall.

Verb	Präposition		Beispiel
hören	von	+ Dativ	*Hast du etwas von ihr gehört?*
sich informieren	über	+ Akkusativ	*Informiere dich im Internet über das Buch!*
sich interessieren	für	+ Akkusativ	*Wir interessieren uns für die politischen Fragen.*
klagen	über	+ Akkusativ	*Sie klagen über das schlechte Essen.*
kämpfen	für	+ Akkusativ	*Diese Gruppe kämpft für gleiche Rechte.*
	um	+ Akkusativ	*Sie kämpfen um das Leben des Patienten.*
sich kümmern	um	+ Akkusativ	*Habt ihr euch auch um die Einladung gekümmert?*
lachen	über	+ Akkusativ	*Warum lachst du immer über mich?*
leiden	an	+ Dativ	*Er leidet an einer seltenen Krankheit.*
	unter	+ Dativ	*Er leidet unter dem Erfolgsdruck.*
nachdenken	über	+ Akkusativ	*Denkt nicht erst über die Vorteile nach!*
protestieren	gegen	+ Akkusativ	*Sie protestieren gegen ihre Entlassung.*
rechnen	mit	+ Dativ	*Ich rechne mit einer Zwei in der Arbeit.*
reden	über	+ Akkusativ	*Sie redet nicht gerne über diese Sache.*
	von	+ Dativ	*Er redet die ganze Zeit von seiner Freundin.*
sagen	über	+ Akkusativ	*Hat sie etwas über mich gesagt?*
	zu	+ Dativ	*Zu diesem Thema kann ich leider nichts sagen.*
schimpfen	über	+ Akkusativ	*Schimpf nicht immer über die anderen!*
schreiben	an	+ Akkusativ	*Sie schreibt eine Mail an ihren Freund.*
	über	+ Akkusativ	*Hat sie dir über unser Treffen geschrieben?*
sein	für	+ Akkusativ	*Ich bin für ein Handyverbot in der Schule.*
	gegen	+ Akkusativ	*Ich bin gegen einheitliche Schulkleidung.*
sorgen	für	+ Akkusativ	*Wer sorgt jetzt für die Kinder?*
sprechen	mit	+ Dativ	*Wir sprachen mit dem Autor über sein Buch.*
	über	+ Akkusativ	
streiten	mit	+ Dativ	*Warum musst du immer mit mir streiten?*
	über	+ Akkusativ	*Über diese Sache lässt sich streiten.*
teilnehmen	an	+ Dativ	*Wirst du an der Versammlung teilnehmen?*
telefonieren	mit	+ Dativ	*Mit wem telefonierst du?*
sich treffen	mit	+ Dativ	*Sie hat sich mit mir getroffen.*
	zu	+ Dativ	*Wir treffen uns dort zu einer kleinen Beratung.*
sich überzeugen	von	+ Dativ	*Überzeuge dich selbst von ihrem Können!*
sich unterhalten	mit	+ Dativ	*Ich unterhalte mich gerne mit ihm über neue Filme.*
	über	+ Akkusativ	
sich verabreden	mit	+ Dativ	*Er ist mit seiner Freundin verabredet.*
sich verabschieden	von	+ Dativ	*Ich muss mich jetzt von euch/Ihnen verabschieden.*
vergleichen	mit	+ Dativ	*Vergleiche den Hauptsatz mit dem Nebensatz.*
sich verlassen	auf	+ Akkusativ	*Ich habe mich fest auf deine Hilfe verlassen.*
sich verlieben	in	+ Akkusativ	*Er verliebte sich sofort in sie.*
sich verstehen	mit	+ Dativ	*Wie versteht ihr euch mit ihm?*
verstehen	von	+ Dativ	*Sie versteht viel von der modernen Kunst.*
	unter	+ Dativ	*Was verstehst du unter diesem Begriff?*
sich vorbereiten	auf	+ Akkusativ	*Wir haben uns gut auf die Arbeit vorbereitet.*
warnen	vor	+ Dativ	*Alle haben mich vor den Hunden gewarnt.*
warten	auf	+ Akkusativ	*Auf wen wartest du?*
wissen	von	+ Dativ	*Ich habe nichts von dieser Aufgabe gewusst.*
sich wundern	über	+ Akkusativ	*Ich wundere mich über diesen Termin.*
zuschauen	bei	+ Dativ	*Darf ich Ihnen bei der Arbeit zuschauen?*
zusehen	bei	+ Dativ	*Alle sehen ihr beim Fußballspielen zu.*
zweifeln	an	+ Dativ	*Ich zweifle an deiner Zuverlässigkeit.*

Schlaue Seiten

Arbeitstechniken

Lernbereich: Sprechen, Zuhören, Spielen

→ **Seite 118**

Sich auf eine Diskussion vorbereiten
1. Durchdenke das Problem oder die Fragestellung genau.
2. Lege dich nicht spontan auf einen Standpunkt fest, sondern überlege, was dafürspricht (PLUS), was dagegenspricht (MINUS) und was man noch wissen müsste (INTERESSANT).
3. Unterscheide Wichtiges von Unwichtigem.
4. Beschaffe dir gegebenenfalls weitere Informationen.
5. Entscheide dich für einen Standpunkt und lege dir die Argumente zurecht.
6. Bedenke auch, welche Gegenargumente andere vorbringen könnten.

→ **Seite 9, 11, Wiederholung aus Klasse 7**

Konflikte im Gespräch lösen
1. Bemühe dich, nicht laut zu werden.
2. Zeige keine drohenden Gesten.
3. Höre dir die Meinung des anderen an, ohne ihn zu unterbrechen.
4. Vermeide Verallgemeinerungen.
5. Antworte auf Vorwürfe nicht mit Gegenvorwürfen.
6. Gehe auf den anderen ein, versuche ihn zu verstehen.
7. Triff Vereinbarungen.

→ **Seite 74**

Ein Interview vorbereiten
1. Lege das Thema für das Interview fest.
2. Lege fest, welche Personen befragt werden sollen.
3. Kläre ab, was im Zusammenhang mit dem Thema interessant sein könnte, und notiere, was du deinen Interviewpartner fragen willst.
4. Bereite die Fragen vor:
   - Formuliere **Entscheidungsfragen**, wenn du eindeutige Antworten benötigst, zum Beispiel, wenn du schnell auswerten und auszählen willst.
   - Formuliere **Ergänzungsfragen** oder fordere durch eine Behauptung eine Stellungnahme heraus, wenn du mehr erfahren willst.
5. Entscheide, ob du die Antworten aufnehmen und anschließend aufschreiben oder ob du die Antworten während des Interviews mitschreiben willst.
Lege die nötigen Materialien bereit (Papier, Stift, …).

→ **Seite 74 f.**

Eine Umfrage vorbereiten
1. Kläre, welche Daten gebraucht werden, z. B. Alter, Geschlecht, Schulbildung.
2. Formuliere die Fragen so, dass nur eindeutige Antworten möglich sind (ja, nein, ich weiß nicht).
3. Stelle die Fragen so, dass man die Umfrage insgesamt gut auswerten kann.

Ein Referat halten

→ Seite 37 ff., 149, 180, 207

1. Sprich möglichst frei, klar und deutlich, nicht zu schnell.
2. Halte Blickkontakt zu deinen Zuhörern. Schau nicht auf die Projektionsfläche, während du sprichst.
3. Informiere zu Beginn darüber, ob die Zuhörer Zwischenfragen stellen dürfen oder ob sie ihre Fragen zum Schluss stellen sollen.
4. Informiere die Zuhörer zu Beginn über die Gliederung deines Referats.
5. Fasse am Schluss noch einmal deine Ergebnisse kurz zusammen.

Ein Feedback geben

→ Seite 15, 21, 37, 69, 134

Ein Feedback ist eine mündliche oder schriftliche Rückmeldung. Wenn du z. B. ein Referat gehört oder einen Text gelesen hast, kannst du dem Referenten bzw. dem Autor ein Feedback geben:

1. Betone in deinem Feedback die beobachteten Stärken. Sage, was schon gut gelungen ist. Dann kann Kritik besser aufgenommen werden.
2. Sage nun auch, was noch nicht so gut gelungen ist. Beschreibe dabei möglichst genau, was du an welcher Stelle beobachtet hast. Bleibe dabei sachlich.
3. Mache deutlich, dass es sich bei deinen Äußerungen um deine persönliche Meinung handelt. Vermeide Verallgemeinerungen (*Alle finden, dass ...*). Formuliere stattdessen Ich-Botschaften (*Ich habe nicht verstanden, was du damit gemeint hast.*).
4. Ein Feedback kann auch Verbesserungsvorschläge enthalten. Sie sollen dem Referenten bei späteren Referaten oder dem Autor bei der Überarbeitung des Textes helfen. Die Personen, die ein Feedback bekommen, entscheiden jedoch selbst, ob sie die Vorschläge annehmen wollen.

Schlaue Seiten

Lernbereich: Schreiben

→ **Seite 50 ff., 197** **Eine Inhaltsangabe schreiben**
1. Lies den Text mehrfach und aufmerksam. Kläre unbekannte Wörter.
2. Beantworte die W-Fragen in der Reihenfolge: *Wer? Wo? Wann? Was? Warum?*
3. Formuliere einen Einleitungssatz. Dieser informiert über die Textart, den Titel, den Autor, das Erscheinungsjahr und leitet die Inhaltsangabe mit der Kernaussage ein.
4. Schreibe im Hauptteil über das Wichtigste des Textes in leicht verständlichen Sätzen. Verbinde die Sätze mit Wörtern wie *zunächst, dann, anschließend, danach, zuerst, später, schließlich, zum Schuss*
5. Schreibe im Präsens. Vermeide die direkte/wörtliche Rede.
6. Bringe am Schluss kurz deine eigene Meinung zum Text an.

→ **Seite 91 ff.** **Checkliste: Was gehört in ein Bewerbungsschreiben?**
- Hast du Anschrift, Telefonnummer und Datum angegeben?
- Hast du die Firmenadresse und der Name deines Ansprechpartners richtig geschrieben?
- Ist in der Betreffzeile der Grund für dein Schreiben angegeben?
- Hast du die genaue Bezeichnung der Stelle angegeben?
- Hast du eine angemessene Grußformel gewählt?
- Wird klar, aufgrund welcher Information du dich bewirbst (Zeitungsinserat, Agentur für Arbeit, Telefongespräch)?
- Ist der Text verständlich geschrieben?
- Hast du geschrieben, warum dich die Stelle interessiert?
- Stellst du deine besondere Eignung für die Stelle heraus?
- Stimmt der Aufbau (Schriftgröße, Zeilenabstand, Seitenränder, …)?
- Hat jemand Korrektur gelesen?
- Hast du mit blauer Tinte unterschrieben (Vor- und Nachname)?

→ **Seite 94 ff.** **Sich online bewerben**
1. Die E-Mail-Bewerbung entspricht im Großen und Ganzen der herkömmlichen Bewerbung.
2. Verwende eine Online-Bewerbung nur, wenn dies ausdrücklich gewünscht ist.
3. Nutze für deine Bewerbung angebotene Onlineformulare.
4. Wenn in der Anzeige eine Formulierung wie „Bewerbungen können online eingereicht werden" verwendet wird, schicke am besten auch eine herkömmliche Bewerbung per Post.
5. Lies die Anzeige genau:
   - Sind Anlagen gewünscht oder sollen sie per Post verschickt werden?
   - Welches Format soll die E-Mail haben (nur Text oder HTML)?
   - Mit welchen Programmen sollen die Anhänge erstellt werden (Word, PDF)?
6. Speichere die Online-Bewerbung auf jeden Fall ab.
7. Kontrolliere regelmäßig dein E-Mail-Postfach, damit du die Antwort auf deine Bewerbung rechtzeitig siehst.

Einen tabellarischen Lebenslauf schreiben → Seite 92 f.

1. Nimm alle wichtigen Daten als einzelne Punkte in den Lebenslauf in dieser Reihenfolge auf: Name, Anschrift, Geburtsdatum, Geburtsort, Familie, Schulbildung, Sprachkenntnisse, besondere andere Kenntnisse und Fähigkeiten, Hobbys.
2. Am Ende des Lebenslaufes nicht vergessen: Ort, Datum, Unterschrift.
3. Verwende sauberes, weißes DIN-A4-Papier.
4. Achte auf die Form: richtige Randbreite und Einteilung des Blattes, Absätze.
5. Vermeide Rechtschreibfehler (nutze das Rechtschreibprogramm des PC).
6. Verwende keine unpassenden Ausdrücke oder Umgangssprache, achte auf angemessene Wortwahl. Vermeide Wiederholungen.

Einen Bericht schreiben → Seite 105 ff.

1. Schreibe den Bericht kurz, genau, sachlich.
2. Gib Antworten auf folgende Fragen:
   Was?   – das Geschehen in der richtigen Reihenfolge
   Wo?   – Ort des Geschehens
   Wer?   – beteiligte Personen
   Wann?   – der genaue Zeitpunkt des Geschehens
   Warum? – Grund und Folge des Geschehens
3. Schreibe im Präteritum (Vergangenheit).

Einen Vorgang beschreiben → Seite 103, Wiederholung aus Klasse 8

1. Bezeichne genau, welche Gegenstände oder Zutaten gebraucht werden.
2. Beschreibe treffend, welche Tätigkeiten ausgeführt werden müssen.
3. Beachte die Reihenfolge genau.
4. Achte auf Satzanfänge, die deutlich machen, in welcher Reihenfolge etwas geschieht, z. B.: *Zuerst …* ; *Als Erstes …* ; *Anschließend …* ; *Als Nächstes …* ; *Dann …* ; *Danach …* ; *Jetzt …* ; *Nun …* ; *Schließlich …* ; *Zum Schluss …* ; *Als Letztes …*
5. Schreibe im Präsens.

Eine Erörterung schreiben → Seite 124 ff.

1. Überlege zunächst: Welches Problem/welche Fragestellung enthält das Thema?
2. Beschaffe dir Informationen zum Thema, werte die Materialien aus.
3. Lege eine PMI-Tabelle an.
4. Entscheide dich für einen Standpunkt. Sammle Argumente dafür und ordne sie nach ihrer Wichtigkeit.
5. Bedenke, welche Gegenargumente andere zum Thema vorbringen könnten.
6. Entscheide dich für eine Form der Erörterung:
   – für die lineare, wenn dein Standpunkt klar ist und du ihn begründen kannst;
   – für die kontroverse, wenn das Thema strittig ist und du Argumente und Gegenargumente gegenüberstellen willst.

Methodencurriculum

Schlaue Seiten

7. Schreibe die Erörterung:
   - Führe in der Einleitung zum Thema hin.
   - Gestalte im Hauptteil deine Argumente aus und achte darauf, diese sprachlich gut miteinander zu verknüpfen.
   - Äußere am Schluss deine persönliche Meinung zum Thema oder formuliere eine Schlussfolgerung. Du kannst auch eine Frage aus der Einleitung aufgreifen und beantworten.

→ Seite 132 ff. **Eine Person beschreiben**

1. Schreibe zuerst stichwortartig alle Merkmale der Person auf:
   - das Äußere (Gesicht, Frisur, Figur, Typ, Gang, ...)
   - Eigenschaften (neugierig, mutig, frech, fröhlich, aufmerksam, hilfsbereit)
   - besondere Interessen, Hobbys, Freizeitbeschäftigungen
   - Meinungen, Einstellungen, Verhaltensweisen
   - Beziehungen zu anderen Menschen (Wie geht die Person mit anderen um?)
2. Entscheide, welche Merkmale am wichtigsten sind (Woran würde man die Person sofort erkennen, weil es typisch für sie ist?).
3. Verfasse nun einen Text. Beschreibe darin die Person so, dass man eine gute Vorstellung von ihr bekommt.

→ Seite 36 ff. **Präsentationsfolien ansprechend und wirkungsvoll gestalten**

1. Wähle für alle Folien ein einheitliches Layout (Farben, Schriftgrößen und -typen, Anordnung von Textelementen).
2. Achte auf gute Lesbarkeit (möglichst große Schrift, mindestens 20 Punkt; sehr helle Schrift auf sehr dunklem Hintergrund oder sehr dunkle Schrift auf sehr hellem Hintergrund).
3. Verwende nicht mehr als zwei oder drei Schrifttypen.
4. Schreibe nicht mehr als sechs bis acht Informationen auf eine Folie.
5. Nimm passende Bilder, Schaubilder und Medienclips in deine Präsentation auf, um sie anschaulicher zu gestalten.
6. Gestalte den Wechsel von einer Folie zur nächsten und das Erscheinen von einzelnen Elementen sparsam.

Lernbereich: Lesen und Literatur – Umgang mit Texten und Medien

Ein Gedicht untersuchen und beschreiben → Seite 155 ff.

1. Stelle fest, um welches Thema es geht. Notiere deine ersten Gedanken beim Lesen der Überschrift und der einzelnen Strophen.
2. Lies das Gedicht mehrmals, auch laut. Verwende unterschiedliche Betonungen.
3. Kläre unbekannte oder ungewöhnlich gebrauchte Wörter aus dem Textzusammenhang.
4. Fasse den Inhalt (Strophe für Strophe) zusammen.
5. Beschreibe die Form des Gedichts (Verse, Strophen, Reime und Rhythmus).
6. Untersuche die rhetorischen Mittel (Personifikationen, Vergleiche, Wiederholungen und sprachliche Bilder). Erschließe dabei jeweils den Bezug zum Inhalt, zur Aussage sowie die Wirkung des Gedichts.
7. Notiere, wie das Gedicht insgesamt wirkt und was damit beabsichtigt sein könnte.
8. Bewerte das Gedicht abschließend. Begründe dein Urteil.
9. Fasse deine Untersuchungsergebnisse schriftlich zusammen. Entwirf dafür zunächst eine Gliederung.

Ein Gedicht auswendig lernen → Seite 156 f.

1. Lerne das Gedicht strophenweise.
2. Wiederhole die bereits gelernten Strophen immer wieder. Mache zwischen den Lernphasen Pausen, damit das Gelernte im Gedächtnis verankert wird.
3. Lies das Gedicht noch einmal vor dem Schlafengehen oder sage es in Gedanken auswendig auf. So behältst du es besser.
4. Wiederhole den Text in immer größer werdenden Zeitabständen an mehreren Tagen, bis du ihn nicht mehr vergisst.

Ein Gedicht wirkungsvoll vortragen → Seite 155 ff.

1. Übe den Gedichtvortrag vor einem Spiegel: Schaue dich an und kontrolliere deine Haltung.
2. Stehe entspannt und selbstbewusst. Achte auf ein angemessenes Sprechtempo, mache an den passenden Stellen Pausen.
3. Warte beim Vortrag vor Zuhörern so lange, bis es ganz ruhig geworden ist.
4. Schaue während deines Vortrags die Zuhörer an.
5. Unterstütze deinen Vortrag durch Mimik und Gestik. Du kannst dabei einen Gegenstand, der mit dem Inhalt des Gedichts zu tun hat, als Requisit verwenden, z. B. einen Handschuh bei der Ballade „Der Handschuh".
6. Bleibe nach dem Vortrag noch einen Moment stehen, bis sich die Spannung bei den Zuhörern gelöst hat.

Methodencurriculum

Schlaue Seiten

→ **Seite 44, 51 ff., 54 ff., 143, 146, 170, 188 ff.**

Einen literarischen Text genau lesen und verstehen

1. Immer, wenn du beim Lesen zu einer wichtigen Information kommst, stellst du dazu eine kurze W-Frage: *Wer tut etwas? Wann ereignet es sich? Wo passiert es? Was geschieht? Warum kommt es dazu?*
2. Beantworte die Frage, notiere die Antwort in Stichworten und lies weiter bis zur nächsten Information.
3. Wenn zu dem Text Bilder oder Grafiken gehören, prüfe, ob diese weitere Informationen enthalten.
4. Ordne deine Notizen beim Aufschreiben.
5. Fasse den Text nach dem Lesen anhand deiner Notizen mit eigenen Worten zusammen.

→ **Seite 38, 42, 78, 86, 101 ff., 105, 107 f., 117 ff., 180, 194, 202 ff.**

Einen Sachtext lesen und verstehen

1. **Vor dem Lesen:** Orientiere dich anhand der Überschrift und evtl. vorhandener Diagramme und Bilder über das Thema.
2. **Überblickslesen:** Verschaffe dir einen Überblick über den Textinhalt:
   – Erfasse den Aufbau des Textes (Ist er in Abschnitte gegliedert, enthält er Zwischenüberschriften, Hervorhebungen, …?).
   – Lies die einzelnen Abschnitte kurz an und überlege, was du vermutlich aus dem Text erfahren wirst.
3. **Genaues abschnittsweises Lesen:** Lies nun Abschnitt für Abschnitt genau, schlage Unbekanntes nach. Beantworte nach jedem Abschnitt für dich die Frage, was in dem Abschnitt steht. Notiere das Wichtigste.
4. **Nach dem Lesen:** Denke über den gesamten Text nach: Was hast du erfahren? Was weißt du jetzt mehr? Was siehst du jetzt anders?

→ **Seite 64, 88, 116, 176, 180**

Ein Diagramm auswerten und verstehen

1. Lies die Überschrift und alle zusätzlichen Angaben.
2. Überlege, was du schon selbst zu dem Thema weißt.
3. Untersuche, welche Angaben das Diagramm enthält: Welche Größen/Zahlen sind dargestellt, wie verhalten sie sich zueinander und was sagen sie aus?
4. Stelle fest, welche Form für die Darstellung der Zahlen gewählt wurde.
5. Schlage unbekannte Begriffe nach, wenn es nötig ist.
6. Prüfe die Aktualität, die Quelle und eventuell die Art der Erhebung.
7. Fasse die Ergebnisse gedanklich zusammen: Was hast du durch das Diagramm erfahren, welche Absicht wird deutlich, was ist sehr wichtig, was eher unwichtig, welche Ergänzungen sind denkbar/wünschenswert?

Wörter (Begriffe) aus dem Zusammenhang erschließen

→ **Seite 117 ff., 177 ff., 201 ff.**

1. Lies den Satz.
2. Zerlege lange Wörter in Wortbausteine, z. B.: Herz – still – stand.
3. Prüfe, was in dem Satz noch gesagt wird.
4. Lies den vorhergehenden und den folgenden Satz. Auf diese Weise kann man oft die Bedeutung eines Wortes in dem besonderen Zusammenhang finden.
5. Ersetze das Wort durch eine eigene Formulierung und prüfe, ob sich ein Sinn ergibt.

Sich schnell über den Inhalt eines Buches informieren

→ **Seite 142**

1. Sieh dir den Titel und die äußere Gestaltung des Buches an. Überlege, was du daraus über den Inhalt erfährst.
2. Lies den Klappentext des Buches. Er enthält meist eine kurze Inhaltsangabe.
3. Überfliege das Inhaltsverzeichnis des Buches. Daraus erfährst du zum Beispiel, ob es um eine zusammenhängende Geschichte geht oder ob das Buch mehrere Geschichten enthält.
4. Prüfe, ob das Buch am Anfang oder Ende kurze Informationen zum Autor/zur Autorin enthält. Auch diese Informationen verraten oft etwas über den Inhalt.

Regeln für Projektarbeit

→ **Seite 200**

1. Arbeite selbstständig und frage nur, wenn es nötig ist.
2. Störe die anderen nicht bei der Arbeit.
3. Beende erst eine Aufgabe, bevor du mit einer neuen beginnst.
4. Speichere alle Aufgaben unter einem vorher festgelegten Namen ab, damit du sie wiederfindest.
5. Drucke die fertigen Blätter aus und lege sie in den Kontrollablagekasten. Du kannst die fertigen Seiten auch in einer Projektmappe abheften.

Schlaue Seiten

Autorenverzeichnis

Bach, Tamara wurde 1976 in Limburg an der Lahn geboren. Sie studierte Germanistik und Anglistik. Für ihr erstes Buch, „Marsmädchen", erhielt sie im Jahr 2002 den Oldenburger Kinder- und Jugendbuchpreis für den besten Debüt-Roman sowie 2004 den Deutschen Jugendliteraturpreis.
Marsmädchen, Seite 136

Boie, Kirsten wurde 1950 in Hamburg geboren. Sie lebt mit ihrem Mann und ihren beiden Kindern in unmittelbarer Nähe ihrer Geburtsstadt. Zunächst arbeitete sie viele Jahre als Lehrerin. Bereits ihr erstes Buch, „Paule ist ein Glücksgriff" (1985), war überaus erfolgreich. Inzwischen sind über 60 weitere Kinder- und Jugendbücher von ihr erschienen.
Erwachsene reden. Marco hat was getan, Seite 142–149

Bolliger, Max wurde 1929 in Schwanden (Schweiz) geboren. Er ist einer der bekanntesten Kinder- und Jugendbuchautoren der Schweiz. Bolliger schrieb über 50 Bücher, die in viele Sprachen übersetzt wurden. 1966 erhielt er für seine Nacherzählung der biblischen Geschichte „David" den Deutschen Jugendliteraturpreis.
Sonntag, Seite 51–53

Cesco, Federica de wurde 1938 in Norditalien geboren. Sie verbrachte ihre Jugend in verschiedenen Ländern und lebt heute in der Schweiz. Federica de Cesco studierte Kunstgeschichte, schrieb über 50 Kinder- und Jugendbücher, die in viele Sprachen übersetzt wurden. Seit einigen Jahren schreibt sie mit Erfolg auch Romane für Erwachsene.
Spaghetti für zwei, Seite 44–47

Erhardt, Heinz wurde 1909 in Riga geboren und starb 1979 in Hamburg. Er war einer der beliebtesten deutschen Humoristen sowohl im Film als auch auf der Bühne. Besonders in den zahlreichen Nonsens-Gedichten und Sketchen entfaltet sich sein von vielen Menschen geliebter brillanter Sprachwitz.
Der Einsame, Seite 155

Eroglu, Ugur
Über diesen Autor gibt es keine gesicherten biografischen Angaben.
Abendessen bei meinen Eltern, Seite 54–57

Goethe, Johann Wolfgang wurde 1749 in Frankfurt am Main geboren und starb 1832 in Weimar. Er studierte in Leipzig und Straßburg Jura und arbeitete einige Jahre als Anwalt. 1775, als er sich bereits als Dichter einen Namen gemacht hatte, nahm er eine Einladung des damals 18-jährigen Herzogs Karl August nach Weimar an. 1776 trat er im Herzogtum Sachsen-Weimar in den Staatsdienst und übernahm verschiedene Aufgaben. Goethes berühmtestes Werk ist das Drama „Faust" (zwei Teile). Aber auch andere Theaterstücke wie „Egmont" oder „Die Laune des Verliebten" werden heute noch aufgeführt. Darüber hinaus schrieb er Romane wie „Die Leiden des jungen Werther". Er forschte außerdem auf unterschiedlichen Fachgebieten wie der Optik, Mineralogie, Botanik und Geologie und veröffentlichte wissenschaftliche Abhandlungen wie die „Farbenlehre". Seine Liebesgedichte und Balladen gehören zu den bekanntesten deutschen Dichtungen.
Aus meinem Leben. Dichtung und Wahrheit, Seite 161
Willkommen und Abschied, Seite 160 und 161

Grimm, Jacob und Wilhelm
1785 wurde **Jacob Grimm** in Hanau geboren. Er starb 1863 in Berlin. Jacob Grimm war ein bedeutender Forscher und begründete die Wissenschaft von der deutschen Sprache und Literatur.

Wilhelm Grimm wurde 1786 in Hanau geboren und starb 1859 in Berlin. Er sammelte deutsche Volksmärchen (z. B. „Der süße Brei", „Die Bienenkönigin") und Sagen. Gemeinsam mit seinem Bruder Jacob veröffentlichte er 1812–1815 in zwei Bänden die „Kinder- und Hausmärchen", auch kurz „Grimms Märchen" genannt.

Die Sage von Wilhelm Tell, Seite 188 f.
Der alte Großvater und der Enkel, Seite 214

Grönemeyer, Herbert wurde 1956 in Göttingen geboren. Er lebt vorrangig in London. Grönemeyer arbeitete zunächst als musikalischer Leiter am Bochumer Schauspielhaus. Er feierte als Theater-, vor allem aber als Filmschauspieler Erfolge (z. B. in dem Film „Das Boot" und als Darsteller des Komponisten Robert Schumann in dem Film „Frühlingssinfonie"), 1984 gelang ihm mit dem Album „4630 Bochum" der musikalische Durchbruch auch als Sänger. Seitdem errangen alle seine Tonträgerveröffentlichungen Spitzenpositionen in den Musikcharts und er wird von vielen als der populärste und erfolgreichste deutsche Musiker der Gegenwart angesehen.

Flugzeuge im Bauch, Seite 157

Heine, Heinrich wurde 1797 in Düsseldorf geboren und starb 1856 in Paris. Er zählt zu den wichtigsten Lyrikern des 19. Jahrhunderts. Seine Gedichtbände und Versepen wie das „Buch der Lieder" und „Deutschland. Ein Wintermärchen" gehören zu den Standardwerken der deutschen Literatur. Als scharfzüngiger, politisch engagierter Journalist wurde er ebenso bewundert wie gefürchtet. Seine Schriften (Reiseberichte, Feuilletons, Essays, Satiren), in denen er sich mit den Verhältnissen in Deutschland auseinandersetzte, waren zu Heines Lebzeiten wegen ihrer kritischen Haltung in der Heimat verboten.

Dass du mich liebst ..., Seite 159
Kurzbiografie, Seite 163

Kaminer, Wladimir wurde 1967 in Moskau geboren und lebt seit 1990 in Berlin. Seine Geschichten und Kolumnen schreibt er auf Deutsch und veröffentlicht sie häufig in Zeitungen und Zeitschriften. Insbesondere der Erzählband „Russendisko" machte ihn auch international bekannt. Ein beliebter und gefragter Autor ist er u.a. aufgrund seiner originellen Lesungen und literarischen Veranstaltungen.

Die Kirche, Seite 58 f.

Kaschnitz, Marie Luise wurde 1901 in Karlsruhe geboren und starb 1974 in Rom. Ihre Gedichte gelten als sprachlich und formal sehr anspruchsvoll, ihr lyrisches und erzählerisches Werk ist von einer humanistisch-christlichen Haltung geprägt.

Am Strande, Seite 156

Kästner, Erich wurde 1899 in Dresden geboren und starb 1974 in München. Kästner war Schriftsteller, Drehbuchautor und Verfasser von Kabarett-Texten, er schrieb humoristische und zeitkritische Gedichte, Satiren und Romane. Während der Hitler-Diktatur durften offiziell keine Werke von ihm erscheinen, deshalb veröffentlichte er unter verschiedenen Pseudonymen. Vor allem wegen seiner humorvollen, scharfsinnigen Kinderbücher zählt er zu den beliebtesten Kinder- und Jugendbuchautoren in Deutschland. Einige seiner Bücher wurden verfilmt, z. B. „Emil und die Detektive", „Das doppelte Lottchen", „Das fliegende Klassenzimmer", „Pünktchen und Anton", „Die Konferenz der Tiere". Die Geschichte von Emil und den Detektiven kann man auch auf einigen Theaterbühnen sehen. „Das doppelte Lottchen" wurde bereits mehrfach verfilmt. Dabei wurde die Geschichte meist abgewandelt; sie spielt zu anderen Zeiten und es kommen darin andere Personen als im Roman vor.

Sachliche Romanze, Seite 158

Schlaue Seiten

Kishon, Ephraim wurde 1924 in Budapest als Sohn einer ungarisch-jüdischen Familie geboren und verstarb 2005 in der Schweiz. Er war einer der erfolgreichsten satirischen Schriftsteller des 20. Jahrhunderts. In seinen Werken stellte er den israelischen Alltag in den Mittelpunkt. Er war Satiriker, Journalist, Dramatiker und Drehbuchautor. Kishons Werke wurden in mehr als dreißig Sprachen übersetzt und erschienen in millionenfacher Auflage.
Verschlüsselt, Seite 170/171

Kunze, Reiner wurde 1933 in Oelsnitz (Erzgebirge) geboren und lebt in Obernzell Erlau bei Passau. Aufgrund seiner politischen Haltung durfte der Lyriker und Prosa-Autor in der DDR so gut wie nichts veröffentlichen. 1977 reiste er mit seiner Familie in die Bundesrepublik aus.
In dem teilweise autobigrafischen Buch „Die wunderbaren Jahre" (1976), aus dem der Text „Fünfzehn" stammt, zeigt er das Leben der Jugendlichen in der damaligen DDR auf. Neben seiner sprachlich einfühlsamen Lyrik, für die er zahlreiche Auszeichnungen und Ehrungen erhielt, ist auch sein Kinderbuch „Der Löwe Leopold" sehr beliebt.
Fünfzehn, aus: Die wunderbaren Jahre, Seite 212 f.

Naidoo, Xavier wurde 1971 in Mannheim geboren. 1997 unterschrieb er bei dem Label des bekannten Produzenten Moses Pelham einen Vertrag und entwickelte sich seitdem zu einem namhaften Pop-Soul-Sänger in Deutschland. In vielen Texten seiner Songs wird seine starke Religiosität spürbar. Neben seiner Karriere als Solokünstler ist er auch Mitglied des Band-Projektes „Söhne Mannheims".
Sie sieht mich nicht, Seite 154

Roth, Eugen wurde 1895 in München geboren, wo er 1976 auch starb. Er schrieb zahlreiche heitere, satirische, aber auch nachdenkliche Gedichte und Erzählungen. Besonders sein Wortwitz machte ihn bei vielen Lesern beliebt.
Gezeiten der Liebe, Seite 155

Salinger, Jerome David wurde 1919 in New York geboren. Weltruhm erlangte Salinger 1951 mit seinem Werk „Der Fänger im Roggen" (The Catcher in the Rye), in dem er die Probleme des 16-jährigen Holden Caulfield auf seinem Weg zum Erwachsenwerden darstellt. Darüber hinaus schrieb Salinger nur noch einige wenige Erzählungen und Storys. Seit 1953 lebte er völlig zurückgezogen in seinem, von hohen Mauern umgebenen, Haus. 1965 erschien seine letzte Erzählung in „The New Yorker". Salinger starb 2010 in Cornish (New Hampshire).
Der Fänger im Roggen, Seite 136

Schiller, Friedrich wurde 1759 in Marbach am Neckar geboren und starb 1805 in Weimar. 1779, als Schiller noch Medizinstudent an der Karlsschule war, lernte er den zehn Jahre älteren Johann Wolfgang Goethe kennen, der damals schon als Dichter berühmt war und der Karlsschule einen Besuch abstattete.
1788, als auch Schiller bereits Berühmtheit erlangt hatte, begegneten sich die beiden Dichter im Hause einer befreundeten Familie zum zweiten Mal. Erst viele Jahre später sollten sie sich näherkommen und ab 1794 verband sie eine dauerhafte Freundschaft.
Schiller sorgte bereits in jungen Jahren mit Theaterstücken wie „Die Räuber" und „Kabale und Liebe" für Aufsehen. Später entstanden in Jena und Weimar mehrere seiner historischen Dramen, unter anderem „Wallenstein", „Wilhelm Tell" und „Maria Stuart". Außerdem schrieb er in dieser Zeit viele seiner Balladen, z. B. „Der Handschuh", „Die Bürgschaft". Er gilt neben Goethe als einer der führenden Repräsentanten des Sturm und Drang und begründete gemeinsam mit Goethe die Weimarer Klassik.
Wilhelm Tell (Auszüge), Seite 190–193, 196–197

Tucholsky, Kurt wurde 1890 in Berlin geboren. Er starb 1935 in Göteborg, in seiner Wahlheimat Schweden, an einer Überdosis Tabletten. Die Tabletten nahm er wegen ständiger Magenbeschwerden und weil er ohne sie nicht einschlafen konnte.

Jahrzehntelang wurde davon ausgegangen, dass er aus Verzweiflung über die politischen Verhältnisse in Deutschland Selbstmord beging. Ganz geklärt sind die Umstände seines Todes jedoch bis heute nicht.
Tucholsky war zugleich Romanautor, Lyriker, Satiriker, Kabarettautor, Liedtexter, Kritiker und Journalist. Er schrieb auch unter verschiedenen Pseudonymen: Kaspar Hauser, Peter Panter, Theobald Tiger, Ignaz Wrobel.
In seinen Veröffentlichungen wird seine demokratische und pazifistische Haltung deutlich. Schon frühzeitig warnte er vor dem Nationalsozialismus. Vor allem seine satirischen Texte, aber auch die Erzählung „Schloß Gripsholm. Eine Sommergeschichte" sowie die geistreiche Liebesgeschichte „Rheinsberg – ein Bilderbuch für Verliebte", die beide verfilmt wurden, sind heute noch bekannt.
Der berühmteste Mann der Welt, Seite 40

Weiss, Peter wurde 1916 in Nowawes bei Potsdam geboren und starb 1982 in Stockholm. Mit seinen Eltern emigrierte er 1934 nach Prag, ab 1939 lebte er in Schweden, wo er als Autor von Experimental- und Dokumentarfilmen erste Erfolge feierte und vorrangig autobiografische Prosa veröffentlichte. In den 1960er-Jahren erregten dann vor allem seine politischen Dokumentar- und Lehrstücke wie „Die Ermittlung" (1965) großes Aufsehen und beeinflussten wesentlich das politische Theater.
Der Ernst des Lebens, aus: Abschied von den Eltern, Seite 208 f.

Zimmermann, Irene wurde 1955 in Ravensburg geboren und lebt in der Nähe von Baden-Baden. Sie arbeitet als Lehrerin und hat – häufig gemeinsam mit ihrem Mann – zahlreiche Kinder- und Jugendbücher veröffentlicht, von denen die Reihe „Freche Mädchen – freche Bücher" und die Geschichten über „Das tolle Trio" am bekanntesten sind.
Küsse, Flirt und Torschusspanik, Seite 132

Textarten

Autobiografie: Im Gegensatz zur Biografie blickt die betroffene Person (Künstler, Politiker, …) selbst auf ihr Leben zurück, wobei häufig die innere Entwicklung im Mittelpunkt steht.
Aus meinem Leben. Dichtung und Wahrheit, Johann Wolfgang Goethe, Seite 161
Der Ernst des Lebens, aus: *Abschied von den Eltern, Peter Weiss, Seite 208 f.*

Bericht: In den meisten Berichten (z. B. in Unfall- und Arbeitsberichten) wird in sachlicher Sprache ein Ereignis oder ein Geschehen vorrangig im Präteritum dargestellt. Der Berichtende verzichtet dabei auf eine Wertung des Geschehens, überlässt es dem Hörer oder Leser, sich eine eigene Meinung zu bilden. Mithilfe der W-Fragen kann man einem Bericht die notwendigen Informationen entnehmen. Eine besondere Form des Berichts ist die **Reportage**, bei der auch persönliche Eindrücke (häufig aus der unmittelbaren Situation heraus) wiedergegeben werden (z. B. Sportreportage, Berichte von Film- und Fernsehveranstaltungen). Manchmal sind Berichte auch mit einer persönlichen Stellungnahme verbunden (z. B. in Abschlussberichten von Praktika oder Tagungen).
Abschlussbericht Betriebspraktikum, Seite 105
Praktikumserfahrungen, Seite 106 f.

Beschreibung: Bei der Beschreibung von Gegenständen oder Vorgängen muss man beachten, für wen und mit welchem Ziel etwas beschrieben werden soll. Beschreibungen werden im Präsens verfasst, wobei auf treffende Wortwahl und die Verwendung von Fachausdrücken geachtet wird. Eine sinnvolle bzw. richtige Reihenfolge der einzelnen Angaben oder Arbeitsschritte ist dabei ebenso wichtig. Bei einer Personenbeschreibung können neben den äußerlichen Merkmalen auch Verhaltensweisen dargestellt werden, die die betreffende Person charakterisieren.

Schlaue Seiten

Berufskurzinformation: Ausbildung zum/zur Medizinischen Fachangestellten, Seite 102
Berufskurzinformation: Kfz-Mechatroniker/Kfz-Mechatronikerin, Seite 101
Berufstypischer Arbeitsvorgang, Seite 103
Stellenanzeigen, Seite 86 f., 95
Eine seltsame Person (Personenbeschreibung), Seite 135

Brief: Schon vor Jahrtausenden haben die Menschen Mitteilungen in schriftlicher Form angefertigt. In der heutigen Zeit versteht man Briefe vor allem als schriftliche Mitteilungen, die per Post oder Kurier von einem Absender (der den Brief sendet) an einen Adressaten (Empfänger des Briefes) gesendet werden. Die wichtigsten Briefformen sind Privatbriefe und Geschäftsbriefe. Oft müssen bestimmte Normen in der Form eingehalten werden (z. B. bei einem Bewerbungsschreiben). Heutzutage verschicken bereits viele Menschen Informationen aus dem privaten oder beruflichen Alltag mit E-Mails oder SMS.

Bewerbungsschreiben (Muster), Seite 90
Einladung zum Bewerbungsgespräch, Seite 16
Online-Bewerbung (Formular), Seite 94

diskontinuierliche Texte (Diagramm/Grafik/tabellarische Übersicht/Schaubild): In einem Diagramm werden Zusammenhänge, die in Zahlen ausgedrückt werden, grafisch dargestellt. Diagramme zählen zu den Sachtexten. Ein Diagramm kann unterschiedlich gestaltet sein (z. B. als Säulen-, Kreis- oder Kurvendiagramm) und sowohl allein als auch in Verbindung mit anderen Texten auftreten. Dies betrifft auch Statistiken und ähnliche grafische Darstellungen, die meist in Tabellenform Informationsmaterial bieten.

Ausbildungsreife – Was zählt dazu? Grafik Bundesinstitut für Berufsbildung, Seite 88
Infektionskrankheiten früher und heute, Seite 121
Polizeiliche Kriminalstatistik 2005–2008, Seite 176
Straftaten gegen die sexuelle Selbstbestimmung, Kreisdiagramm, Seite 176
Polizeiliche Kriminalstatistik 2005–2008, Seite 176
Tabellarischer Lebenslauf (Muster), Seite 93
Tierversuche in Deutschland, Seite 116
Überfall (grafische Übersicht), Seite 180
Zusammenhang von Angst und Leistung, Seite 64

Drama: Theaterstücke werden häufig übergeordnet als Dramen bezeichnet. Charakteristisch ist, dass sie in der Regel auf einer Bühne von Schauspielern vor Publikum aufgeführt werden. Im Zentrum des Geschehens steht ein Konflikt – die Auseinandersetzung zwischen verschiedenen Personen, ihren unterschiedlichen Wünschen, Interessen, Handlungen und/oder Verhaltensweisen. Die Stücke können sowohl in Versform als auch in freier Sprache verfasst sein. Monologe und Dialoge sind dabei wichtige Gestaltungsmittel. Aber auch andere Elemente (Tanz, Pantomime, Musik, Akrobatik) können gelegentlich einbezogen sein.

Wilhelm Tell, Friedrich Schiller, Seite 190–193, 196/197

Film: Ein Film erzählt, wie ein Roman, eine Geschichte. Aber: Beim Lesen entstehen die Bilder einzig und allein im Kopf des Lesers. Der Film bedient sich der sog. Filmsprache. Mithilfe des Tons, der Kameraeinstellungen, der Perspektiven, des Schnitts, der Schauspieler, der Filmmusik entsteht ein eigenes Kunstwerk. Ein Film gibt dem Zuschauer zu großen Teilen vor, was er zu sehen hat, lässt dennoch aber Raum für eigene Interpretationen.

Alles, was wir geben mussten, Mark Romanek, Seite 32
Avatar, James Cameron, Seite 32
Cave of forgotten Dreams, Werner Herzog, Seite 32
Das Wunderkind Tate, Jodie Foster, Seite 33
Der Pferdeflüsterer, Robert Redford, Seite 32
Drachenläufer, Marc Forster, Seite 32
E.T. – Der Außerirdische, Steven Spielberg, Seite 32
Good Bye Lenin!, Wolfgang Becker, Seite 33
Herr der Ringe, Peter Jackson, Seite 33
Invictus – Unbezwungen, Clint Eastwood, Seite 33
Jenseits der Stille, Caroline Link, Seite 32
Krabat, Marco Kreuzpaintner, Seite 33

Slumdog Millionär, Danny Boyle, Seite 33
Soul Kitchen, Fatih Akin, Seite 32
Tanz der Vampire, Roman Polanski, Seite 32
The Virgin Suicides, Sofia Coppola, Seite 32
*Wicky und die starken Männer, Michael „Bully"
Herbig, Seite 33*
Wie im Himmel, Kay Pollack, Seite 33

Fragebogen: Mithilfe von Fragebögen können im Gegensatz zum Interview oft viele Personen gleichzeitig zu einem Thema befragt werden (Umfrage). Ziel von solchen Fragebögen ist es, ein möglichst umfassendes und genaues Meinungsbild zu erhalten. Ein Fragebogen kann Entscheidungsfragen enthalten, die zu einer Meinungsäußerung auffordern. Er kann aber auch Fragen mit jeweils vorgegebenen Antworten/Aussagen enthalten. Dann muss der Befragte sich für eine Antwort/Aussage entscheiden und diese ankreuzen.

Beendigung Praktikum (Muster), Seite 104

Gedicht: Gedichte sind literarische Texte mit einer besonderen Gestaltung (z. B. bestimmter Sprechrhythmus; Einteilung in Strophen, Verse; Wiederholungen; Reime). Oft verwenden die Autoren dabei eine bildreiche Sprache (Vergleiche, Metaphern). Gedichte sind aus Liedern hervorgegangen. In der Antike begleiteten fahrende Sänger ihren Vortrag auf der Lyra, einem Saiteninstrument. Deshalb heißt der Oberbegriff für alle Gedichtformen **Lyrik**.

Am Strande, Marie Luise Kaschnitz, Seite 156
Dass du mich liebst ..., Heinrich Heine, Seite 159
Der Einsame, Heinz Erhardt, Seite 155
Gezeiten der Liebe, Eugen Roth, Seite 155
Sachliche Romanze, Erich Kästner, Seite 158
Willkommen und Abschied, Johann Wolfgang Goethe, Seite 160 f.

Geschichte/Erzählung: In der Literatur versteht man unter Erzählungen, im Gegensatz beispielsweise zum Roman, kürzere literarische Texte, die in einer Gruppe mit Märchen, Kurzgeschichten und Novellen erfasst werden. Inhaltlich gibt es dabei keine Einschränkungen. Eine genaue Zuordnung der Erzählung ist aber oft sehr schwer. So sollte sie z. B. einen Umfang von etwa 6 bis 60 Seiten haben. Häufig spricht man deshalb bei kürzeren Texten auch von einer Geschichte, die erzählt wird.

*Abendessen bei meinen Eltern, Ugur Eroglu,
Seite 54–57*
Benimm ist in, Kurztext, Seite 12
*Der berühmteste Mann der Welt, Kurt Tucholsky,
Seite 40*
Die Kirche, nach Wladimir Kaminer, Seite 58 f.
Eine seltsame Person, Kurztext, Seite 135
*Fünfzehn, aus: Die wunderbaren Jahre,
Reiner Kunze, Seite 212 f.*
Heben will gelernt sein, Kurztext, Seite 113
Sonntag, Max Bolliger, Seite 51–53
Spaghetti für zwei, Federica de Cesco, Seite 44–47
Ziemlich clever, Kurztext, Seite 110

Gesetzestext: Gesetzestexte müssen sprachlich zweifelsfrei sein und umfassend alle rechtlichen Gesichtspunkte beachten, z. B. die Zuständigkeit der gesetzgebenden Institution (Behörde) und die Einhaltung des Gesetzgebungsverfahrens. Gesetzestexte zählen zu den Sachtexten. Der Aufbau und die Form sind klar geregelt (z. B. die Gliederung nach Paragraphen).

*Allgemeine Erklärung der Menschenrechte
(Präambel), Seite 201*
Grundgesetz, Artikel 20a, Seite 117
Strafgesetzbuch, §323c Erste Hilfe, Seite 180
Strafgesetzbuch, Notwehr §32/33, Seite 175
Tierschutzgesetz, Auszug §7, Seite 114/115

Gespräch (Dialog): Wenn sich zwei oder mehrere Personen in ständigem Wechsel (Rede und Gegenrede) miteinander unterhalten, spricht man von einem Dialog. In diesem Sinne zählen alle Formen von Alltagsgesprächen dazu. In der Literatur ist der Dialog das Hauptgestaltungsmittel des Dramas, er findet sich aber auch in Balladen und in der erzählenden Literatur.

Schlaue Seiten

Cool, Salat!, Seite 11
Susi telefoniert, Seite 167
So gesagt – anders gemeint, Seite 168
Wilhelm Tell (Auszug), Friedrich Schiller,
Seite 190–193, 196/197

Inhaltsangabe/Klappentext: Eine Inhaltsangabe informiert über den wesentlichen Inhalt eines künstlerischen Werkes, ohne dabei zu werten. Sie darf keine schildernden Elemente und keine direkte Rede enthalten und muss im Präsens oder Perfekt verfasst werden. Manchmal dienen Inhaltsangaben auch nur zur Orientierung und sind daher sehr kurz, z. B. Klappentexte von Büchern. In Klappentexten wird jedoch meist nur der Beginn der Geschichte/des Romans wiedergegeben, um das Interesse der Leser/Käufer zu wecken und eine gewisse Spannung zu erzeugen.

Wir wollen sein ein einig Volk von Brüdern
(zum Drama „Wilhelm Tell" von Friedrich Schiller),
Seite 194 f.

Interview: Ein Interview ist eine meist öffentliche Befragung einer Person. Diese kann sowohl ohne Vorbereitung erfolgen, als auch zwischen den beiden Gesprächspartnern vereinbart sein (z. B. in einer Fernsehsendung). Um ein interessantes Gespräch mit einer anderen Person führen zu können, sollte sich der Interviewer über die Person, die er befragen will, gut informieren. Der Erfolg eines Interviews hängt oft von der Art der Gesprächsführung ab, vor allem vom Einsatz verschiedener Fragetechniken und Fragetypen (z. B. Entscheidungsfrage, Ergänzungsfrage, provozierende Frage).

Straftaten nehmen zu (Interview mit einem
Jugendrichter), Seite 150

Jugendbuch/Jugendroman (Auszug): Als Kinder- und Jugendliteratur bezeichnet man Bücher, die für junge Menschen zwischen 3 und etwa 18 Jahren geschrieben werden. Allerdings gibt es nicht immer eine klare Alterstrennung. So lesen auch viele Erwachsene Märchen oder Fantasy-Romane, während Jugendliche durchaus auch Gedichte oder Erzählungen lesen, die sie z. B. im Unterricht kennen lernen und die ursprünglich nicht für sie geschrieben wurden. Im 18. und 19. Jahrhundert dienten Jugendbücher nahezu ausschließlich der Erziehung. Die heutige Jugendliteratur möchte unterhalten, spannende und interessante Geschichten erzählen, die natürlich auch zum Nachdenken anregen sollen. Das Zusammenleben der Menschen, schulische und familiäre Probleme, geschichtliche Ereignisse, Freundschaft, erste Liebe, humorvolle Begebenheiten, abenteuerliche Expeditionen und kriminalistische Ermittlungen sind nur einige der vielfältigen Themen heutiger Kinder- und Jugendliteratur.

Der Fänger im Roggen, Jerome David Salinger,
Seite 136
Küsse, Flirt und Torschusspanik, Irene Zimmermann,
Seite 132
Erwachsene reden. Marco hat was getan,
Kirsten Boie, Seite 142–149
Marsmädchen, Tamara Bach, Seite 136

Kurzbiografie: Eine Kurzbiografie zählt in der Regel zu den Sachtexten, da hier ausschließlich Tatsachen aufgelistet werden. So kann man in einem Personenlexikon, in Klappentexten oder im Internet schnell Informationen über Lebensdaten, künstlerische Stationen und bedeutende Werke finden. In einer Künstlerbiografie dagegen werden die Lebensstationen eines Menschen, seine Ansichten, die berufliche/künstlerische Entwicklung und sein Handeln (meist im geschichtlichen Zusammenhang) ausführlich von einem Autor dargestellt. Oft beruhen diese Biografien auf gesammelten Fakten, es können aber auch dichterische Elemente einbezogen sein. Wenn diese eindeutig überwiegen, spricht man von einem biografischen Roman.

Charles Spencer Chaplin, Seite 35
Heinrich Heine, Seite 163
Johann Wolfgang Goethe, Seite 162

Liedtext: Zu einer Melodie wird ein Text verfasst, entweder gereimt oder in freien Versen. Besondere Beachtung wird dabei dem Rhythmus geschenkt. Es ist aber auch möglich, dass auf einen fertigen Text oder ein bereits vorhandenes Gedicht eine passende Melodie geschrieben wird.

Flugzeuge im Bauch, Herbert Grönemeyer, Seite 157
Sie sieht mich nicht, Xavier Naidoo, Seite 154

Märchen: „Es war einmal" – wenn eine Geschichte mit diesen Worten beginnt, weiß der Leser sofort, dass es sich nur um ein Märchen handeln kann. Die Handlung ist fantastisch, Tiere können sprechen, Hexen und Zauberer erfüllen Wünsche oder bestrafen böse Menschen. Über Jahrhunderte hinweg haben sich die Menschen immer wieder diese Geschichten erzählt. Jeder hat die Handlung etwas ausgeschmückt. Diese so genannten Volksmärchen, deren Verfasser anonym sind, wurden in Deutschland erstmals im 19. Jahrhundert von den Brüdern Grimm gesammelt und veröffentlicht. Auch andere Autoren wie Ludwig Bechstein haben Märchensammlungen herausgegeben. Später haben Dichter wie Hans Christian Andersen und Wilhelm Hauff neue Märchen geschrieben (sie heißen deshalb Kunstmärchen). Sie sind heute bei Jung und Alt genauso beliebt, zumal man kaum einen Unterschied zu den überlieferten Märchen erkennen kann.

Der alte Großvater und der Enkel, Brüder Grimm, Seite 214

Sachtext: Sachtexte bezeichnet man oft auch als Gebrauchstexte. Sie befassen sich mit einem speziellen Thema (z. B. Geschichte, Geografie, Sport). Sachtexte sind keine „erfundenen" Geschichten, sondern in erster Linie Informationsquellen für den Leser. Es gibt viele Arten, z. B. Zeitungsmeldung, Bericht, Reportage, Protokoll, Fachbuch, Lexikonartikel, Gesetzestext, Beschreibung, Anleitung, Diagramm. Sachtexte können Fotos, Illustrationen oder grafische Übersichten enthalten.

150 Jahre Arbeitsschutz in Deutschland, Seite 108
AIKIDO (japanische Kampfkunst), Seite 183

Anne Frank (Muster Inhaltsverzeichnis), Seite 73
Assessment-Center (Begriffserklärung), Seite 24 f.
Aus dem Textzusammenhang erklären, Seite 83
Behinderte Menschen (Lexikonartikel), Seite 201
Berufswahl – Ausbildung – Bewerbung (Muster Inhaltsverzeichnis), Seite 73
Betriebspraktikum (Inhaltsverzeichnis), Seite 100
Bis zum Lesen und Schreiben, Seite 85
Das Rätsel der Sprache, Seite 73
Das Unwort des Jahres, Seite 175
Das Wort des Jahres, Seite 175
Datenverarbeitung (Begriffserklärung), Seite 174
Die Angst überwinden, Seite 180 f.
Die Aufgaben der Wasserwacht, Seite 186
Die Großschreibung hilft dem Leser: ein satz liest sich ..., Seite 82
Die richtige Haltung, Seite 112
Die stabile Seitenlage, Seite 185
Ein zwiespältiges Verhältnis zum Tier, Seite 118
Eine geniale Erfindung: Die Schrift, Seite 80
Eine gute Idee, Seite 82
Erfahrungsberichte (Azubis), Seite 115
Erste Hilfe (Acht goldene Regeln), Seite 185
Erste Hilfe bei Wunden, Seite 187
Felsklettern (Muster Inhaltsverzeichnis), Seite 73
Gebärdensprache, Seite 205
Gemeinsames Lernen, Seite 202
Gesundheitsschutz, Seite 114
Goldener Bär für „Bal" (Pressemitteilung), Seite 42
„Habseligkeiten" schlug im Jahr 2004 „Geborgenheit", Seite 172
Heben will gelernt sein, Seite 113
Heidrun M. (aus einem Zeitungsreport), Seite 137
Infektionskrankheiten früher und heute, Seite 121
Inklusion, Seite 202
Inserate, Seite 140
Lärm kann krank machen, Seite 109
Lebenslauf (Muster), Seite 92
Portfolios (Artikel und Beispiele), Seite 72 ff.
Rechtschreibprobleme lösen, Seite 81
Sekundarschule – die ideale Schule? (Stellungnahmen), Seite 126 f.
Selbstkontrolle und Berichtigung, Seite 70

Schlaue Seiten

Selbstverteidigungswaffen, Seite 177
Sich vorstellen (Gebärdensprache), Seite 206
Stau (Begriffserklärung), Seite 173
Staub ist immer dabei, Seite 111
Tai Chi Chuan (chinesische Kampfkunst), Seite 182
Tierexperimente in der chemischen und kosmetischen Industrie, Seite 128
Tramp im Hungerdelirium, nach Nicole Maisch, Seite 38/39
Unbewaffneter Widerstand, Seite 178
Verbotene und eingeschränkte Arbeiten im Schülerpraktikum, Seite 114
Was ist Barrierefreiheit, Seite 203
Was wird durch die Atemspende bewirkt?, Seite 187
Welche Erkenntnisse bringen Tierversuche?, Seite 120
Wir wollen sein ein einig Volk von Brüdern, Seite 194

Sagen: Märchen und Sagen haben manche Gemeinsamkeiten, wie z. B. die mündliche Überlieferung. Sagen sind jedoch fast immer an einen bestimmten Ort gebunden oder spielen in einer mehr oder weniger genau bestimmten Zeit. Geschichtliche Ereignisse oder Gestalten stehen im Mittelpunkt der Handlung, die im Gegensatz zum Märchen weniger ausgeschmückt ist. Oft wird so sachlich erzählt, dass der Leser selbst die unglaublichsten Ereignisse als wahr empfindet.

Die Sage von Wilhelm Tell, Brüder Grimm, Seite 188 f.

Satirische Texte: Ein Gedicht, eine Geschichte, selbst ein Roman oder ein Theaterstück können satirisch sein. Satirische Texte zeichnen sich durch Spott, Übertreibung, Untertreibung und Ironie aus. Personen, Ereignisse oder Zustände werden auf diese Weise lächerlich gemacht. Häufig wird das, was schlecht ist, als positiv dargestellt oder etwas Ärgerliches wird in etwas Lustiges umgemünzt. Satire ist eine gute Möglichkeit, verschleiert Kritik zu üben. Es ist Aufgabe des Lesers, herauszufinden, was der Autor/die Autorin meint.

Hurra, hurra, Yvonne ist wieder da (Zeitungsartikel), Seite 169
Mein ganz normaler Alltag, Seite 166
Paar nach Einkaufsbummel, Seite 168
Susis Praktikum, Seite 167
Verschlüsselt, Ephraim Kishon, Seite 170 f.

Zeitungsartikel: In Tageszeitungen und Wochenzeitungen werden die Leser zu aktuellen Themen informiert. Dabei können Ereignisse sachlich dargestellt werden, z. B. durch eine Zeitungsmeldung. Der Journalist kann ein Ereignis aber auch umfassend darstellen und seine persönlichen Eindrücke wiedergeben, z. B. Feature, Reportage, Erfahrungsbericht, Kolumne.

Essener Schüler trainieren gutes Benehmen, Seite 10
Hurra, hurra, Yvonne ist wieder da, Seite 169
Immer mehr Tiere in deutschen Laboren, Seite 119
Schulleitung greift durch – bauchfreie Shirts verboten, Seite 211
Selbstversuch: Fußball mit der Dunkelbrille, Seite 204

Zitat (Ausspruch): Ursprünglich wurden früher vor allem Gedichte oder Dramen durch Sinn- und Denksprüche unterbrochen oder beendet. Viele dieser „geflügelten Worte" sind auch heute noch bekannt. Aber auch Aussprüche (Zitate) von Künstlern oder Politikern werden literarischen Texten oder Reden entnommen.

Höflichkeit ist ... (Persisches Sprichwort), Seite 10
Es kann der Frömmste ..., aus: Wilhelm Tell, Friedrich Schiller, Seite 198

Kleines Computerlexikon

Chat
Das englische Verb „chat" bedeutet reden, plaudern oder schwatzen. Im Internet kannst du dich mithilfe der Tastatur mit anderen Menschen in Echtzeit „elektronisch unterhalten". In den meisten Fällen geschieht das schriftlich (Textchat), die entsprechende Antwort erhältst du unmittelbar auf deinem Bildschirm angezeigt. Häufig spielen beim Chatten die korrekte Rechtschreibung und Grammatik nur eine untergeordnete Rolle, dagegen werden Abkürzungen, Emoticons (Zeichenfolgen, aus denen die bekannten Smileys nachgebildet werden können), umgangssprachliche Begriffe, spezielle Ausdrücke und die Kleinschreibung bevorzugt. Auch viele Tippfehler treten dabei auf und die Zeichensetzung wird häufig vernachlässigt. Neben dem Textchat besteht auch die Möglichkeit zu so genannten Audio- und Videochats.

Chatiquette
Jeder Lebensbereich braucht Verhaltensregeln. Auch in einem Chat werden Regeln aufgestellt, an die sich jeder zu halten hat. Diese betreffen in erster Linie die Art und Weise, wie man miteinander kommuniziert, wie man sich „anspricht", wie man dabei miteinander umgeht (höflich, freundlich …).

Digitale Videobearbeitung
Um Videodaten am Computer bearbeiten zu können, benötigst du spezielle Video-Karten. Damit kannst du auf dem Bildschirm einen entsprechenden digitalen Videoschnitt durchführen. Das Programm teilt das Video in verschiedene Tracks oder Spuren auf. Zwischen diesen kannst du Effekte wie z. B. Überblendungen einbauen. Darüber hinaus stehen dir auch Tonspuren zur Verfügung, sodass du sowohl Sprache als auch Musik dazumixen kannst.

Formatieren
Um einen Text in die „richtige Form" bringen zu können, bietet das Textverarbeitungsprogramm viele Möglichkeiten. So kannst du die Schriftart, den Zeichenabstand und die Anzahl der Spalten festlegen. Du kannst auch entscheiden, wann du einen Absatz einfügen willst, wie der Text ausgerichtet sein soll oder ob du ihn einrahmen willst. Dazu klickst du in der Menüleiste den Begriff „Format" an, der dich zu weiteren Untermenüs führt. Aber auch über die Symbolleiste ist es dir möglich, bestimmte Formatierungen durchzuführen. Die gesamte Text- und Bildgestaltung eines Textes nennt man Layout.

Internetrecherche
Suchmaschinen sind spezielle Webadressen, die dir bei der Suche nach Informationen im Internet helfen. Du kannst Begriffe, Themen oder Namen eingeben und erhältst dann eine geordnete Übersicht aller Internetseiten, auf denen du etwas zu deinem Suchwort finden kannst.

Link/Online-Link
Auf vielen Internetseiten befinden sich Querverweise. Ein solcher Hyperlink (Kurzform: Link) verknüpft verschiedene Dokumente unterschiedlicher www-Seiten. Dies geschieht mithilfe einer besonderen Programmiersprache (HTML). Durch Anklicken eines solchen Links gelangst du direkt zu dem auf der entsprechenden www-Seite angebotenen Dokument.

Nickname/Nick
Bei der Anmeldung zu einem Chat musst du einen Namen angeben, unter dem du dann chatten willst. Dabei sind deiner Fantasie keine Grenzen gesetzt. Du solltest aber darauf achten, dass dein Nick möglichst keine privaten Informationen über dich enthält (wie z. B. deinen wirklichen Namen oder dein Alter), damit die Anonymität gewahrt bleibt. Normalerweise gibt es in einem Chat jeden Nick nur einmal.

Schlaue Seiten

Präsentationsprogramm
Um Vorträge und Bildschirmpräsentationen erstellen und vorführen zu können, benötigst du spezielle Softwareprogramme. Das wohl bekannteste ist PowerPoint, das Bestandteil des MS-Office ist. Damit kannst du alle Präsentationsfolien, aber auch eventuelle Dias/Fotos einzeln bearbeiten und abspeichern. Die Folien können nur Text enthalten oder du fügst Bilddateien, Grafikclips, Diagramme, Tabellen, Filmsequenzen und Musikdateien ein. Alle Folien können auch auf einem einheitlichen Hintergrund erstellt und zusammen in einer Datei abgespeichert werden.

Rechtschreibprüfung/Rechtschreibkorrektur (automatische)
Wenn du in einem Textverarbeitungsprogramm arbeitest, lassen sich Rechtschreib-, Tipp- und grammatische Fehler leicht erkennen und korrigieren. Dabei hilft dir die Rechtschreibprüfung, die du so einstellen kannst, dass sie dir schon während des Schreibens die jeweiligen Fehler anzeigt (automatische Rechtschreibkorrektur). Aber auch eine Überprüfung nach Beendigung des Schreibens ist möglich.

Schulhomepage
Eine Homepage ist die Startseite (Auftaktseite), mit der sich die Nutzer (z. B. Firmen, Institutionen, Privatpersonen) im Internet vorstellen. Von dort aus gelangt man meist zu einer ganzen Reihe weiterer Seiten dieses Nutzers: Die Gesamtheit aller dieser Seiten nennt man Website. Oft gibt es auch so genannte Links (Querverweise) zu anderen Seiten. Inzwischen verfügen schon viele Schulen über eine eigene Homepage. Sie stellen auf dieser ihre Einrichtung vor, berichten von ihren Aktivitäten, Exkursionen und eventuellen Schulpartnerschaften, geben Tipps zum Lernen und vieles mehr.

Serienbrief
Einen Serienbrief kannst du mit einem modernen Textverarbeitungsprogramm erstellen. Dazu musst du eine Datenbank anlegen, in der sich z. B. alle Adressenangaben und Anreden befinden. Außerdem benötigst du eine Serientextdatei (das Hauptdokument). Dies ist dein Brieftext, den du an mehrere Personen gleichzeitig verschicken möchtest. Dabei kannst du auch variable Daten zusätzlich einfügen, so dass die Briefe trotzdem persönlich aussehen. So kannst du z. B. Einladungen schreiben, die vom Textverarbeitungsprogramm dann um die entsprechenden Empfängeradressen ergänzt werden. Aber auch für Bewerbungen eignen sich Serienbriefe, da häufig viele Angaben im Hauptdokument gleich sind. Viele Textprogramme ermöglichen auch das Filtern bestimmter Angaben. Dadurch ist es dir möglich, einen Brief nur an ausgewählte Personen zu schicken, unabhängig von der Anzahl der Adressen in der Datenbank. Mithilfe der Seriendruckfunktion kannst du auch die entsprechenden Adressetiketten ganz einfach erstellen und ausdrucken.

Textverarbeitungsprogramm
Diese Programme ermöglichen dir das Schreiben und Verändern von Texten im Computer. Der von dir über die Tastatur eingegebene Text wird auf dem Bildschirm angezeigt. Jederzeit kannst du während des Schreibens zum Beispiel Wörter ändern, einen Satz an eine andere Stelle setzen, Text löschen oder an jeder beliebigen Stelle einfügen. Häufig ist auch eine Rechtschreibprüfung möglich.

Thesaurus
Die meisten Textverarbeitungsprogramme enthalten ein Wörterbuch. Mithilfe dieser Wortschatzsammlung (Thesaurus) kannst du nicht nur die Rechtschreibung überprüfen, sondern dir auch Wörter ähnlicher Bedeutung für einen Text vorschlagen lassen.

Register

Ableiten (Wörter) *80, 227*
Ableitung *27, 28, 216*
Adjektiv *26, 27, 139, 162, 217*
Adverb *26, 139, 162, 218*
Adverbialbestimmungen *163, 224*
Akkusativ *217, 218*
Akkusativobjekt *163, 223*
Aktiv *184–187, 220 ff.*
Alphabetschrift *80*
Anredepronomen *96, 218*
Antonyme *29, 217*
Arbeitsblätter (Projekt) *201–207*
Arbeitstechniken *36, 37, 50, 91, 94, 125, 159, 234–241*
Arbeitsvorgänge, berufstypische *103*
Artikel *26, 218*
Assessment-Center *24, 25*
Attribute *139, 224*
Attributsätze *139, 141, 226*
Aufforderungssatz *61, 222*
Aufzählungen *115, 229*
Ausbildungspläne (Analyse) *100, 101*
Aussageweisen (Modi) des Verbs *221*

Beifügung → Attribut
Beobachtungsbogen *21*
Bericht *104–107, 237, 245*
Beschreibung (Personenbeschreibung) *134, 137*
Bestimmungswort *27*
Bewerbungsschreiben *99, 91, 236*
Bezugswort *139*
Bitte *7 ff.*
Brief *149, 161*

Charakterisierung *135, 137*
Cluster *17, 75*

Dativ *217, 218*
Dativobjekt *163, 223*
Diagramm *64, 88, 116, 176, 180, 240*
Dialekt *79, 198, 199*
direkte Rede *50, 66, 61, 222, 223*
Diskussion *234*

Eigennamen *96, 227*
Eignungstests (Beispiele) *16, 17, 24, 25*
Einleitewort *109, 110, 225, 226*
Einleitung (Text) *74, 105, 123–125*
Einleitungssatz *49, 50, 59*
E-Mail *57, 95*
Endbausteine *27, 81, 129, 216*
Entscheidungsfrage *222*
Erörterung *116, 122–125, 127, 237*

Fachsprache *199*
feminin *131*
Film *32 f., 246*
Fragepronomen *113, 218*
Fragesatz *113, 222, 226*
Fragewort *113, 222, 226*
Fremdwörter *25, 128–130, 228*
Fugenelement *27*
Futur *40, 219, 220*

Gedichtuntersuchung *157, 158, 239*
Geschichten *247*
gesprochene/geschriebene Sprache *199*
Großschreibung *227*
Grundwort *27*

Hauptsätze *108, 109, 112, 113, 225*
Hauptteil (Text) *50, 105, 123–125*

Imperativ (Aufforderungs- oder Befehlsform); Modus des Verbs *40, 221*
Indefinitpronomen *218*
Indikativ (Wirklichkeitsform); Modus des Verbs *12, 13, 221*
indirekte Fragesätze *113, 226*
indirekte Rede *59–61, 113, 215, 222, 223*
Infinitiv *40, 59, 60, 81, 112, 150, 151, 215, 219*
Inhaltsangabe *49–51, 54, 75, 197, 213, 236*
Interview *25, 74, 145, 150, 234*

253

Schlaue Seiten

innerer Monolog *67, 195*
Ironie *167 ff.*

Jugendsprache *199*

Kommasetzung *108, 112–115, 229*
Konflikt *48, 149, 234*
Konjunktion *26, 97, 110, 112–114, 134, 218*
Konjunktionalsätze *110, 112, 225*
Konjunktiv (Möglichkeitsform); Modus des Verbs *12, 13, 15, 59–61, 221*
kontroverse Erörterung *124, 125, 127*
Körpersignale *20*
Korrekturen *69, 91, 173, 228*
kreative Texte (Checkliste) *71*
Kreuzreim *157*
Kurzbiografien → siehe Autorenverzeichnis
Kurzgeschichte *44, 48, 49, 51, 54, 213, 247*

Lebenslauf *75, 92, 93, 237*
lineare Erörterung *124 ff.*
lyrisches Ich *155, 156*

maskulin *131*
Modalverben *12, 215, 222*
Mundart *198, 199*

nebenordnende Konjunktionen *218*
Nebensätze *108–111, 113–115, 151, 225, 226*
neutral *131*
Nomen *26–28, 82, 111, 112, 131, 139, 140, 162, 173–175, 217*

Oberbegriff *17, 29, 217*
Objekt *163, 223*
Online-Bewerbung *94, 95, 236*
Online-Profil *137*

Paarreim *157*
Parallelgedicht *161*
Partizip *151, 215, 219, 220*
Passiv *184–187, 215, 220, 221*

Perfekt *40–43, 150–152, 219, 220, 230, 231*
Personalpronomen *218*
Personifikation *156, 159, 239*
Piktogramme (Bildzeichen) *80, 111*
Plusquamperfekt *41–43, 219, 220*
PMI-Methode *118, 121, 122, 124, 127*
Portfolio *72–78, 100, 199*
Possessivpronomen *218*
Prädikat *112, 162, 223*
Prädikatsnomen *162, 223*
Praktikumsbericht (Fragebogen) *104–106*
Praktikumsmappen (Muster) *100*
Präpositionalobjekt *163, 215, 223*
Präpositionen *26, 27, 99, 139, 162, 218, 232, 233*
Präsens *40, 50, 150–152, 215, 219, 220, 230, 231*
Präsentation *34–36*
Präsentationsfolien *36, 238*
Präteritum *40, 41, 43, 60, 215, 219, 220, 230, 231*
Projektarbeit *200 ff., 241*
Pronomen *97, 139, 162, 218*

Rechtschreibstrategien/Rechtschreibregeln *80–85, 98, 99, 128–131, 174, 175, 227–229*
Referat *34–39, 149, 180, 207, 235*
Rechtschreibkorrektur am PC *50*
Reime *156, 157, 159, 161*
Relativpronomen *111, 218, 226*
Relativsätze *111, 114, 139, 226*
Rhythmus *157, 159*
Rollenspiele *21, 24, 57*

Sachtext *240, 249, 250*
Satzgefüge *41, 109, 113, 225, 226*
Satzglieder *139, 163–165, 223, 224*
Satzreihen *225*
Schrift (Erfindung) *80*
Selbstpräsentation *24, 25*
Silben *157, 216*
sprachliche Bilder *156, 157, 159*
Sprachvarianten *199*
Standardsprache *199*
Standbild *57*

Stichwortzettel 75
Straßennamen (Schreibung) 97, 98
Streitgespräch, schriftliches 122
Strophe 157, 159
Superlativ (zweite Vergleichsstufe) 31, 217
Synonyme 29, 217

umarmender Reim 157
Umfrage 75, 234
Umgangssprache 199
Umstellprobe 223
Unterbegriff 29, 217
unterordnende Konjunktionen 218

Verben 13, 28, 42, 60, 131, 150–153, 162, 217, 219–222, 229, 230–233
Verben mit festen Präpositionen (Übersicht) 232, 233
Verben, unregelmäßige (Übersicht) 230, 231
Verben, zusammengesetzte 150–153, 229
Verbform, gebeugte (flektierte) 109–111
Vergleichsformen (beim Adjektiv) 31, 217
Verbstamm 220
Verbzusammensetzungen 150–153
Verhältniswort → Präposition
Vers 157, 159
Vorbausteine 27, 216
Vorgangsbeschreibung 237

W-Fragen 49, 50, 106, 189
Wortarten 26, 217, 218
Wortarten-Bestimmungsschlüssel 26
Wortbausteine 216
Wortbildung 27, 216
Wörter einprägen (Methoden) 84, 85, 227, 228
Wörterbuch 31, 39, 69, 96, 97, 117, 128, 129, 151, 152, 180, 199, 229
Wörternetz 200 ff.
Wörterkiste 133 ff.
Wortfamilie 28, 216
Wortfeld 28, 216
Wortgruppen (getrennt geschriebene) 151

wörtliche Rede → direkte Rede
Wortstamm 27, 28
Worttrennung 229

Zahlwort 139
Zeichensetzung 223
Zeit- und Arbeitsplan (Muster) 34
Zeitformen (Verb) 40–43, 186, 219, 220
Zeitstufen (Verb) 40–43, 220
Zitat 10, 11, 198, 250
Zusammensetzungen 27, 28, 151, 216
Zusammensetzungen, trennbare 151
Zusammensetzungen, untrennbare 151

Textquellenverzeichnis

S. 7 Entschuldigen Sie bitte, … (Autorentext); **S. 10** Essener Schüler trainieren gutes Benehmen. Artikel entnommen aus: Ruhrwort, Ausgabe 48 (gekürzt); **S. 11** Cool, Salat! (Autorentext); **S. 12** Benimm ist in (Autorentext); **S. 16** Einladung zum Einstellungstest (Autorentext); **S. 24** Das Assessment-Center (AC) (Autorentext); **S. 35** Chaplin, Charles Spencer (Autorentext); **S. 38/39** Nach: Deutschlandradio, 16.08.2005, http://www.dradio.de/dlf/sendungen/kalenderblatt/406649/ (zuletzt kontrolliert: 20.11.2012); **S. 40** Aus: Kurt Tucholsky: Der berühmteste Mann der Welt. In: Prager Tageblatt, 22.07.1922. Zitiert nach: Ders.: Gesamtausgabe. Texte und Briefe. Hrsg. von Antje Bonitz, Dirk Grathoff, Michael Hepp, Gerhard Kraiker. 22 Bände. Rowohlt Verlag, Reinbek 1996 ff., S. 279 ff. Gesammelte Werke in zehn Bänden. Hrsg. von Mary Gerold-Tucholsky und Fritz J. Raddatz. Rowohlt Verlag, Reinbek 1975, Band 3, S. 230 ff.; **S. 42** Goldener Bär für Bal (Autorentext); **S. 44–47** Federica de Cesco: Spaghetti für zwei. Aus: Dies.: Freundschaft hat viele Gesichter. Rex Verlag, Luzern 1985, S. 79–84; **S. 51–53** Max Bolliger: Sonntag. Aus: Deutsche Kurzgeschichten. Schuljahr 7/8. Für die Sekundarstufe I. Reclam Verlag, Stuttgart 1988, S. 35–39; **S. 54–57** Ugur Eroglu: Abendessen bei meinen Eltern. http://www.e-stories.de/view-kurzgeschichten.phtml?6098 (03.09.2012) (leicht bearbeitet); **S. 58/59** Nach: Wladimir Kaminer: Die Kirche (stark bearbeitet). In: Wladimir Kaminer: Meine russischen Nachbarn. Manhattan-Verlag, Berlin 2009, S. 129–134; **S. 70** Selbstkontrolle und Berichtigung (Autorentext); **S. 73** Inhaltsverzeichnisse. (Autorentext); **S. 76/77** Checklisten/Berufsbilder (Autorentext); **S. 78/79** Das Rätsel der Sprache. Nach Texten aus: GEO Wissen 40 (10/2007) Das Geheimnis der Sprache, S. 20–22; **S. 80** Eine geniale Erfindung: Die Schrift (Autorentext); **S. 82** Eine gute Idee. (Autorentext); **S. 82** die großschreibung hilft dem leser (Autorentext); **S. 83** Aus dem Textzusammenhang erklären (Autorentext); **S. 85** bis zum lesen und schreiben. Unter Verwendung eines Artikels von Fenja Meus: Das A und O des neuen Lebens. In: GEO Wissen 40 (10/2007) Das Geheimnis der Sprache, S. 40; **S. 86/87** Stellenanzeigen. (Autorentext); **S. 90** Bewerbungsschreiben (Autorentext); **S. 92** Lebenslauf (Autorentext); **S. 95** Betreuerinnen und Betreuer für Ferienfreizeiten gesucht (Autorentext); **S. 101/102** Berufskurzinformation (Autorentext); **S. 103** Berufstypischer Arbeitsvorgang (Autorentext); **S. 104** Fragebogen (Autorentext); **S. 105** Abschlussbericht (Autorentext); **S. 106/107** Praktikumsbericht (Autorentext); **S. 108** 150 Jahre Arbeitsschutz in Deutschland. Nach: Arbeitsgemeinschaft zur Förderung der wirtschaftlichen und sozialen Bildung e. V.: Der lange Weg zur Arbeitssicherheit. Aus: http://www.ag-wiso.de/help/src/m-a-t_03.pdf (zuletzt überprüft: 27.08.2010); **S. 110** Ziemlich clever (Autorentext); **S. 111** Staub ist immer dabei (Autorentext); **S. 112** Die richtige Haltung (Autorentext); **S. 113** Heben will gelernt sein (Autorentext); **S. 114** Gesundheitsschutz (Autorentext); **S. 114** Verbotene und eingeschränkte Arbeiten im Schülerpraktikum (Autorentext); **S. 115** Erfahrungsberichte (Autorentext); **S. 117** Auszug aus dem Tierschutzgesetz (Deutschland) Zitiert nach: http://bundesrecht.juris.de/tierschg/__7.html (zuletzt überprüft: 20.11.2012); **S. 118** Ein zwiespältiges Verhältnis zum Tier. Verband der forschenden pharmazeutischen Firmen der Schweiz: Tierversuche. Aus: www.interpharma.ch/biotechlerncenter/de/Tierversuche.asp (zuletzt überprüft: 20.11.2012); **S. 119** Sebastian Fischer: Immer mehr Tiere in deutschen Laboren. http://www.taz.de/!81278/ (veröffentlicht: 04.11.2011); **S. 120** Ulrike Wolf: Welche Erkenntnisse bringen Tierversuche? Auszug aus: www.mdr.de/lexi-tv/tierwelt/6715942.html (22./25.09.2009, zuletzt überprüft: 27.08.2010); **S. 121** Infektionskrankheiten früher und heute. http://www.kindergesundheit-info.de/fuer-eltern/impfungen/impfungen0/statistik-infektionskrankheiten-frueher-und-heute/ (Stand 03.09.2012) (leicht bearbeitet); **S. 126/127** Gemeinschaftsschule ja oder nein? (Autorentext); **S. 128** Tierexperimente in der chemischen und Kosmetikindustrie. Aus: Tierversuch. Aus: http://de.wikipedia.org/wiki/Tierversuch (zuletzt überprüft: 20.11.2012); **S. 132** Aus: Irene Zimmermann: Küsse, Flirt und Torschusspanik. Thienemann Verlag, Stuttgart 2002, S. 90/91; **S. 135** Aus: Hisashi Yamanaka: Du bist ich und ich bin du. Dt. von Dorothea Ohsaki. Sauerländer Verlag, Arau/Frankfurt am Main/Salzburg 1993, S. 5 ff.; **S. 136** Aus dem Roman „Der Fänger im Roggen" von J. Salinger. Aus: Jerome D. Salinger: Der Fänger im Roggen. Nach der ersten Übersetzung neu durchgesehen und bearbeitet von Heinrich Böll. 45. Auflage. Rowohlt Verlag, Reinbek 2003, S. 14/15; **S. 136** Aus dem Jugendbuch „Marsmädchen" von Tamara Bach. Aus: Tamara Bach: Marsmädchen. Oetinger Verlag, Hamburg 2003, S. 15; **S. 137** Aus einem Zeitungsreport: Heidrun M. Nach: Renate Just: Weil ich ein Mädchen bin … Aus: ZeitMagazin 31 (1995), S. 16 f. Zeitverlag Gerd Bucerius GmbH; **S. 139** Eine seltsame Person (Autorentext); **S. 142** So beginnt das Buch. Aus: Kirsten Boie: Erwachsene reden. Marco hat was getan. © Oetinger Verlag, Hamburg. Zitiert nach: Deutscher Taschenbuch Verlag, München 1995, S. 5; **S. 142** Und so endet es. Aus: Kirsten Boie: Erwachsene reden. Marco hat was getan. © Oetinger Verlag, Hamburg. Zitiert nach: Deutscher Taschenbuch Verlag, München 1995, Buchende; **S. 143/144** Friedhelm K., 54, Bürgermeister. Aus: Kirsten Boie: Erwachsene reden. Marco hat was getan. © Oetinger Verlag, Hamburg. Zitiert nach: Deutscher Taschenbuch Verlag, München 1995, S. 8 ff.; **S. 144/145** Sigurd J., 17, Freund Aus: Kirsten Boie: Erwachsene reden. Marco hat was getan. © Oetinger Verlag, Hamburg. Zitiert nach: Deutscher Taschenbuch Verlag, München 1995, S. 37; **S. 145** Rüdiger Poffatz, 14, Freund. Aus: Kirsten Boie: Erwachsene reden. Marco hat was getan. © Oetinger Verlag, Hamburg. Zitiert nach: Deutscher Taschenbuch Verlag, München 1995, S. 83; **S. 146/147** Maren F., 32, Nachbarin. Aus: Kirsten Boie: Erwachsene reden. Marco hat was getan. © Oetinger Verlag, Hamburg. Zitiert nach: Deutscher Taschenbuch Verlag, München 1995, S. 22 f.; **S. 147–149** Hubert S. 42, Klassenlehrer. Aus: Kirsten Boie: Erwachsene reden. Marco hat was getan. © Oetinger Verlag, Hamburg. Zitiert nach: Deutscher Taschenbuch Verlag, München 1995, S. 89 ff.; **S. 150** Straftaten nehmen zu (Autorentext); **S. 154** Xavier Naidoo: Sie sieht mich nicht. Peter Pelham. © JRG/Pathe Renn Productions, Strictly Confidential Germany GmbH & Budde, Berlin, Templar Music Germany Edition; **S. 155** Eugen Roth: Gezeiten der Liebe. Aus: Ders.: Ein Mensch. Heitere Verse von Eugen Roth. Carl Hanser Verlag, München 1960, S. 54; **S. 155** Heinz Erhardt: Der Einsame. Aus: Ders.: Noch'n Gedicht. Fackelträger Verlag Schmidt-Küster, Hannover 1963, S. 76; **S. 156** Marie Luise Kaschnitz: Am Strande. Aus: Dies.: Gesammelte Werke. Bd. 5: Die Gedichte. Suhrkamp Verlag, Frankfurt am Main 1985, S. 67; **S. 157** Herbert Grönemeyer: Flugzeuge im Bauch. © Grönland Musikverlag, Berlin; **S. 158** Erich Kästner: Sachliche Romanze. Aus: Ders.: Doktor Erich Kästners Lyrische Hausapotheke. © Atrium Verlag, 1986. Zitiert nach: Deutscher Taschenbuch Verlag, München 1988, S. 61; **S. 159** Heinrich Heine: Dass du mich liebst … Aus: Ders.: Historisch-kritische Gesamtausgabe der Werke. Band 2: Neue Gedichte bearbeitet von Elisabeth Genton. Hoffmann und Campe, Hamburg 1983, S. 32 (Rechtschreibung modernisiert); **S. 160** Johann Wolfgang Goethe: Willkommen und Abschied (Fassung 1771). Aus: Goethes Werke. Hrsg. von Erich Trunz. Hamburger Ausgabe. Christian Wegner, Hamburg 1948, Bd. 1, S. 28 f.; **S. 161** Aus dem autobiografischen Text Goethes „Dichtung und Wahrheit" (1811–1813). Nach: Johann Wolfgang Goethe: Aus meinem Leben. Dichtung und Wahrheit. In: Goethes Werke. Hrsg. von Erich Trunz. Hamburger Ausgabe in 14 Bänden. Christian Wegner, Hamburg 1948 ff., Bd. 9, S. 500; **S. 161** Johann Wolfgang Goethe: Willkommen und Abschied (Fassung ca. 1785). Aus: Ders.: Sämtliche Werke. Carl Hanser Verlag, München 1990, Bd. 16, S. 532; **S. 162** Johann Wolfgang Goethe (Autorentext); **S. 163** Heinrich Heine (Autorentext); **S. 166** Mein ganz normaler Alltag (Autorentext); **S. 169** Peter Jerabek: Hurra, hurra, Yvonne ist wieder da. http://www.epochtimes.de/waldkuh-yvonne-gesellt-sich-zu-kaelbern-auf-der-wiese-764969.html (veröffentlicht: 02.09.2011) (Text gekürzt und bearbeitet); **S. 170** Ephraim Kishon: Verschlüsselt. Aus: Kishon's buntes Bilderbuch, dt. übers. v. Friedrich Torberg, Langen-Müller 1971; **S. 172** Auszug aus: Susanne Smetkamp/dpa: „Habseligkeiten" schlägt „Geborgenheit". Aus: http://www.stern.de/unterhaltung/buecher/Sch%F6nstes-Wort-Habseligkeiten-Geborgenheit/531484.html (veröffentlicht: 25.10.2004, zuletzt überprüft: 20.11.2012); **S. 173** Stau. Nach: Wörter, die Geschichte machten. Schlüsselbegriffe des 20. Jahrhunderts. Hrsg. von der Gesellschaft für Deutsche Sprache. Bertelsmann Lexikon Verlag, Gütersloh 2001, S. 91; **S. 174** Datenverarbeitung. Nach: Wörter, die Geschichte machten. Schlüsselbegriffe des 20. Jahrhunderts. Hrsg. von der Gesellschaft für Deutsche Sprache. Bertelsmann Lexikon Verlag, Gütersloh 2001, S. 91; **S. 174** Die Sprache besteht … (Autorentext); **S. 174** Durch die Großschreibung … (Autorentext); **S. 175** Das Wort des Jahres (Autorentext); **S. 175** Das Unwort des Jahres (Autorentext); **S. 176** Polizeiliche Kriminalstatistik 2005–2008. Die Grafiken wurden erstellt unter Verwendung von Zahlen des Bundeskriminalamts, vgl. http://www.bka.de/lageberichte/index.html;

S. 177 Selbstverteidigungswaffen. Nach: Udo Reichmann: Selbstverteidigung mit Hilfsmitteln. Aus: Ders.: Selbstbehauptung und Selbstverteidigung. Ernst Klett Verlag, Stuttgart/Leipzig 1996, S. 13; S. 178 Unbewaffneter Widerstand. Nach: Udo Reichmann: Selbstverteidigung mit Hilfsmitteln. Aus: Ders.: Selbstbehauptung und Selbstverteidigung. Ernst Klett Verlag, Stuttgart/Leipzig 1996, S. 13; S. 179 Auszug aus dem Strafgesetzbuch. Zitiert nach: Bundesministerium der Justiz, http://www.gesetze-im-internet.de/stgb/___32.html, http://www.gesetze-im-internet.de/stgb/___33.html (zuletzt überprüft: 27.07.2010); S. 179 Notwehrtechniken (Autorentext); S. 176/177 Die Angst überwinden – ihre Energie nutzen. Autorentext unter Verwendung von: Bedeutung der Distanz in der Selbstverteidigung. Nach: Udo Reichmann: Distanz. Aus: Ders.: Selbstbehauptung und Selbstverteidigung. Ernst Klett Verlag, Stuttgart/Leipzig 1996, S. 13; S. 182 Die Legende behauptet ... (Autorentext); S. 183 AIKIDO ist eine ... (Autorentext); S. 184 §323c des Strafgesetzbuches. Zitiert nach: Bundesministerium der Justiz, http://www.gesetze-im-internet.de/stgb/___323c.html (zuletzt überprüft: 20.11.2012); S. 185 Die stabile Seitenlage (Autorentext); S. 185 Die goldenen Regeln der Ersten Hilfe. Nach: A. Zirkelbach (Hrsg.): 8 goldene Regeln [sic] soll Erste Hilfe verbessern. Aus: http://www.rettungsforum.com/index.php?news_id=348 (veröffentlicht: 29.11.2007, zuletzt überprüft: 20.11.2012); S. 186 Die Aufgaben der Wasserwacht (Autorentext); S. 187 Was wird durch die Atemspende bewirkt? (Autorentext); S. 187 Erste Hilfe bei Wunden (Autorentext); S. 188/189 Brüder Grimm: Die Sage von Wilhelm Tell. Nach: Jacob und Wilhelm Grimm: Deutsche Sagen. Zwei Bände in einem Band. Winkler Verlag, München 1956, S. 490–492; S. 190–193 Friedrich Schiller: Wilhelm Tell. Zitiert nach: Ders.: Sämtliche Werke. Auf Grund der Originaldrucke hrsg. von Gerhard Fricke und Herbert G. Göpfert in Verbindung mit Herbert Stutzenrauch. Carl Hanser Verlag, München 1962, Bd. 2, S. 913–1029; S. 194/195 „Wir wollen sein ein einig Volk von Brüdern" (Autorentext); S. 196/197 Friedrich Schiller: Wilhelm Tell. Zitiert nach: Ders.: Sämtliche Werke. Auf Grund der Originaldrucke hrsg. von Gerhard Fricke und Herbert G. Göpfert in Verbindung mit Herbert Stutzenrauch. Carl Hanser Verlag, München 1962, Bd. 2, S. 913–1029; S. 201 Allgemeine Erklärung der Menschenrechte (Auszug aus der UN-Resolution). http://www.un.org/Depts/german/grunddok/ar217a3.html (zuletzt überprüft am 20.11.2012);
S. 201 Behinderte Menschen. Aus: Microsoft® Encarta® Enzyklopädie 2002. © 1993–2001 Microsoft Corporation. Alle Rechte vorbehalten; S. 202 Inklusion. http://www.inklusion-olpe.de/inklusion.php (zuletzt überprüft am 20.11.2012); S. 202 Gemeinsames Lernen. http://www.schulministerium.nrw.de/BP/Inklusion_Gemeinsames_Lernen/ (zuletzt überprüft am 20.11.2012); S. 203 Was ist Barrierefreiheit? http://www.behindertenbeauftragter.de/DE/Themen/Barrierefreiheit/WasistBarrierefreiheit/WasistBarrierefreiheit_node.html (zuletzt überprüft am 20.11.2012); S. 204 Thilo Kortmann: Selbstversuch: Fußball mit der Dunkelbrille. http://www.derwesten.de/staedte/dortmund/nord-ost/fussball-mit-der-dunkelbrille-id4640522.html (veröffentlicht: 12.05.2011), (gekürzt); S. 205–207 Gebärdensprache. Nach: Olaf Fritsche: Gebärdensprache. Aus: www.visuelles-denken.de (zuletzt überprüft: 20.11.2012); S. 208/209 Peter Weiss: Der Ernst des Lebens. Aus: Der Abschied von den Eltern. Suhrkamp Verlag, Frankfurt am Main 1962, S. 63; S. 211 Keine Nabelschau trotz Hitzewelle. Aus: DER SPIEGEL: Schule verbannt bauchfreie T-Shirts. Aus: http://www.spiegel.de/schulspiegel/0,1518,252911,00.html (veröffentlicht: 15.06.2003, zuletzt überprüft: 20.11.2012); S. 212/213 Reiner Kunze: Fünfzehn. Aus: Die wunderbaren Jahre. Fischer Taschenbuch Verlag, Frankfurt am Main, 1981, S. 26–28; S. 214 Brüder Grimm: Der alte Großvater und der Enkel. Aus: Dies.: Kinder- und Hausmärchen. Ausgabe letzter Hand. Mit einem Anhang sämtlicher nicht in allen Auflagen veröffentlichter Märchen. Herausgegeben von Heinz Rölleke. Reclam Verlag, Stuttgart 1997, S. 389.

Bildquellennachweis

Umschlag Avenue Images GmbH (PhotoAlto/Laurence Mouton), Hamburg; **S. 6 o.l.** Kids Images (Oredia/Debbie Boccabella), München; **S. 6 o.r.** Imago, Berlin; **S. 6 u.l.** Imago, Berlin; **S. 6 u.r.** Getty Images (altrendo images), München; **S. 12** Die Bildstelle (McPhoto), Hamburg; **S. 15** Keystone (Volkmar Schulz), Hamburg; **S. 18 v.l. 1** Photoshot, Berlin; **S. 18 v.l. 2** shutterstock (Yuri Arcurs), New York, NY; **S. 18 v.l. 3** Ullstein Bild GmbH (Sylent Press), Berlin; **S. 18 v.l. 4** iStockphoto (LajosRepasi), Calgary, Alberta; **S. 19** Thinkstock (iStockphoto), München; **S. 20 l.** f1 online digitale Bildagentur (Crystal/RF), Frankfurt; **S. 20 m.** Mauritius Images (Peter Enzinger), Mittenwald; **S. 20 r.** Getty Images, München; **S. 22 o.** shutterstock (Antonio Jorge Nunes), New York, NY; **S. 22 m.** shutterstock, New York, NY; **S. 32 m.l.** Avatar – „Aufbruch nach Pandora" (Avatar), R: James Cameron, USA 2009 © Interfoto (NG Collection), München; **S. 32 m.r.** Jenseits der Stille, R: Caroline Link, D: 1996 © ddp images GmbH, Hamburg; **S. 33 o.l.** akg-images (album), Berlin; **S. 33 m.r.** Interfoto (NG Collection), München; **S. 33 u.l.** Das Wunderkind Tate/Little Man Tate, R: Jodie Foster, USA 1991 © ddp images GmbH, Hamburg; **S. 35** Ullstein Bild GmbH (The Granger Collection), Berlin; **S. 38** HIPP-Foto, Berlin; **S. 42** Ullstein Bild GmbH (XAMAX), Berlin; **S. 43** Picture-Alliance (Jazzarchiv), Frankfurt; **S. 44** shutterstock (nito), New York, NY; **S. 48** Ullstein Bild GmbH (CARO/Andreas Teich), Berlin; **S. 53** Jahreszeiten Verlag GmbH (Christl Roehl), Hamburg; **S. 54** Thinkstock (iStockphoto), München; **S. 56** Corbis (Ocean), Düsseldorf; **S. 62** Alamy Images, Abingdon, Oxon; **S. 63** shutterstock (ags1973), New York, NY; **S. 64** Alamy Images (Chris Rout), Abingdon, Oxon; **S. 65 o.l.** shutterstock (BalazsT), New York, NY; **S. 65 o.r.** Corbis (Glowimages), Düsseldorf; **S. 66 o.** Corbis (Arman Zhenikeyev), Düsseldorf; **S. 66 u.** Corbis (Rainer Holz), Düsseldorf; **S. 67** Corbis (Push Pictures), Düsseldorf; **S. 68** Traxler, Hans, Frankfurt am Main; **S. 70** Picture-Alliance, Frankfurt; **S. 92** shutterstock (Denis Vrublevski), New York, NY; **S. 101** Die Bildstelle, Hamburg; **S. 102** Imago, Berlin; **S. 103** Imago, Berlin; **S. 111** shutterstock (Perrush), New York, NY; **S. 116** Picture-Alliance (dpa-infografik), Frankfurt; **S. 118** Ullstein Bild GmbH (CARO/Rupert Oberhäuser), Berlin; **S. 119** Picture-Alliance (dpa), Frankfurt; **S. 120** Picture-Alliance (dpa/Arne Dedert), Frankfurt; **S. 133** shutterstock (monticello), New York, NY; **S. 134 o.l.** Getty Images, München; **S. 134 o.r.** Getty Images, München; **S. 136 o.** © by Rowohlt Verlag, Reinbek; **S. 136 u.** DTV GmbH & Co. KG, München; **S. 138 u.l. + u.r.** Klett-Archiv (Grit Kleindienst), Stuttgart; **S. 142** Kirsten Boie, Erwachsene reden. Marco hat was getan © für das Umschlagbild von Jutta Bauer 1995 Deutscher Taschenbuch Verlag, München; **S. 149** Verlag Friedrich Oetinger GmbH (© Paula Markert), Hamburg; **S. 158** Corbis (Mika), Düsseldorf; **S. 159** MEV Verlag GmbH, Augsburg; **S. 162** Ullstein Bild GmbH (Lebrecht Music & Arts Photo Library), Berlin; **S. 163** akg-images, Berlin; **S. 170** PantherMedia GmbH (Arina Zaiachin), München; **S. 173** URW, Hamburg; **S. 175** Avenue Images GmbH (RF/Design Pics Inc./Con Tanasiuk), Hamburg; **S. 181** Thinkstock (Jupiterimages), München; **S. 186** Picture-Alliance (Norbert Fellechner dpa/lmv), Frankfurt; **S. 188** Philipp Reclam jun. Verlag GmbH, Ditzingen; **S. 190/191/192/197** Tell-Freilichtspiele Interlaken, Interlaken; **S. 195** Picture-Alliance (maxppp), Frankfurt; **S. 198** BPK, Berlin; **S. 200** Archiv Grünes Gedächtnis (Annette Munk), Berlin; **S. 202** Gemeinsam leben, gemeinsam lernen – Olpe plus e.V. www.inklusion-olpe.de; **S. 205** Beier, Max; **S. 206 + 207** Klett-Archiv, Stuttgart; **S. 210 m.l.** Action Press GmbH, Hamburg; **S. 210 m.r.:** Mauritius Images (Jo Kirchherr), Mittenwald; **S. 210 u.** Argum (Thomas Einberger), München

Sollte es in einem Einzelfall nicht gelungen sein, den korrekten Rechteinhaber ausfindig zu machen, so werden berechtigte Ansprüche selbstverständlich im Rahmen der üblichen Regelungen abgegolten.

Grammatische Grundbegriffe

Begriff	Erklärung	Beispiele
Adjektiv, das	Eigenschaftswort, Wiewort	klein, groß, dick
Adverb, das	Umstandswort	heute, sehr, vielleicht
Adverbialbestimmung, die	Satzglied; Umstandsbestimmung z. B. des Ortes, der Zeit, der Art und Weise oder des Grundes, antwortet auf die Fragen: Wo? Wohin? Wann? Wie lange? Wie? Auf welche Art und Weise? Warum?	Er kam *dahin*. (Ort/Lokalbestimmung) Sie treffen sich *um 9 Uhr*. (Zeit/Temporalbestimmung) Es regnete *ununterbrochen*. (Art und Weise/Modalbestimmung)
Akkusativ, der	Kasus (Fall); Wen-Fall, 4. Fall	der Nachbar – *den* Nachbar*n* die Nachbarn – *die* Nachbarn
Akkusativobjekt, das	Satzglied, antwortet auf die Frage „Wen oder was?"	Sie traf *Paul*. (*Wen* oder *was* traf sie?)
Aktiv, das	das Aktiv stellt die ausführende Person (den Urheber/den Täter) in den Vordergrund; vgl. Passiv	*Daniel schreibt* einen Brief. *Anne bringt* den Brief zur Post.
Artikel, der	Begleiter des Substantivs/Nomens, Geschlechtswort	*die* Frau, *der* Tisch, *das* Haus, *ein* Stuhl, *eine* Frau
Attribut, das	Beifügung, nähere Bestimmung eines Bezugswortes; kein selbstständiges Satzglied; einem Satzglied beigefügt; Attribute antworten auf die Fragen: Was für ein? Wessen? Attribute können die Form eines Nebensatzes haben.	Das war ein *interessanter* Film. (*Was für ein Film?*) Er ist der Freund *meiner Schwester*. Das Haus *dort*. Der Frosch, *der auf dem Baum sitzt*, gehört zu den *giftigen* Baumsteigerfröschen.
Dativ, der	Kasus (Fall); Wem-Fall, 3. Fall	der Nachbar – *dem* Nachbar*n* die Nachbarn – *den* Nachbar*n*
Dativobjekt, das	Satzglied, antwortet auf die Frage „Wem?"	Sie gibt *ihm* etwas. (*Wem?*)
Deklination, die	Substantive/Nomen, Personalpronomen und Adjektive werden dekliniert (sind veränderbar).	der Hund, *des* Hund*es*, der freche Hund
Demonstrativpronomen, das	hinweisendes Fürwort	dieser, diese, dieses, der, die, das
direkte Rede, die	wörtliche Rede	Peter sagt: „Ich fahre mit dem Rad zur Schule."
Endbaustein, der	Wortteil, der bei zusammengesetzten Wörtern verwendet werden kann; steht nach dem Wortstamm (Eigen*tum*)	-bar, -ig, -isch, -lich, -los, -sam, -en, -eln, -ern, -er, -heit, -keit, -nis, -ung, -tum
Futur I und II, das	Zeitform des Verbs zum Ausdrücken der Zukunft	ich *werde singen*, du *wirst gekommen sein*
Genitiv, der	Kasus (Fall); Wes-Fall, 2. Fall	der Nachbar – *des* Nachbar*n* die Nachbarn – *der* Nachbarn
Grundbaustein, der	siehe Wortstamm	*geh*en, *Geh*steig, *Geh*er, …
Hauptsatz, der	selbstständiger Satz, kann für sich allein stehen	Das Haus dort drüben ist rot.
Hilfsverb, das	Verb, das auch zur Bildung z. B. des Perfekts verwendet wird	haben, sein, werden
Indikativ, der	Wirklichkeitsform (Aussageweise/Modus des Verbs)	Sie *geht* gern ins Kino.
indirekte Rede, die	nicht wörtliche Rede	Er sagte, der Dieb sei ihm bekannt. Er sagte, dass ihm der Dieb bekannt ist. Er sagte, dass ihm der Dieb bekannt sei.
Imperativ, der	Aufforderungsform/Befehlsform (Aussageweise/Modus des Verbs)	*Öffne* bitte das Fenster. *Steh* still! *Sei* leise! *Nimm* das Buch.
Infinitiv, der	Grundform des Verbs, ungebeugte Form	gehen, schwimmen, spielen
Kasus, der	Fall: Nominativ, Genitiv, Dativ, Akkusativ	*der* Hund, *des* Hund*es*, *dem* Hund, *den* Hund
Komparativ, der	1. Vergleichsstufe (des Adjektivs); Mehrstufe	schön – *schöner* – am schönsten
Konjugation, die	Beugung des Verbs	ich *schwimme*, du *schwimmst*, er *schwimmt*, …
Konjunktion, die	Bindewort, verbindet Satzteile oder Teilsätze	und, oder, aber, sondern, denn, als, bis, weil, wenn, obwohl, dass
Konjunktionalsatz, der	Nebensatz, der durch eine Konjunktion eingeleitet wird	Ich wünsche mir, <u>dass</u> Paul mich heute abholt.
Konjunktiv, der	Möglichkeitsform (Aussageweise/Modus des Verbs); es gibt den Konjunktiv I und Konjunktiv II. Beide werden in der indirekten Rede verwendet.	Er sagte, er *gehe* gern ins Kino. (Konj.I) Er sagte, er *ginge* gern ins Kino. (Konj.II) Er sagte, dass er gern ins Kino *gehe/ginge*. Er sagte, er *würde* gern ins Kino *gehen*. (Umschreibung mit würde)
Modalverb, das	Verben, die sagen, auf welche Art und Weise etwas geschieht	dürfen, können, müssen, mögen, sollen, wollen
Modus des Verbs, der	Aussageweise des Verbs (siehe oben); Plural: die Modi	Indikativ, Konjunktiv, Imperativ